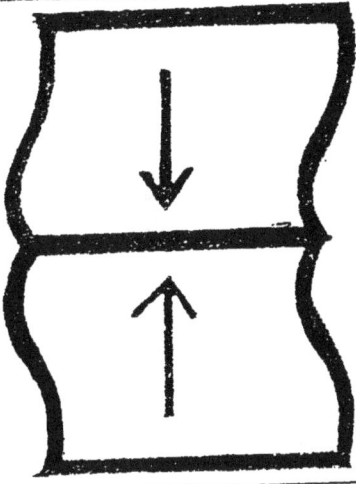

RELIURE SERREE
Absence de marges
intérieures

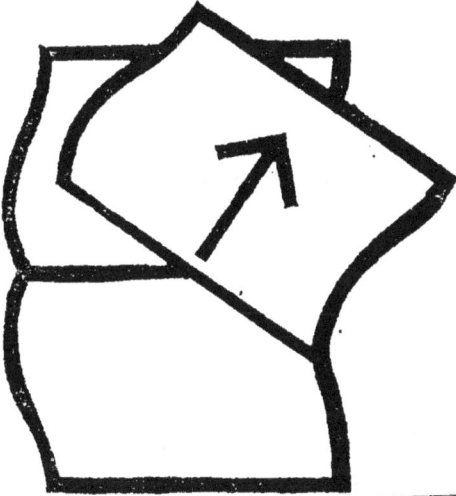

Couverture inférieure manquante

Original en couleur

NF Z 43-120-8

L'IDÉE MODERNE

DU DROIT

PAR

ALFRED FOUILLÉE

MEMBRE DE L'INSTITUT

SIXIÈME ÉDITION

PARIS

LIBRAIRIE HACHETTE ET Cⁱᵉ

79, BOULEVARD SAINT-GERMAIN, 79

3 fr. 50

L'IDÉE MODERNE

DU DROIT

ŒUVRES DE M. ALFRED FOUILLÉE

I. — HISTOIRE DE LA PHILOSOPHIE

La Philosophie de Platon. 2ᵉ édition. 4 vol. in-16 (Hachette et Cⁱᵉ)
Chaque volume . . . . 3 fr. 50
   Ouvrage couronné par l'Académie des sciences morales et par l'Académie française.
La Philosophie de Socrate. 2 vol. in-8 (Alcan). . . . . 15 fr. »
   Ouvrage couronné par l'Académie des sciences morales et politiques.
Histoire générale de la Philosophie. 10ᵉ édition. 1 vol. in-8 (Dela-
grave), avec des chapitres nouveaux sur la philosophie contem-
poraine. . . . . 6 fr. »
Extraits des Grands Philosophes, faisant suite à l'Histoire de la
Philosophie. ibid. . . . . 5 fr. »

II. — PHILOSOPHIE GÉNÉRALE

La Liberté et le Déterminisme. 6ᵉ édition. 1 vol. in-8 (Alcan). . 7 fr. 50
L'Évolutionnisme des Idées-forces. 4ᵉ édition. 1 vol. in-8 (Alcan). 7 fr. 50
L'Avenir de la Métaphysique fondée sur l'expérience. 2ᵉ édition.
1 vol. in-8 (Alcan). . . . . 5 fr. »
Le Mouvement idéaliste et la Réaction contre la science posi-
tive. 2ᵉ édition. 1 vol. in-8 (Alcan). . . . . 7 fr. 50
Le Mouvement positiviste et la Conception sociologique du monde.
2ᵉ édition. 1 vol. in-8 (Alcan). . . . . 7 fr. 50

III. — PSYCHOLOGIE INDIVIDUELLE ET COLLECTIVE

La Psychologie des Idées-forces. 2ᵉ édition. 2 vol. in-8 (Alcan). . 15 fr. »
Tempérament et Caractère. 4ᵉ édition. 1 vol. in-8 (Alcan). . . . 7 fr. 50
La Psychologie du peuple français. 4ᵉ édition. 1 vol. in-8 (Alcan). 7 fr. 50
Esquisse psychologique des peuples européens. 3ᵉ édition.
1 vol. in-8 (Alcan). . . . . 10 fr. »

IV. — MORALE

Critique des systèmes de morale contemporains. 7ᵉ édition. 1 vol.
in-8 (Alcan). . . . . 7 fr. 50
La Morale des Idées-forces. 2ᵉ édition. 1 vol. in-8 (Alcan). . . . 7 fr. 50
Éléments sociologiques de la morale. 2ᵉ éd. 1 vol. in-8 (Alcan). . 7 fr. 50
Le Moralisme de Kant et l'Amoralisme contemporain. 2ᵉ éd.
1 vol. in-8 (Alcan). . . . . 7 fr. 50
Nietzsche et l'Immoralisme. 3ᵉ édition. 1 vol. in-8 (Alcan). . . . 5 fr. »
La Morale, l'Art et la Religion selon Guyau. 7ᵉ édition très aug-
mentée, 1 vol. in-8 (Alcan), avec biographie, portrait et auto-
graphes de Guyau. . . . . 3 fr. 75
Pages choisies des grands écrivains : J.-M. Guyau. 6ᵉ édition.
1 vol. in-18 (Colin). . . . . 3 fr. »
L'Idée moderne du droit. 6ᵉ édition. 1 vol. in-16 (Hachette). . . 3 fr. 50
La France au point de vue moral. 3ᵉ édition. 1 vol. in-8 (Alcan). 7 fr. 50

V. — SOCIOLOGIE

La Science sociale contemporaine. 3ᵉ édition. 1 vol. in-18 (Hachette). 3 fr. 50
La Propriété sociale. Nouvelle édit. 1 vol. in-18 (Alcan). . . . . 2 fr. 50
Le Socialisme et la Sociologie réformiste. 1 vol. in-8 (Alcan). . 7 fr. 50
La Démocratie politique et sociale en France. 1 vol. in-8 (Sous
presse. . . . . 3 fr. 75

VI. — SCIENCE DE L'ÉDUCATION

L'Enseignement au point de vue national. 3ᵉ édition. 1 vol. in-16
(Hachette). . . . .
Les Études classiques et la Démocratie. 1 vol. in-8 (Colin). . . . 3 fr. 50
La Réforme de l'enseignement par la philosophie. 1 vol. in-18 (Colin). 3 fr. »
La Conception morale et civique de l'enseignement. Editions de la
Revue Bleue. 1 vol. in-18 . . . . 3 fr. 50

1600-08. — Coulommiers. Imp. Paul BRODARD. — P12-08.

L'IDÉE MODERNE

DU DROIT

PAR

ALFRED FOUILLÉE

MEMBRE DE L'INSTITUT

SIXIÈME ÉDITION

PARIS

LIBRAIRIE HACHETTE ET Cie

79, BOULEVARD SAINT-GERMAIN, 79

—

1909

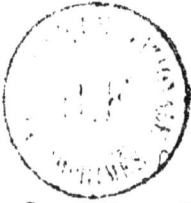

PRÉFACE

La philosophie du XIXᵉ siècle s'est donné pour
tâche de soumettre à l'analyse les idées sur lesquelles l'humanité avait fait reposer jusqu'ici ses
croyances morales, sociales et religieuses. En Allemagne avec Kant et ses successeurs, en France
avec Auguste Comte et les positivistes, en Angleterre avec Bentham, Stuart Mill, Spencer et
Darwin, tout a été remis en question ; c'est dans
chaque pays un effort laborieux et sincère pour
découvrir la vérité, quoi qu'il en coûte, sous les
associations d'idées et les traditions qui la ca-
chent. Peu de conceptions ont résisté à ce travail de la critique moderne, qui leur enlève toute
apparence mystique pour les ramener à leurs
éléments scientifiques, de l'ordre physique ou
de l'ordre mental. Aussi les antiques notions de
Dieu, de l'âme, du libre arbitre, du bien en soi,
du devoir absolu, ont dû ou se transformer ou
disparaître.

Parmi les idées que le progrès incessant de la
pensée humaine oblige aujourd'hui à se renou-

veler pour ne pas périr, celle du droit occupe un des premiers rangs : elle est d'ailleurs inséparable des notions de liberté et de devoir. Le vieux spiritualisme, à notre avis, ne peut plus se soutenir ; les entités métaphysiques auxquelles il avait coutume de faire appel sont aussi impuissantes dans la question du droit que dans celle de la liberté morale. Faut-il donc rejeter entièrement, même comme pur idéal, la conception des « droits de l'homme »? Faut-il ramener tout l'ordre civil et politique à une simple combinaison de forces ou d'intérêts, et opposer le principe de l'inégalité aristocratique à celui de l'égalité démocratique? — Peut-être arriverons-nous à reconnaître que, dans cette question, chacun des points de vue principaux auxquels s'est placé l'esprit humain a sa vérité relative ; peut-être est-il possible de construire une théorie nouvelle du droit, à la fois naturaliste et idéaliste, assez compréhensive pour réconcilier les systèmes adverses en ce qu'ils ont de scientifique. Ce n'est pas un choix plus ou moins arbitraire entre les systèmes et une sorte d'éclectisme que nous nous proposons de réaliser : c'est une synthèse rationnelle où tous les éléments positifs de chaque système auront leur place, et où ils seront reliés par une théorie aussi compréhensive qu'il est possible. En

limitant à leur juste valeur et à leur légitime domaine les vérités relatives des systèmes, on leur
enlève leur caractère exclusif et négatif; on les
rend du même coup harmoniques et conciliables.

Les questions dont nous nous occuperons
offrent avant tout un intérêt spéculatif, et c'est
surtout une recherche scientifique que nous
entreprenons. Néanmoins, nous ne saurions négliger le côté historique et politique de ces études. La manière dont un peuple se représente
l'ordre social tient au fond même de son caractère, à ses traditions, à son histoire; elle marque
donc sa direction présente et peut révéler son
avenir. A notre époque où les grands peuples de
l'Europe, sous les lois d'une *sélection* supérieure, luttent pour la prééminence intellectuelle
et politique, il est nécessaire que notre pays se
rende compte à lui-même de l'idée directrice,
plus que nationale et vraiment humaine, qui a
fait jusqu'ici sa force et qui, en s'élargissant, en
se complétant par les notions plus familières
aux autres peuples, pourrait assurer encore sa
grandeur future, — je veux dire la conception
du droit idéal, de la justice, de l'idéale égalité
des libertés [1].

1. Ces études sont la suite naturelle de nos précédentes recherches sur *La liberté et le déterminisme* : c'est la même

question transportée de l'ordre moral dans l'ordre social et politique. On reconnaîtra aussi l'analogie des solutions auxquelles, dans ces deux problèmes, nos réflexions nous ont amené, et par quelle évolution le *droit-idée* peut se concilier avec le *droit-force* ou le *droit-intérêt*.

Dans le livre premier de cette nouvelle édition, nous avons complété et rapproché toutes nos observations relatives à la psychologie des peuples et à l'histoire des théories du droit. De cette manière, la partie purement historique sera plus distincte de la partie théorique, avec laquelle il importe de ne pas la confondre. Le côté philosophique du problème sera aussi mieux dégagé des considérations nationales ou internationales : toute confusion des points de vue deviendra alors impossible pour le lecteur.

En ce qui concerne le fondement du droit, nous avons essayé de réunir, en une notion synthétique, les résultats les plus légitimes de la philosophie *évolutionniste* et de la philosophie *critique*. Spencer et Kant nous semblent avoir tous les deux le tort de se perdre dans le transcendant, l'un par sa théorie de l'*inconnaissable* (qu'il oublie si étrangement en morale), l'autre par sa théorie de l'*impératif catégorique*, dont il fait une sorte d'ouverture sur le monde inconnaissable. Nous plaçant à un point de vue *immanent*, nous avons essayé de montrer le vrai principe de la moralité, de la réciprocité et du droit, dans la *conscience* psychologique, qui se pense et pense les autres consciences, les autres *moi*, sans cependant pouvoir s'expliquer d'une manière adéquate ni le sujet pensant, ni l'objet pensé, ni la transition du sujet à l'objet. Nous avons ainsi établi dans la conscience même, comme fait d'expérience indéniable, un idéal à la fois *restrictif* pour l'égoïsme, et *persuasif* pour l' « altruisme. » Cet idéal, au moyen d'un principe immanent et même expérimental, la *pensée consciente*, fonde d'une part la justice ou le droit proprement dit, de l'autre la fraternité.

La première édition de cet ouvrage parut en 1878 ; la seconde édition revue et corrigée, en 1883.

Les théories psychologiques de ce livre ont leur complément dans nos écrits sur la *Psychologie des peuples européens* et sur la *Psychologie du peuple français* ; les théories morales sur le fondement ont leur complément dans notre *Morale des idées forces*.

L'IDÉE MODERNE
DU DROIT

LIVRE PREMIER

LA PSYCHOLOGIE DES PEUPLES ET LA PHILOSOPHIE
DU DROIT

La philosophie du droit, dans sa partie historique, étudie les différentes conceptions du droit chez les principaux peuples; dans sa partie proprement philosophique, elle étudie en elles-mêmes les diverses idées *possibles* du droit et détermine la part de vérité propre à chacune. L'étude historique est à nos yeux secondaire : la psychologie des peuples ne servira donc ici que de préliminaire ou, comme on dit en Angleterre, d'*illustration* à notre doctrine du droit qui, en elle-même, est indépendante de l'histoire. Attribuer le premier rang, dans ce livre, aux considérations historiques et psychologiques, ce serait confondre l'accessoire avec l'essentiel.

1

Nous n'avons aucun goût pour les classifications tranchées et systématiques auxquelles se complaisent les partisans de la théorie des races : les grandes nations européennes sont sœurs par l'esprit comme par le sang ; aucune ne peut être parquée dans une *école* de philosophie ni emprisonnée dans l'étroite formule d'un système exclusif. Il n'en existe pas moins, chez les divers peuples, des traditions et des tendances diverses. L'histoire et la psychologie des peuples modernes nous montrent, si nous ne nous trompons, trois moments principaux dans l'évolution de l'idée du droit : le premier moment est une synthèse encore confuse des diverses conceptions possibles du droit, que nous voyons se développer presque simultanément dans chaque grand peuple. En Angleterre, par exemple, Hobbes fonde le droit sur la force et sur l'intérêt, Locke sur l'intérêt et la liberté. L'école cartésienne, chez Spinoza, admet une théorie analogue à celle de Hobbes ; les philosophes français du XVIII° siècle soutiennent tantôt le droit de la force, tantôt celui de l'intérêt, tantôt celui de la liberté ; Rousseau fonde expressément le droit sur l'égalité des libertés qui se réalise dans le contrat social (entendu d'ailleurs autrement que ne l'entendait Hobbes). En Allemagne, Kant et Fichte prennent pour base du droit la liberté morale et la réciprocité de la contrainte sociale ; Schiller et Gœthe sont animés d'un esprit analogue. Hegel commence le retour au culte de la nécessité historique, de la force intellectuelle ou même matérielle, du succès, des conquêtes et du génie ; ses successeurs vont encore plus loin. Leur influence prédominante n'a cependant pas empêché le développement des doctrines de Krause et de Herbart, pour ne pas parler des derniers essais d'Hermann, de Fichte, de Trendelenburg et d'Ulrici, qui ont exercé une faible action sur l'opinion germanique. — La France, de son côté, après ses Constituants, ses Girondins, ses Jacobins, après son école des *Droits de l'homme*, a eu dans notre siècle ses écoles théocratiques représentées par de Maistre, de Bonald, Lamennais, ses écoles *légitimistes* et ceux qu'on a appelés les « cléricaux de sentiment », c'est-à-dire Chateaubriand, certains romantiques, les néo-catholiques, etc. Puis sont venus les saint-simoniens, fort imbus d'une sorte de fatalisme historique; les positivistes, pour lesquels il n'y a pas de *droits* proprement dits, mais seulement des *devoirs;* enfin les socialistes autoritaires de toute secte. Proudhon même, un des défenseurs de l'idée de justice, s'est plu à identifier, au point de vue international, le droit et la force. Aujourd'hui encore, nous avons chez nous plus d'un partisan du *droit historique*, à commencer par M. Taine. — De tous ces faits, que faut-il conclure? — Une seule chose : c'est que les divers aspects du droit se sont d'abord présentés presque à la fois aux diverses nations, et qu'il subsiste encore aujourd'hui dans chacune un mélange d'idées contraires.

Il n'en est pas moins vrai que, depuis le xixᵉ siècle, une sorte de partage et comme d'analyse succède à la confusion synthétique des doctrines. Trois idées seulement, de plus en plus marquées, restent en présence l'une de l'autre. Les deux premières, — celle de *puissance majeure* (matérielle ou intellectuelle) et celle d'*intérêt majeur*, — sont réalistes de tendance;

la troisième, — celle de liberté, d'égalité et de fraternité universelle, — est idéaliste. Maintenant, quoique
ces conceptions coexistent toujours chez chacun des
peuples civilisés (surtout parmi les philosophes), n'y
a-t-il point *actuellement* et *provisoirement*, chez les
principales nations, un penchant à régler leur conduite, leur législation, leur politique, sur l'une des
conceptions plutôt que sur l'autre? Tel est, pour la
psychologie des peuples et pour l'histoire, le véritable
point en litige. Or, si nous ne nous trompons, il s'est
produit depuis un siècle un événement capital qui,
par son action intense sur la marche de l'histoire, puis
par la réaction presque aussi intense qu'il a provoquée, ne pouvait manquer de lancer les diverses nations dans des voies différentes, en attendant que
l'avenir les réunisse un jour et les réconcilie. Cet
événement, c'est la Révolution française. Les Anglais
y ont glorieusement contribué, d'abord par l'exemple
de leurs révolutions propres, puis par celui de leurs
constitutions politiques, enfin par les théories libérales de leurs philosophes. Mais la Révolution a pris
en France, comme cela était inévitable, un caractère
général, humanitaire, social, qu'elle n'avait pu avoir
tout d'abord en Angleterre et qui, d'autre part, s'oppose aux considérations purement nationales de race,
de langue, d'histoire, où le génie allemand cherche
volontiers la justification de ses conquêtes. Par malheur, la Révolution a compromis la cause du droit
universel en lui donnant pour instrument la violence, provoquée qu'elle était par les résistances
intérieures et extérieures. Le droit nouveau proclamé par la Révolution, et la violence de ses défen-

seurs ne pouvaient manquer de provoquer une réaction, même en France. Cette réaction s'étendit naturellement aux autres peuples, que les guerres de
l'Empire tenaient en une juste défiance contre l'esprit de la Révolution, tel que l'interprétait le césarisme. Il en est résulté deux conséquences nécessaires :
1° En France, on a vu subsister l'une en face de
l'autre, sous des formes extrêmes, la théorie idéaliste du droit et la théorie réaliste, mais avec une
prédominance croissante de la première, que rendait
inévitable chez nous l'accélération du mouvement
démocratique, égalitaire, antiféodal. 2° En Angleterre et en Allemagne, au contraire, la réaction
contre le mouvement révolutionnaire a été généralement plus forte que ce mouvement lui-même, comme
le prouve la persistance chez ces deux nations d'un
régime aristocratique et en partie féodal ; la théorie
réaliste a donc fini par y prédominer de nos jours
sur la théorie idéaliste. Ce n'est pas tout. La doctrine
réaliste étant elle-même susceptible de deux interpré-
tations, l'Angleterre et l'Allemagne ont manifesté soit
pour l'une, soit pour l'autre, une préférence instinctive, qui s'explique par la différence de leur organisation sociale et politique. Le régime de l'Angleterre est
l'*industrialisme*, décrit par M. Spencer dans sa *Sociologie ;* le régime de l'Allemagne est ce que le même
M. Spencer appelle le *militarisme.* Aux Anglais, venus
dans la civilisation plus tard que la France et les
peuples latins, la France envoya jadis ses Normands,
mais ne put faire accepter le droit romain avec ses
généralités abstraites, ni le catholicisme avec son esprit autoritaire. De plus, grâce à sa position géogra-

phique, l'Angleterre est le premier peuple d'Europe
(après la Hollande) chez lequel l'esprit militaire ait
fléchi pour céder le pas à l'esprit de commerce et
d'industrie. Les Allemands, parvenus encore plus
tard à la civilisation, et de nos jours seulement à
l'unité, ont gardé nécessairement dans la masse quelque chose de rude, jusque sous leur science et leur
philosophie ; les instincts « altruistes » sont chez eux
plus récents qu'en France ou en Angleterre, et le régime militaire a fini par s'y développer plus que partout ailleurs. Or l'idée à laquelle aboutit l'industrialisme est explicitement celle de l'*intérêt;* l'idée sur
laquelle s'appuie au moins implicitement le *militarisme* est plutôt celle de la *puissance.* Quelle était
donc, il y a cinquante ans, la seule voie logiquement
ouverte pour une nation *industrielle* et encore féodale qui réagissait contre les excès théoriques ou pratiques du droit idéal, du droit pur et abstrait? C'était
l' « utilitarianisme » proprement dit. Quelle était, il
y a un certain nombre d'années, la voie ouverte pour
une nation *militaire* et féodale qui réagissait contre
les mêmes excès ? C'était la préoccupation et le respect plus ou moins avoué de la puissance matérielle et intellectuelle. La séparation actuelle des
tendances, chez les jurisconsultes, les politiques, les
publicistes, les philosophes en vogue des divers pays,
était donc historiquement et logiquement inévitable.
Cette séparation est d'ailleurs provisoire et nous entre-
voyons déjà le moment où l'équilibre s'établira, dans
l'esprit de chaque nation, entre les idées de puissance, d'intérêt et de liberté. Il n'en est pas moins
utile, pour apprécier la valeur de ces divers éléments

d'une même idée, d'en suivre le développement à la fois historique et logique chez les principales nations modernes. Nous essayerons ensuite de montrer comment les conceptions réalistes et les conceptions idéalistes peuvent se réconcilier dans une doctrine synthétique.

I

L'ESPRIT GERMANIQUE ET L'IDÉE DU DROIT

Toute grande nation a son génie distinct de l'esprit des individus; c'est ce qui fait son unité et lui donne sa force. Que ce génie s'oublie lui-même et s'affaisse, la nation semble prête à se dissoudre; qu'il se retrouve et se ranime, la nation tout à l'heure abattue se redresse et marche. Cette âme commune à chaque nation est, comme on sait, l'objet d'une science nouvelle que les Allemands appellent la psychologie des peuples. Les contrées voisines, mettant cette science en pratique, se complaisent à réduire en formules leur esprit national, pour l'ériger ensuite en une sorte de loi et parfois même de droit supérieur. Il conviendrait aussi aux Français de se souvenir d'eux-mêmes, non pour s'élever ni se rabaisser systématiquement, comme ils le font parfois, mais pour reprendre, avec la conscience de leur vrai caractère, la pleine possession de l'idée qui a fait et peut faire encore leur vitalité dans l'histoire. En même temps, l'étude comparée des autres caractères nationaux, outre qu'elle est nécessaire pour faire comprendre le développement de la philosophie moderne du droit, n'est pas sans résultats pratiques. Que peut et que doit être en effet la législation d'un peuple, que doit être sa constitution politique pour avoir chance de vie, sinon l'exacte expression du génie national?

Chacun des grands peuples modernes a aujourd'hui la noble ambition de représenter mieux que les autres, par son esprit national, l'esprit de l'humanité même. On avait concédé au génie français, depuis le xviiie siècle, l'honneur d'être le moins exclusivement national et le plus vraiment humain : le xviiie siècle s'intitulait lui-même le siècle « de la raison et des lumières », le siècle de la liberté, le siècle de l'humanité. Aujourd'hui, l'espoir de l'Allemagne va plus loin encore : selon ses philosophes et ses politiques, elle ne représente rien moins que « l'esprit universel, l'idée absolue, » qui est aussi dans le fond la puissance absolue. C'est ce que Fichte soutenait déjà avec un enthousiasme d'ailleurs si généreux le lendemain même de nos victoires d'autrefois qui devaient amener nos récentes défaites, dans ces mâles *Discours à la nation allemande* prononcés souvent au bruit du tambour français; c'est ce que répétèrent plus tard Schelling, Hegel et toute son école, c'est ce que redisent maintenant les philosophes, les théologiens, les politiques du nouvel empire. Faisons d'abord le tableau rapide du « processus » qui a amené les tendances actuelles de l'Allemagne.

Les inclinations naturelles de l'esprit germanique, un moment dominées par l'influence française à la fin du xviiiᵉ siècle et au commencement du xixᵉ, devaient bientôt reprendre le dessus. On a jugé le caractère germanique de deux façons tout opposées : les uns y reconnaissent, avec Mme de Staël, un penchant à l'idéalisme même mystique; les autres, avec Henri Heine, un penchant au naturalisme. L'originalité ou, comme on dit là-bas, la « génialité » allemande ne consisterait-elle pas précisément dans cette antithèse?

Le premier trait du caractère allemand est certainement un idéalisme parfois poussé jusqu'au mysticisme. Le sentiment de l'éternel mystère qui est au fond de tout est beaucoup plus développé en Allemagne qu'en France, où notre amour de la clarté intellectuelle nous empêche souvent de reconnaître les réelles obscurités des choses. La métaphysique allemande repose sur ce principe qu'il y a de l'inconnaissable, de l'inintelligible, conséquemment une sorte de nuit primitive que la lumière de l'intelligence est impuissante à pénétrer. La philosophie française est plus portée à admettre, avec Descartes, que les idées vraies sont les « idées claires » et que toute réalité est intelligible. De là, chez les Allemands, plus de profondeur, et, chez les Français, une clarté parfois trop superficielle. Les deux excès sont pour les uns la profondeur fausse et pour les autres la fausse clarté. Gœthe, qui pourtant était un adorateur de l'intelligence, a merveilleusement compris ce sentiment du mystère qui manque trop au rationalisme français et qui est si familier aux Allemands.

« Mme de Staël, écrit-il à un de ses amis, répon-
dra parfaitement à l'idée que vous avez dû vous
faire d'elle *à priori*. Elle est tout d'une pièce : elle
représente l'esprit français dans toute sa pureté et
par son côté le plus intéressant. Mais son naturel
et son cœur valent mieux que sa métaphysique, et
sa belle intelligence s'élève à la hauteur du génie.
Elle veut tout expliquer, tout comprendre, tout
mesurer ; elle n'admet rien d'obscur, rien d'inacces-
sible, et ce qu'elle ne peut éclairer de son flambeau
n'existe pas pour elle. Elle n'admirera jamais le
faux, mais elle ne reconnaîtra pas toujours le vrai.
Ces quelques mots vous prouvent que la netteté, la
décision et la vivacité spirituelle de sa nature ne
peuvent exercer qu'une influence bienfaisante [1]. »

Dans l'ordre métaphysique et religieux, le sentiment du mystère engendre facilement le mysticisme,
dont l'excès chez les croyants est, selon Kant, le *fanatisme* de la foi. « Ce fanatisme est, pour ainsi dire,
une pieuse présomption ; il naît d'une certaine fierté et
d'une confiance exagérée en soi-même, qui fait qu'on
croit se rapprocher des natures célestes. Le fanatique
ne parle que d'inspiration immédiate et de vie con-

---

[1]. « Le style, dit Schopenhauer, est la physionomie de
l'esprit... Tandis que l'écrivain français enchaîne ses pensées
dans l'ordre le plus *logique* et en général le plus naturel, et
les soumet ainsi *successivement* à son lecteur, l'Allemand, au
contraire, les entrelace dans une période embrouillée, parce
qu'il veut dire six choses à la fois ;... tout apparaît comme
dans un brouillard ; son but semble être de ménager à chaque
phrase une porte de derrière, puis de paraître en dire plus
qu'il n'en a pensé. » C'est que l'Allemand sent la complica-
tion infinie des choses, et le Français leur simplification possible par l'intelligence.

templative... Il faut bien distinguer ce fanatisme de
l'enthousiasme ; le premier croit à une communication immédiate et extraordinaire avec une nature supérieure ; le second n'exprime qu'un état d'exaltation
de l'esprit, échauffé au delà du degré convenable par
quelque principe, patriotisme, amitié, ou même religion, mais sans qu'il s'y joigne aucune idée d'un
commerce surnaturel [1]. » Le Français, ajoute Kant,
dans l'ordre social, est enthousiaste ; dans l'ordre religieux, « il est surtout enclin à l'indifférence ; il n'a
point « un vif sentiment du sublime, et sa religion,
vide de toute émotion, n'est le plus souvent qu'une
affaire de mode ». L'Italien et l'Espagnol sont « cré-
dules et superstitieux ; le superstitieux fait des vœux
devant les images de saints, grands faiseurs de miracles ». « Le fanatisme, du moins dans les temps
antérieurs, s'est rencontré surtout en Allemagne et
en Angleterre, comme un développement exagéré des
nobles sentiments qui appartiennent au caractère de
ces peuples [2]. »

Dans la philosophie comme dans la religion, l'élément mystique s'est montré de bonne heure en Allemagne. Dès le xive siècle, le mysticisme se nommait la
philosophie teutonique, *philosophia teutonica*. « Grat-
tez la peau d'un métaphysicien allemand, dit Schopenhauer avec sa rudesse habituelle, et vous trou-
verez un théologien. » Lui-même et son disciple de
Hartmann ont mis dans leurs livres beaucoup plus

1. Les caractères des peuples, tr. Barni, p. 312, t. II de la
Critique du jugement.
2. Kant, *ibid.*

de théologie qu'ils ne croient. Il est certain qu'on ne peut comprendre le mouvement des idées philosophiques et sociales en Allemagne sans remonter à la théologie protestante; que les Allemands ont mêlée à toutes leurs spéculations. Avant le cordonnier visionnaire Jacob Bœhm, en qui Schelling et Hegel saluent « le père de la philosophie allemande », Luther avait déjà favorisé le développement de l'esprit mystique. — Est-ce par les œuvres ou par la foi que l'homme se justifie ? — A ce problème capital de la religion réformée, Luther répond : — Les œuvres ne sont rien, la foi est tout ; les œuvres sont naturelles et viennent de la volonté humaine, « qui est esclave et incapable de faire par elle-même le bien ; » la foi est surnaturelle et naît dans un commerce immédiat avec la grâce. — L'auteur du *de Servo arbitrio* voulait ainsi s'élever au-dessus des œuvres extérieures ; mais, au lieu de placer entre la nature et son Dieu l'activité personnelle de l'homme, qui, semble-t-il, eût pu seule fonder à ses yeux le droit vraiment humain, il remonte à la foi, qui nous absorbe en un principe transcendant ; après avoir admirablement rappelé la conscience à elle-même, le protestantisme finit, chez ses adeptes les plus orthodoxes, par l'assujettir à la grâce. C'est surtout par l'idée de la grâce, et non par celle de la science, que les théologiens allemands aboutissent à cette négation du libre arbitre qui, chez d'autres peuples, semble une hérésie religieuse ou une témérité philosophique ; en Allemagne, pour les nombreux partisans de la prédestination métaphysique, parmi lesquels se trouve Kant lui-même, c'est le libre arbitre qui est un scandale. A quoi d'ailleurs le libre arbitre humain servirait-il ? Il ne serait guère utile que pour le mal. Les théologiens protestants ont ainsi beaucoup contribué à ouvrir les yeux aux philosophes sur ce que l'idée vulgaire de libre arbitre contient de peu rationnel, de peu scientifique et même d'insuffisant pour la morale. Mais ils ont contribué aussi à la formation d'une idée de liberté quelque peu mystique, comme celle du noumène, identique dans le fond avec la prédestination et la grâce.

On connaît les inappréciables services rendus par les protestants à la cause du droit. Il faut pourtant bien l'avouer : les protestants ne reconnurent point d'abord l'existence d'un droit naturel et humain, pas plus qu'ils ne reconnurent l'existence d'une morale naturelle [1]. Qu'est-ce que la liberté de conscience réclamée par Luther ? Elle se ramène pour lui au devoir religieux de lire et de croire, c'est-à-dire d'entrer, sans autre intermédiaire que le Livre, en communication avec l'Esprit, avec la grâce ; on pourrait l'appeler une sorte de droit à la vie mystique et idéale. Quant à la liberté civile ou politique, Luther veut qu'au besoin on la sacrifie. — « Dieu vous envoie des tyrans comme il vous donne des pères, pour vous éprouver, vous corriger, vous former. » L'indépendance religieuse de « l'homme intérieur » n'est-elle pas un ample dédommagement à la dépendance de l'homme extérieur ? Cette indifférence mystique des

---

1. Luther, lecteur assidu de Tauler et d'Eckart, reprochait à la *Morale* d'Aristote, « cette pire ennemie de la grâce, » d'entretenir la pensée impie que l'homme « a une valeur personnelle ».

protestants primitifs à l'égard du droit purement humain se retrouve encore de nos jours chez beaucoup
de penseurs allemands. Ils comprennent assez peu,
malgré Kant et Fichte, ce que la philosophie française
du xviiie siècle appelait les « droits de l'*homme* », et
d'autre part ils n'ont pas l'esprit utilitaire, commer-
çant, individualiste de l'Angleterre.

Le mysticisme, pourtant, est bien souvent près de
se tourner en un certain naturalisme. L'histoire de
la philosophie et de la religion en renferme mainte
preuve. Et en effet le grand problème métaphysique
est précisément de trouver, comme dirait Kant, un
lien entre le *noumène* et le *phénomène*, entre la *liberté*
intelligible et la *nature* sensible. Le vrai lien, semble-
t-il, serait une liberté plus pratique et plus vraiment
humaine que la « liberté nouménale », si semblable
à la prédestination divine. Sans doute le libre arbitre
vulgaire n'est pas soutenable, mais il en faudrait
pourtant trouver, dans le déterminisme même, un
substitut, un équivalent pratique [1]. Il faudrait donner
une certaine valeur propre, une certaine consistance
à l'ordre purement humain et social, à la volonté individuelle et à la volonté collective. Sans cet intermédiaire concret, le monde intelligible et le monde
sensible, le noumène et le phénomène risquent de
demeurer absolument séparés dans la théorie et,
pratiquement, le premier risque de s'absorber dans
le second, qui après tout est le seul *connu*.

L'intermédiaire que les Allemands ont préféré pour

---

1. Voir sur ce point notre livre sur *La liberté et le déterminisme.*

relier le transcendant et le naturel, c'est ce symbolisme profond qui fait des choses visibles l'*expression*
de la puissance invisible, soit sous la forme de la
finalité, soit sous celle de la beauté et de la subli-
mité. Kant a merveilleusement développé ce point de
vue quand il a cherché, dans sa *Critique du jugement*,
le lien de la raison pure et de la raison pratique.
Par là il se trouvait encore en harmonie avec les
tendances les plus intimes de sa nation et de sa religion. Ici se découvre à nous un trait nouveau et curieux de la physionomie germanique : le goût des
symboles, qui produira dans l'ordre des questions
sociales des conséquences inattendues. La lecture de
la Bible habitue l'Allemand dès l'enfance à voir partout des figures. Pour les mystiques, en dehors de la
réalité absolue, rien ne peut être qu'emblème. Jacob
Bœhm aperçoit des images de la trinité, de l'incar-
nation, de la rédemption, dans tous les êtres et dans
tous les phénomènes de la nature. Chacun des objets
sensibles est le symbole des autres, et tous les objets
sensibles pris ensemble sont le symbole de l'éternel
mystère.

Transporté dans l'art, l'amour des symboles tend à
produire ce romantisme qui caractérise les œuvres du
génie allemand. Si le beau est un symbole de l'idée,
le sublime et parfois même l'ironie ou l'*humour* sont
plutôt des symboles de l'infini et de l'insondable
noumène. Dans l'étude des langues l'amour des symboles explique ce respect des signes et des mots,
emblèmes de la pensée, qui engendre la passion phi-
ologique et en quelque sorte l'enthousiasme de l'éru-
dition : *philologia mediatrix æterni*, dit Niebuhr ;

2

dans la métaphysique, il donne naissance à ces systèmes de Kant, de Schelling, de Hegel, de Schopenhauer, où se retrouvent sans cesse deux faces des choses : l'absolu mystérieux, « noumène » ou idée, et ses manifestations visibles dans la nature, phénomènes ou faits. C'est un symbolisme que cet « art caché en notre âme » par lequel notre pensée, d'après Kant, se représente toutes choses sous les formes de l'espace et du temps ; — symbolisme, cette finalité immanente, cet art déployé dans la nature par lequel l'absolu, selon Schelling, s'efforce de se révéler à sa propre conscience, « odyssée de l'esprit, qui, livré à une merveilleuse illusion, se cherchant lui-même, se fuit sans cesse lui-même ; » — symbolisme, cette évolution des choses que décrit Hegel et où chaque moment est, dit-il, la manifestation incomplète de l'idée ; — symbolisme enfin, ce vaste système de « représentations » par lequel la volonté, selon Schopenhauer, se donne à elle-même le spectacle décevant des formes qu'elle produit et détruit tour à tour. Pour les nouveaux Hindous des bords de la Sprée comme pour les vieux Allemands des bords du Gange, le monde entier pourrait s'appeler l'immense magie ou l'immense illusion : Maya. « La nature, dit en propres termes Schelling, est le miroir magique de l'intelligence ; » — « la nature, dit Schopenhauer, est l'illusion infinie de la volonté. »

L'histoire sacrée avait toujours été représentée comme une figuration dans le temps de la puissance divine : les Allemands étendent volontiers cette conception à l'histoire qu'on nomme profane, et l'on peut dire que pour eux l'histoire entière est sacrée. Le développement de l'humanité comme de la nature est une expression de la nécessité suprême identique à la liberté suprême : les œuvres de chaque homme sont, selon Kant, des symboles de son caractère individuel ; ce caractère individuel est un symbole de l'humanité, l'humanité est un symbole de la divinité. Tout s'enchaîne comme les signes et les équations d'une algèbre expressive, ou comme ces accords des grandes symphonies allemandes liés si indissolublement par une science cachée, que chacun d'eux, résumant tout ce qui précède, annonce tout ce qui va suivre, et que le premier retentit encore dans le dernier.

La passion de l'histoire produit chez un grand nombre d'Allemands une sorte de respect ou d'adoration des faits accomplis, et en même temps un penchant à traiter les faits de haut ; c'est que le symbole, saint par ce qu'il représente, est indifférent en soi : on le vénère, et on le dédaigne.

Même esprit dans la religion. Comme la plupart des Allemands la respectent, et comme ils la façonnent au gré de leurs systèmes ! L'habitude de tout interpréter par allégories permet de demeurer fidèle à la lettre en abandonnant l'esprit. Chaque dogme religieux, pour les théologiens allemands, renferme une infinité de traductions possibles, et chaque homme y met le sens qui est le mieux en harmonie avec sa propre conscience : c'est une perspective sur l'infini où l'œil plonge plus ou moins loin selon sa portée ; tandis que l'un s'arrête aux points les plus rapprochés, l'autre voit jusqu'au fond, on reconnaît qu'il n'y a point de fond. En Allemagne, on peut nier tout le christianisme, comme le docteur Strauss, et en enseigner les formules ou en pratiquer les rites. Il y a des degrés dans la vérité comme dans l'échelle de Jacob, et chacun occupe celui où il est capable de parvenir. On doit, selon Strauss, « avoir une pensée de derrière et juger par là de tout en parlant cependant comme le peuple. » Sorte de direction mystique d'intention, qui finirait dans la pratique, si elle n'était réglée, par s'accommoder de toutes les paroles et de tous les actes, pourvu qu'on y vît les emblèmes du divin. La pratique est un ensemble de symboles relatifs par lesquels la foi se traduit en œuvres : « crois, et fais ce que tu voudras; » — bien plus : « crois, et pense ce que tu voudras ; » — bien plus encore : « crois, et crois ce que tu voudras. »

Ce symbolisme métaphysique, dont on ne saurait méconnaître ni la grandeur ni la vérité, n'est pas sans influence dans la vie sociale. Tout d'abord il répugne à l'idée, un peu trop simple, d'un droit fixe ou inviolable. Traditions, coutumes, lois, puissances établies, — autant de symboles ; à ce titre, ils ont quelque chose de sacré. On les respectera dans ses œuvres, on les dépassera dans sa foi. Il est écrit : « Tu respecteras les puissances ; » mais, pendant que le corps sera incliné devant elles, la pensée les dominera de toute la distance qui sépare l'idée du signe. Ainsi se concilieront chez un certain nombre l'entière soumission à César et la plus grande indépendance intérieure ; quelques-uns diront même en raffinant que cette soumission est précisément la marque de l'indépendance. Se mettre au-dessous de la puissance visible, c'est se mettre au-dessus. Enfin plusieurs iront jusqu'à faire en faveur d'une institution positive un argument mystique de son absurdité même. Selon Strauss, la république est rationnellement supérieure à la monarchie, et c'est précisément pour cela, dit-il, qu'il faut préférer la monarchie. « Sans doute il y a dans la monarchie quelque chose d'énigmatique, d'absurde même en apparence ; c'est en cela que consiste le secret de sa supériorité : tout mystère paraît absurde, et pourtant sans mystère rien de profond, ni la vie, ni l'art, ni l'État. » Tel est le droit divin de l'incompréhensible, emblème mystérieux de l'idée. Charles Vogt, dans ses lettres sur la guerre franco-allemande, constate avec étonnement « la soumission en face de la *Herrschaft*, de l'autorité, » qu'ont assez souvent montrée des érudits audacieux de l'Allemagne. Déjà Mme de Staël, sans en bien comprendre le motif, faisait une observation analogue : « Les hommes éclairés de l'Allemagne se disputent avec vivacité le domaine des spéculations, mais ils abandonnent assez volontiers aux puissants de la terre tout le réel de la vie ; l'esprit des Allemands et leur caractère paraissent n'avoir aucune communication ensemble ; l'un ne peut souffrir de bornes, l'autre se soumet à tous les jougs. » N'est-ce point l'idée plus ou moins consciente du symbolisme universel qui établit la communication, cherchée par Mme de Staël, entre l'audace mystique ou métaphysique et le traditionalisme politique ?

Les mots trop précis de la langue française sont impuissants à caractériser avec justesse, et aussi avec justice, cette synthèse des contraires dont plusieurs personnages de l'Allemagne ont offert des exemples.

La servilité même dans l'obéissance, la brutalité dans
le commandement peut devenir outre-Rhin pour quelques-uns un symbole de la vérité, un degré de la vérité,
un moment de la vérité. La puissance, par exemple,
même matérielle, pourra être appelée par eux le symbole du droit. Si la contradiction de fait devient par
trop choquante entre la chose et son signe, leur subtilité invoquera, pour la justifier, une forme originale
de symbolisme très goûtée des Allemands et qu'ils appellent la forme ironique. Frédéric Schlegel et Solger
ont élevé l'ironie à la hauteur d'un principe universel ; la nature, ironie divine, cache le risible sous
le sérieux, et le sérieux sous le risible ou l'absurde.
Il y a, dit aussi Hegel, un principe de dissimulation et
de ruse dans la nature ; la sagesse prenant l'apparence de la folie, c'est la ruse de l'absolu, c'est « la
ruse absolue ». Transportez cette théorie dans l'ordre
social, vous donnerez de la force victorieuse une définition dans le goût hégélien en l'appelant la ruse du
droit, l'ironie du droit, la dissimulation par laquelle
le droit, en se cachant, assure son triomphe. L'absolu étant ainsi rusé, dissimulé, ironique, on devine
ce que pourront être les gouvernants qui se croiront
en possession de l'absolu, et chez qui le comique et
le sérieux tendront également à prendre la forme
d'une ironie parfois tragique.

Il est difficile de s'en tenir à des idéalités ou à des
symboles et d'abandonner à jamais le « réel de la
vie ». On commence, comme dit Jean-Paul Richter,
par se contenter de l'empire de l'air, « en laissant aux
Français celui de la terre et aux Anglais celui de
l'océan ; » mais on finit par adopter la devise des

Hohenzollern : l'aigle noir aux ailes déployées, « du rocher à la mer. » — « Les Allemands, disait Schopenhauer de ses contemporains, sont des hommes qui cherchent dans les nuages ce qu'ils ont à leurs pieds. » Mais de plus hardis, à notre époque, ont rejeté l'élément idéaliste pour ne conserver que le positif; le principe absolu était tellement peu intelligible qu'ils ont fini par le nier. De là, chez eux, comme dernier terme de cette évolution, un naturalisme qui s'est révélé à la fois comme le culte théorique et le souci très pratique des choses de ce monde. Chez ceux-là se touchent les deux extrêmes : mysticité et esprit militaire. Un même mot n'exprime-t-il pas, selon la remarque de Fichte, l'enthousiasme de l'imagination et l'exubérance de la nature : *Schwärmerei?*

Ainsi la puissance matérielle, après avoir paru à l'idéalisme élevé des penseurs allemands un simple instrument et une œuvre tout extérieure du droit, a pu sembler ensuite au fatalisme religieux ou philosophique du grand nombre une réalisation nécessaire du droit, un symbole visible du droit; enfin le naturalisme, se dégageant de la vieille enveloppe mystique, devait aboutir chez plusieurs à la synthèse de la force et du droit, ou plutôt à la primauté de la force réelle sur le « droit abstrait ».

Ce mouvement en Allemagne a été favorisé et en partie légitimé par le sentiment national, par la nécessité d'une unité politique où vinssent se confondre les divers membres du grand corps germanique. Il s'est glissé dans les récentes guerres de nationalités et

de races quelque chose d'analogue aux anciennes
guerres de religion ; des politiques habiles ont su
mettre à profit les justes aspirations du peuple allemand pour réaliser leur idéal d'unité et de puissance, leur idéal de résistance monarchique au mouvement « révolutionnaire ». Il est cependant permis d'es-
pérer que la patrie de Kant et de Fichte, de Gœthe et
de Schiller, de Mozart et de Beethoven, après avoir
consommé son unité nationale, reviendra à son goût
de paix et de spéculation métaphysique ou scientifique ; d'autant plus que le développement actuel du
socialisme dans son sein peut lui faire comprendre
la supériorité des réformes intérieures sur la puissance extérieure [1].

1. « L'Allemagne, dit M. du Bois-Reymond, est devenue une
et forte, son vœu de jeunesse est accompli : le nom allemand est respecté sur le continent et l'océan ; mais, si nous
revenons en pensée à l'Allemagne d'autrefois, morcelée, impuissante, pauvre, philistine et bourgeoise, ne trouverons-
nous pas qu'il manque quelque chose à ce présent si brillant, si prestigieux? N'aurons-nous pas le soupir du *lied* des
Hirondelles : — Combien loin ce que j'étais jadis ! — Avec
ses rêves indéfinis, son effort sans fin, sa défiance d'elle-
même, l'Allemagne n'a-t-elle pas perdu aussi son ardeur pour
l'idéal, sa passion généreuse pour la vérité, sa vie intérieure
si calme et si profonde? » (*Culturgeschichte und Naturwissen-
schaft : Deutsche Rundschau*, novembre 1877.) Puis, passant en
revue ce qui fut jadis et ce qui n'est plus aujourd'hui, le
savant allemand se prend à regretter « cette fleur éphémère
de la littérature germanique qui a passé comme un rêve »,
cet amour de l'art pour l'art lui-même, qui a fait place à
la recherche du savoir et du pouvoir. « La politique et la
science, qui, avec leurs dures réalités, ont réduit au silence
l'aimable conversation des salons parisiens, ont aussi chez
nous fait tort aux épigones des héros classiques et romantiques. » Gœthe lui-même, s'il vivait aujourd'hui, n'écrirait
plus *Werther* ni *Faust* : il mettrait à profit, au *Reichstag*, c

L'Allemagne est le grand champ de bataille des idées et des théories de toute espèce. Sa principale gloire, pour le philosophe, est précisément dans sa fécondité métaphysique et scientifique. Aussi ne pouvons-nous présenter ici, pour ce qui concerne la philosophie du droit, qu'une esquisse nécessairement incomplète des doctrines qui se sont produites en

don de la parole que Gall avait découvert en lui. La science du moins profite-t-elle autant qu'on aurait pu le croire de ces préoccupations pratiques? Non, parce que l'industrie et la « technique » ont fait disparaître de son sein le désintéressement. Au reste, quand elle est seule, la science même devient une étroitesse pour l'esprit : elle l'habitue à n'estimer plus que ce qui relève de l'expérience et de la mesure; elle émousse peu à peu le sens de l'invisible, de l'intangible, de l'incommensurable, en un mot de l'idéal. « Malgré tout l'éclat dont brille à présent la science allemande, conclut du Bois-Reymond, nous en sommes réduits à souhaiter chez la génération nouvelle un peu de ce noble zèle qui seul promet à l'esprit énergie et succès. » (Traduit par M. A. Gérard dans la *Revue philosophique* de janvier 1878 : *les Tendances critiques en Allemagne.*) « On peut s'expliquer ce qui a été si souvent et si amèrement reproché à Gœthe : son étonnant προσχυνεῖν (*prosternere se*) devant le terrible homme d'action, Napoléon... Il siérait mal au peuple allemand d'instruire son procès sur ce point. N'a-t-il point lui-même sacrifié sans hésiter à ses aspirations vers la grandeur politique son idéalisme, son romantisme, sa vie de sentiment? Ce travail politique n'a-t-il pas presque épuisé ce souffle enthousiaste qui autrefois lui donnait une impulsion entraînante? On ne peut plus dire que l'Allemagne, c'est Hamlet, car elle a accompli énergiquement l'acte décisif. Disons plutôt que le peuple allemand, c'est Gœthe, arrivé à Weimar et qui, fatigué de son laurier toujours vert et décidé à devenir un homme complet, remet Pégase à l'écurie. Cette comparaison laisse du moins l'espérance que le jour de s'enfuir à Rome (comme Gœthe) viendra aussi pour l'Allemagne, — dans un autre sens, il est vrai, que celui où quelques-uns l'entendent. » (Du Bois-Reymond, *Gœthe, Discours à l'Université de Berlin*, dans la *Revue scientifique* du 16 décembre 1882.)

Allemagne dans tous les sens. Nous serons obligé de nous en tenir aux plus importantes et à celles qui ont été vraiment *populaires*, qui ont exercé une influence dominante et directrice sur l'*opinion* allemande et sur la *politique* allemande. Tout en montrant le développement historique de ces doctrines, nous nous attacherons surtout, selon l'excellente méthode des Allemands eux-mêmes, à en découvrir le développement logique. Malgré la complexité des hommes et des théories, un mouvement commun anime les systèmes qui ont dirigé l'opinion et l'action germaniques ; ces systèmes semblent obligés à se transformer l'un dans l'autre et entraînés vers un commun idéal. Ils ont d'ailleurs une part de vérité qu'il importera de dégager, pour la concilier, s'il est possible, avec les vérités des autres théories.

II

DÉVELOPPEMENT HISTORIQUE DES SYSTÈMES INFLUENTS DE L'ALLEMAGNE SUR LE DROIT

« Hume, Rousseau et Spinoza, dit Hegel dans ses *Leçons sur l'histoire de la philosophie* [1], sont les trois points de départ de la philosophie allemande moderne... Rousseau proclama la volonté libre l'essence de l'homme. Ce principe est la transition à la doctrine de Kant, dont il est le fondement. » Dans la philosophie du droit, en effet, c'est d'abord l'influence française qui, avec Rousseau, domina chez Kant et chez Fichte [2].

L'esprit du XVIIIe siècle, et surtout de la philosophie sociale en France, se résume tout entier et arrive à sa plus haute expression dans les théories de Kant sur la morale et sur le droit. « La France, disait

---

1. Édit. de Berlin, 1836, t. XV, p. 529.
2. Kant avait pour Rousseau une grande prédilection. Ses biographes rapportent que la lecture de l'*Émile* l'attacha si fort, qu'elle le retint pendant plusieurs jours de sa promenade ordinaire. Le portrait de Rousseau était le seul qui ornât son appartement.

Hegel, a réalisé la révolution dans la pratique, l'Allemagne en a formulé la théorie métaphysique. » Dans
Kant et dans Fichte s'achève le déplacement de ce
qu'on pourrait appeler le centre de gravité social,
que le mouvement révolutionnaire ramenait des autorités extérieures à la liberté intérieure de l'homme.
Kant, on le sait, se comparait lui-même pour la métaphysique à Copernic, qui fit tourner la terre autour
du soleil au lieu de faire tourner le soleil autour de
la terre ; mais, à vrai dire, c'est surtout dans la
morale et dans le droit qu'il a accompli ou plutôt
terminé une révolution de ce genre, qui est la révolution même de l'esprit moderne : au lieu de subordonner la liberté à une loi extérieure, il a subordonné
la loi extérieure à la liberté ; il a transporté jusque
dans la morale (comme il était logique de le faire) le
problème que Rousseau avait posé pour le droit civil
et politique : il s'est demandé si la loi morale elle-
même, avec son autorité impérative et obligatoire,
n'était pas encore une expression et une formule de la
liberté, si la parfaite moralité ne consiste pas à être
tout ensemble, comme le citoyen de Rousseau, auteur
de la loi et serviteur de la loi, législateur et exécu-
teur, souverain et sujet dans la république des êtres
raisonnables et libres. C'est ce que Kant entend par
l'autonomie de la volonté humaine, dont il fait le fondement du droit ; *autonomie*, c'est-à-dire liberté qui se
fait à elle-même la loi, qui s'oblige elle-même à se
respecter et à respecter les autres libertés. A cette autonomie, qui n'est autre que l'indépendance de la volonté réclamée par les philosophes du xviiie siècle, est
lié le principe de l'humanité *fin en soi*, qui résume en-

core l'esprit de la révolution française : l'homme ne doit jamais être un instrument ou un moyen, il doit être un but et une fin. Mais, pour que la volonté soit ainsi à elle-même sa fin, il faut qu'elle soit la volonté *droite*, où Descartes plaçait le souverain bien, et la volonté droite n'est autre chose, selon Rousseau et Diderot, que la volonté générale, la volonté *universelle*. Voilà pourquoi, selon Kant, les maximes qui règlent notre volonté doivent pouvoir s'ériger en lois universelles. L'individu est dans son droit quand il agit comme un législateur, selon une maxime de législation univer- selle. La république de Rousseau pénètre avec Kant dans les consciences, comme Platon faisait pénétrer sa cité dans chaque âme humaine. La vraie liberté morale devient le principe et la fin de la loi morale, comme la liberté civile et politique était devenue pour Rous- seau le principe et la fin de la loi civile et politique. Telle est la révolution opérée par la philosophie mo- derne pour l'absolu affranchissement de la volonté humaine, et qui n'est autre que la notion du droit posée comme identique à la notion de liberté.

Cependant on remarque déjà chez Kant une certaine tendance à traiter les questions sociales comme un pro- blème de mécanique. En définissant le droit « l'ensem- ble des conditions qui limitent les libertés pour rendre possible leur accord », Kant paraît trop s'en tenir à la forme extérieure et négative du droit sans nous en faire pénétrer le fond. Le droit demeure alors tout entier dans les rapports des actions, dans les œuvres; aussi finit-il par s'identifier avec la faculté de contrainte réciproque, c'est-à-dire avec un système mécanique de forces défensives qui se font équilibre : Kant paraît moins se préoccuper des personnages que de leurs armures.

Remplir cette idée trop vide du droit et animer ce mécanisme, telle fut la pensée des successeurs de Kant. Deux voies opposées se présentaient. On pouvait, avec Fichte et avec G. de Humboldt, suivre plus ou moins librement Rousseau et les théoriciens de la révolution française, qui placent le principe intérieur du droit dans la volonté, — ou revenir à Spinoza et aux théories fatalistes, nous ne disons pas seulement déterministes [1], selon lesquelles le droit n'est que la nécessité divine ou absolue réglant la nature et l'histoire. « Chacun, disait Spinoza avec Hobbes, a autant de droit qu'il a de puissance. »

Fichte extériorise la Loi morale, le Devoir, le Droit; il en fait un principe absolu, une fin absolue dont nous sommes les *instruments;* c'est à ce titre d'instruments et de moyens du Droit que nous sommes sacrés, et non en nous-mêmes [2]. Par là, Fichte prépare Schelling et Hegel : son Droit absolu qui se réalise par nous, c'est déjà l'Idée de Hegel qui se réalise par l'histoire. Au lieu de mon droit, Fichte établit le Droit; Hegel soutiendra que ce Droit absolu se révèle par la puissance qui réussit à se réaliser elle-même, par le succès durable.

Les deux voies dont nous avons parlé ont été suivies en Allemagne; mais il faut reconnaître que c'est surtout la seconde qui a été préférée par les

1. Le déterminisme a un caractère purement scientifique, le fatalisme est métaphysique et religieux.
2. *System der Sittenlehre,* 5, 494.

génies les plus illustres et les plus influents. Les
tendances fatalistes, dans la philosophie germanique,
n'ont pas tardé à dominer l'influence française et à
produire une admiration croissante pour « le grand
et saint Baruch », auquel le théologien Schleierma-
cher voulait qu'on immolât une boucle de cheveux.
Seulement, tandis que Spinoza, épris de l'immuable
géométrie, avait tout vu sous l'idée de l'éternité, *sub
specie æterni*, les diverses écoles allemandes, éprises
de l'histoire, savent aussi voir les choses sous l'idée
du temps.

On sait comment, le jurisconsulte Thibaut ayant
publié en **1814** son livre sur la *Nécessité d'un code
civil général pour l'Allemagne*, Savigny répondit par
son écrit célèbre : *Vocation de notre temps pour la
législation*. Ainsi commença le grand débat de l'école
philosophique et de l'école historique [1]. Celle-ci est
encore aujourd'hui plus vivace que jamais en Allemagne, où elle a eu de nos jours pour principaux
représentants Mommsen, Strauss et Bluntschli, si
libéral dans ses premiers et savants ouvrages sur *le
Droit public universel*, si admirateur de l'autorité
dans ses discours à l'université de Heidelberg [2].

---

1. L'école historique avait dès lors l'appui officiel du gouvernement. Savigny était ministre et président du Conseil
d'Etat; Eichhorn, ministre de l'instruction publique; Niebuhr
était ambassadeur à Rome. Voir Rotteck, *Mémoires de l'Académie des sciences morales et politiques*, févr. 1841.

2. Bluntschli a donné, en 1873, une importante *Histoire
du droit public*, qui fait partie de la grande collection d'his-
toires et de rapports « publiée sous la protection du roi de
Bavière Maximilien II, et éditée par la commission historique
auprès de l'Académie royale des sciences ». C'est à cette collection qu'appartiennent l'*Histoire de la philosophie allemande*,

Selon l'école historique, le droit n'est pas une création réfléchie et libre de la volonté humaine. c'est un développement spontané et fatal des tendances d'un peuple [1]. Les constitutions et les législations ne se créent pas, elles poussent; il n'y a pas de droit naturel imprescriptible et inaliénable : tout droit naît de la coutume et en conséquence du temps. Le génie français, semblable à Descartes qui prétendait reconstruire la philosophie entière par sa seule pensée, voudrait refaire la société par sa seule volonté; il croit qu'il suffit de vouloir pour pouvoir, de décréter pour fonder : il a foi dans la puissance de l'homme. L'école historique dresse devant lui, comme un obstacle, la puissance des choses [2]. La volonté

par Zeller, et l'*Histoire de l'esthétique*, par Lotze. — Sur Bluntschli et sur ses récents ouvrages, voir notre *Science sociale contemporaine*, livre premier.

1. Voir Savigny, *Vom Berufe unserer Zeit*. Cf. Thibaut, *Ueber die Nothwendigkeit eines allgemeinen bürgerlichen Rechts für Deutschland*. — *Archiv für die civilitische Praxis*.

2. « Le code français, dit Savigny, est animé d'un esprit révolutionnaire, les idées politiques y prédominent sur les idées techniques, et sa superficialité est tellement flagrante, que le désordre de la législation française est inévitable. » La prophétie ne s'est pas accomplie. « Le droit, continue Savigny, n'est point un produit de l'arbitraire, mais bien un produit du passé entier de la nation; il ne se forme pas accidentellement, mais naturellement. Le droit *doit* être tel qu'il *est* et non autrement, c'est-à-dire qu'il est le résultat nécessaire de l'organisation intérieure de la nation même et de son histoire. Chaque époque doit appliquer son activité particulière à bien saisir, à rajeunir et à revivifier cette matière donnée. A l'égard de ces éléments antérieurs, il ne peut être question ni du bien ni du mal; car supposer que les admettre fût bien et que les rejeter fût mal, ce serait reconnaître la possibilité de cette admission ou de ce rejet; or il est rigoureusement impossible de se soustraire à ces éléments divers : ils nous

ne connaît point le temps ou espère s'en affranchir : l'histoire la ramène sous l'empire de cette force suprême ; à l'idée de révolution subite elle oppose celle d'évolution lente, que nous sommes en France portés à oublier ; à la liberté personnelle qui s'efforce de rompre avec le passé, elle oppose la loi incontestable de la continuité et le déterminisme universel. Le droit est présenté alors comme étant vraiment la puissance supérieure ; mais cette puissance ne réside ni dans la volonté morale de l'individu ni dans sa force physique, choses également passagères qui ne peuvent rien fonder de durable : le droit est la force organisée par le temps et la science, la puissance accumulée des générations. Des milliers d'animalcules, en s'unissant et en se serrant les uns contre les autres, préparent pendant des siècles, au fond des eaux, les continents qu'on verra surgir à la lumière. Ainsi, dans la barbarie même, se forme la civilisation future ; le temps est le vrai génie créateur, parce qu'il est la patience.

Quelque sagesse que renfermassent ces objections de l'école historique à la raison impatiente du mieux, elles ne pouvaient entièrement convaincre l'école philosophique. En vain opposait-on la force du temps à l'élan de la pensée ; le temps renferme lui-même une contradiction qui devait obliger la pensée à

dominent inévitablement. Nous pouvons nous faire illusion, mais les changer, jamais. Celui qui s'abuse ainsi et qui ne veut agir qu'au caprice de sa volonté, là où une plus haute et commune volonté est seule possible, celui-là perd ses plus belles prérogatives. C'est un serf qui se perd à rêver qu'il est roi. »

2

s'élever plus haut. Si l'infinité des siècles passés est une force avec laquelle il faut compter, l'infinité des siècles à venir n'est-elle pas une force au moins égale, sinon supérieure? S'il ne s'agit que de durer pour avoir raison, le meilleur moyen de durer dans l'avenir ne peut-il pas être parfois de rompre avec le passé? L'histoire nous montre que les institutions qui ont vécu le plus longtemps ont été souvent les plus odieuses, comme le despotisme oriental; mais elle montre aussi que les grands mouvements de rénovation subite ont su conquérir la durée, que toutes les traditions ont commencé par être des nouveautés et que toutes les nouveautés heureuses sont devenues des traditions. Il en est des grands faits historiques comme des dynasties : la légitimité dynastique n'est qu'une usurpation qui se prolonge, et l'usurpation se flatte toujours d'être une légitimité qui commence. Le temps sera donc invoqué aussi bien par les novateurs que par les conservateurs : la seule différence est que les uns, comme dit Platon, « chantent le passé », tandis que les autres « chantent l'avenir ».

Aussi vit-on de nouveau l'école philosophique opposer la force de l'avenir, objet de la pensée, à cette force du passé que soutenait trop exclusivement l'école historique. Hegel, dont le système n'est plus beaucoup enseigné en Allemagne, mais dont l'influence s'y fait encore partout sentir, crut concilier les deux écoles en identifiant le développement de l'histoire avec le développement de la pensée même, le réel avec le rationnel, le triomphe de la puissance supérieure avec celui de l'idée supérieure. Restait toujours à savoir quelle est cette puissance supérieure où l'idée se réalise. Hegel, la cherchant au-dessus de l'individu et des générations particulières, reconnaît tout d'abord dans la nation une puissance générale à laquelle doivent se subordonner les individus et en qui réside vraiment la force de l'avenir. La nation, par rapport aux citoyens, représente le droit. Hegel revient ainsi à cette antique conception qu'on pourrait appeler le panthéisme politique; il rompt avec Kant, qui avait considéré l'individu comme fin en lui-même et par conséquent comme portant en lui-même ce caractère d'inviolabilité morale qu'il nomme le droit. « L'homme, dit Hegel, est sans doute fin en soi et doit être respecté comme tel; mais l'homme individuel n'est à respecter comme tel que par l'individu et non quant à l'État, parce que *l'État ou la nation est sa substance* [1]. » Telle est la nouvelle forme de la raison d'État encore en faveur chez beaucoup de théoriciens et de praticiens. Il y a deux morales, pour l'individu et pour la nation : une fois dans l'État, l'homme n'a plus d'autres droits que ceux qui lui sont conférés par l'État lui-même. Les actions justes deviennent celles où « l'esprit individuel » s'identifie « à l'esprit de la nation ». On pourrait dire, pour traduire en termes moins métaphysiques la pensée de Hegel : — Les actions justes sont les forces qui agissent dans le même sens que la force nationale, les actions injustes celles qui agissent dans un sens opposé : les premières réussissent, les secondes échouent. La puissance individuelle et passagère qui prétend s'exercer contre la puissance nationale,

1. *Histoire de la philosophie*, t. IV, p. 292.

seule durable, ressemble à un homme qui, lançant
une pierre dans une direction opposée au mouvement
de la terre, espérerait lui faire poursuivre indéfiniment sa route : ne la verrait-il pas bientôt, après
une courbe plus ou moins allongée, retomber vain-
cue vers le centre commun d'attraction pour être
emportée avec tout le reste? Cet homme aurait mal
compris les lois de la mécanique; il en est d'autres
qui comprennent mal les lois et le sens du mouvement national : leur erreur de *direction* est une erreur de *droit* [1].

Le mouvement national a lui-même sa justification
dans l'évolution universelle et logique. Si la puissance nationale est réelle, c'est qu'au fond elle est
rationnelle. Selon Hegel, une nation ne s'élève sur
les autres que soutenue par une idée. Tant qu'elle
sert l'évolution du monde, « mouvement d'un tout
qui se connaît, » les autres nations, en perdant leur

---

1. Hegel appelait de ses vœux un prince qui, comme celui
de Machiavel, sût par tous les moyens consommer l'unité
allemande. « La vile multitude du peuple allemand, — disait-
il dans sa *Philosophie du droit*, — divisée dans ses assemblées provinciales, connaît seulement les discordes de l'Allemagne; elle ignore complètement les bienfaits de l'unité de
la patrie. La force d'un conquérant devrait unir ces différentes populations pour en faire une masse compacte et les
contraindre à se considérer comme appartenant à l'Allemagne. Ce *Theseu* devrait être assez généreux pour laisser à
ce peuple uni des différentes tribus leurs particularités. Il
devrait avoir en outre assez de caractère pour supporter
non pas, comme *Theseu*, l'ingratitude, mais la haine que fera
naître sa toute-puissance, haine à laquelle, du reste, Riche-
lieu et tous les autres grands hommes ont été exposés, en
brisant les intérêts individuels et les tendances particula-
ristes. »

rcc, « perdent leur droit ». Le peuple allemand en
articulier est, selon Hegel, le peuple élu de la phi-
sophie. « Nous avons reçu, disait Hegel en 1816,
a mission d'être les gardiens de ce feu sacré, comme
ux Eumolpides d'Athènes fut confiée la conserva-
on des mystères d'Éleusis, et aux habitants de Sa-
othrace celle d'un culte plus pur; ainsi encore
esprit universel avait donné au peuple d'Israël la
onscience que de son sein il sortirait renouvelé[1]. »
l y a, selon Hegel, quatre peuples « ayant eu une
mission historique *universelle* », quatre peuples « universellement historiques »: « l'Oriental, le Grec, le
Romain et le Germanique. » Le peuple qui a fait la
révolution de 89 n'a pas de mission historique *universelle*[2].

Ce qui fait la puissance des individus et des générations, c'est, avons-nous vu, l'esprit national qu'ils
portent en eux; l'esprit national à son tour ne peut
devenir la puissance suprême qu'en s'identifiant avec
l'esprit des autres peuples : par une expansion nécessaire, il tend à les absorber en lui. Chaque individu
voudrait être la nation, chaque nation voudrait être
le monde. Nouvelle manifestation du droit qui appartient à la puissance vraie et rationnelle : ce droit
s'exerce de peuple à peuple, et le destin, par la
guerre, tranche les questions; car le destin est une
justice, comme disait Héraclite, et, dans les rapports
des nations entre elles comme dans les rapports de
la nation à l'individu, ce qui est réel est rationnel.
« Les États comme tels, dit Hegel, sont indépendants

1. *Œuvres*, t. XIII, p. 5.
2. *Philosophie du droit*, §§ 252, 254.

l'un de l'autre, et leur relation ne péut être qu'extérieure; aussi est-il besoin d'un troisième terme qui
soit leur lien. Ce troisième terme est l'Esprit qui se
réalise dans l'histoire du monde et se pose comme
juge absolu entre eux. » Il juge au besoin et surtout par la guerre. « A vrai dire, plusieurs États
peuvent recourir à une confédération comme à leur
juge; il peut aussi se produire des alliances entre les
États, comme celle qui fut appelée *sainte;* mais elles
sont toujours relatives et limitées... L'Un-Tout, juge
absolu, qui a toujours suprématie sur le particulier,
est l'Esprit [1]. » — « La guerre, forme absolue du
duel, vient se placer entre le meurtre et la vengeance : c'est le besoin de la destruction et un affranchissement nécessaire. » La destruction en effet, selon
Hegel, affranchit l'être de ses formes ou détermina-
tions présentes, et rétablit « l'absence de détermination » d'où sortiront des formes nouvelles [2]. « Cette
destruction s'est montrée dans toute sa sauvage

---

1. *Philosophie du droit*, § 259.
2. « Dans les temps de paix, les citoyens d'un État s'adon-
nent à une vie pleine de mollesse et de douceur, qui amène
à la longue la corruption et l'abaissement pour finir par une
décomposition complète. La santé, cependant, exige l'harmonie dans le corps et, si les différents organes sont atteints
d'une grave maladie, la mort est inévitable. On a souvent
réclamé la paix éternelle comme un idéal vers lequel l'humanité doit aspirer; ainsi Kaut a proposé un congrès pour
trancher les différents litiges, et la Sainte-Alliance paraît poursuivre ce but. Mais l'État est individu, et l'individualité renferme en elle une négation. Il est donc hors de doute que,
malgré l'association de divers États pour former une famille,
ils ne réussiront pas à éviter une opposition et à empêcher
les hostilités d'un ennemi. La guerre, du reste, ne rend pas
seulement le peuple plus puissant, mais les discordes civiles

eauté en Orient, où elle avait pour représentants
amerlan et Gengiskan, qui, comme des balayeurs
nvoyés de Dieu, nettoyèrent des contrées entières. »
a guerre est une dialectique en action. Hegel, fai-
nt la théorie de la brutalité, aboutit à ces formules
izarres : « Le fanatisme de la destruction, puisqu'il
st l'élément absolu et qu'il prend la forme natu-
elle, est invincible par le dehors, la différence et
a détermination étant soumises à l'indifférence et à
indétermination. » Heureusement Hegel nous ap-
rend que le génie destructeur s'anéantit lui-même
ar son excès : « Comme toute négation en gé-
éral, il contient en soi sa négation ; la marche
e la destruction naturelle vers la destruction ab-
olue constitue la rage, qui a sa négation en
oi. »

Telle est la métaphysique hégélienne de la guerre ;
lus tard, on a fait l'esthétique de la guerre. En 1873,
ans une leçon sur la guerre et les arts, M. Frédéric
Vischer célébrait la beauté du terrible et allait jusqu'à présenter la guerre comme un remède aux en-

essent aussi par la guerre à l'étranger. Il est vrai que la
guerre crée une incertitude dans la propriété, mais cette incertitude est indispensable pour le mouvement réel et pour le
progrès. Nous avons été bien souvent émus jusqu'aux larmes
en entendant prêcher sur l'incertitude, sur la vanité et sur la
utilité des choses temporelles; mais chacun, après cette émotion profonde, reprend la résolution de conserver ce qui lui
appartient, et si, par malheur, la réalité se présente sous les
ormes de hussards munis de sabres étincelants, alors cette
émotion se change en malédiction contre le conquérant. Les
guerres ont lieu malgré ces blasphèmes, car la nécessité
exige. Puis les États refleurissent, et tout ce verbiage finit
par s'effacer devant les leçons sérieuses de l'histoire. » (Hegel,
Philosophie du droit.)

nuis de l'existence commune. « Je ne sais quelle inquiétude et quelle angoisse pèsent sur la vie ; il n'est
pas besoin d'être lâche pour être par moments op-
primé de lugubres appréhensions, pour démêler sous
les êtres qui nous entourent comme autant de mena-
ces et de fantômes. » Voilà une angoisse toute roman-
tique, née du symbolisme universel. Il y a plus d'une
manière, selon M. Vischer, de secouer cette angoisse :
« L'une des plus efficaces, c'est de se mêler aux mouvements fougueux de la guerre. Celui qui ne compte
plus avec la vie éprouve, au milieu des images de
mort qui l'assaillent de toutes parts, un reconfort
intime ; les nuages qui l'obsédaient se dissipent, et il
jouit de la vie elle-même avec plus de plénitude et
d'intensité. »

De leur côté, les théologiens, lecteurs assidus de
l'Ancien Testament et adorateurs du Dieu des armées,
se sont souvent accordés avec les philosophes, en Allemagne comme dans toutes les nations, pour ériger
la guerre en œuvre sainte et pour donner raison au
plus fort. Stahl, comme Joseph de Maistre et de Bonald, a su couvrir les prétentions absolutistes des rois
et les prétentions féodales des nobles de l'autorité de
l'Écriture, — car, comme dit Shakespeare, le diable
aussi peut invoquer l'Écriture en faveur de ses des-
seins [1]. Les hétérodoxes même, comme Strauss, ne

1. « Tout rapport, dit Stahl, dans lequel l'homme se trouve
placé comme *image* de Dieu est un rapport de droit privé ;
tout rapport, au contraire, qui résulte de ce qu'il est la *créa-
ture* de Dieu, destiné à le servir et à remplir sa mission, est
un rapport de droit public. » — « La loi du droit, continue-t-il,
consiste dans une puissance morale, qui s'exerce sur chacun
en particulier et qui exige l'obéissance au droit, résultant

l'ont cédé en rien aux autres. « Une intelligence plus profonde de l'histoire nous a appris que c'est l'instinct d'expansion des peuples qui éclate dans l'ambition des conquérants, et qu'ils ne sont que les représentants d'aspirations générales. La suppression de la guerre n'est pas moins chimérique que la suppression des orages, et ne serait pas moins dangereuse. L'*ultima ratio* des peuples sera, dans l'avenir comme par le passé, le canon. »

La théorie hégélienne de la guerre, par un progrès

---

de la conscience universelle et d'une direction permanente. L'obligation intérieure d'obéir à cette injonction est le devoir d'obéir. » Stahl aboutit au droit historique. « Le droit et le droit positif, dit-il textuellement, sont une seule et même idée. Le droit est une réalité; son système doit se fonder non sur des catégories logiques, mais sur des faits, sur le fondement positif de la vie humaine. » — « Les principes régulateurs du droit ne sont pas des règles qui se rapportent à des caractères logiques universels, mais c'est la nature particulière et le mobile des institutions juridiques. La manière dont les règles particulières procèdent de ces principes, comme de leur cause déterminante, forme une connaissance qui doit être historique. » La conclusion est l'absolutisme royal. « Un roi, dit-il, ne doit pas porter le nom de son *peuple*, mais bien celui du *pays* à la tête duquel Dieu l'a placé. Le roi n'est ni le premier fonctionnaire public, ni le mandataire de la nation; il est le représentant de Dieu et tient son pouvoir de Dieu. Les peuples ne peuvent ni faire ni défaire les rois. Un roi est roi par la grâce de Dieu et non par la volonté du peuple. Le gouvernement, il est vrai, doit être paternel; mais, s'il ne l'est pas, le peuple alors doit supporter avec patience et humilité le malheur d'avoir un roi indigne et incapable, car c'est justement la malédiction de l'existence temporelle que l'humanité ne soit pas régie par Dieu lui-même, ce qui a lieu dans l'existence éternelle. » Cette théorie rappelle, dit Bluntschli, les hommes qui repoussent les paratonnerres et les compagnies d'assurances, comme empêchant la réalisation de la volonté providentielle.

nouveau, ne pouvait manquer de se combiner avec la théorie germanique des races et avec le système de Darwin plus ou moins bien interprété. A la puissance des individus, à celle du temps, à celle des peuples, succède la force des races, et par conséquent le droit des races que la lutte des nations fait surgir. Sous cette nouvelle forme, le droit de la victoire essaye de se justifier absolument en se révélant comme la loi de la nature entière. Pour faire le triage des espèces qui méritent la vie et de celles qui doivent périr, la nature n'a eu qu'à laisser agir, à travers les longues périodes des anciens âges, les lois mécaniques de la force ; cette apparente brutalité est sagesse, cette force est droit. Les plus forts en effet ne sont-ils pas ceux qui, grâce à une supériorité naturelle ou acquise, se trouvent le mieux en harmonie avec les conditions nouvelles de l'existence, et qui, dans le mécanisme de leurs organes, ont devancé l'avenir ? Les grands arbres étouffent les petits et leur enlèvent la lumière du soleil avec la sève de la terre ; mais c'est en se nourrissant des débris de ces arbustes inférieurs qu'ils dressent de plus en plus haut leur tête, signe d'une race perfectionnée. La même loi de guerre et de sélection mécanique régit l'humanité. « Dans le monde de l'homme comme dans le monde animal, ce qui règne, disait Schopenhauer, c'est la force et non le droit.... Le droit n'est que la mesure de la puissance de chacun [1]. » M. Alexandre Ecker aboutit aux mêmes conclusions dans son étude sur la sélection naturelle appliquée aux peuples. « La

---

1. *Parerga und Paralipomena*, p. 203. *Ethique*, 109.

dernière guerre, dit-il, nous fournit la preuve que l'histoire des nations repose également sur des lois naturelles et se compose d'une série de nécessités absolues, série dans laquelle la balance penche toujours du côté du progrès [1]. »

Selon le savant romaniste M. Ihering, « la notion du droit est purement pratique, car elle renferme en elle les antithèses du but et du moyen. Le but du droit est la paix, et le moyen du droit pour assurer la paix est le combat, la guerre, la FORCE. Le combat durera autant que le monde. Le combat n'est donc pas étranger au droit, mais il est lié intimement à l'essence du droit; c'est un élément de la notion du droit. Tout droit, dans le monde, n'a été conquis qu'à l'aide du combat, car la notion du droit n'est pas une conception logique, *c'est une conception pure de la force.* » Le droit est le combat continuel non pas seulement de l'État, mais encore de chaque individu en particulier. « La vie légale dans son ensemble nous offre le même spectacle d'activité et de combat que la vie économique et intellectuelle [2]. »

Avons-nous atteint, avec la puissance supérieure des races, le terme des évolutions accomplies par cette

1. Discours prononcé à l'Université de Fribourg-en-Brisgau, le 18 février 1871.
2. « Ce que l'on dit de l'individu, on peut aussi l'appliquer à des époques entières. Une génération peut jouir d'une paix durable, tandis que l'autre est exposée à des guerres continuelles, et, selon le point de vue, les impressions seront différentes. Pour celui qui jouit et vit en paix, un autre a dû travailler et combattre. La paix sans la guerre, la jouissance sans le travail, appartiennent au paradis. L'histoire n'est que le récit des efforts continuels. »

mouvante philosophie du « droit historique »? —
Les admirateurs des triomphes militaires voudraient
bien s'en tenir au point où nous sommes parvenus
et fixer à jamais la pensée dans l'idée de la race
germanique, représentée par la Prusse, représentée
elle-même par son empereur; mais le mouvement
irrésistible de la logique entraîne l'esprit plus loin et
plus haut. Ne faut-il pas convenir qu'il existe une
puissance supérieure à celle de la race même, celle
de l'humanité? Hommes, générations, peuples et
races n'ont qu'une puissance passagère; l'humanité
est la puissance durable; tandis que les individus
disparaissent, le type de l'espèce demeure. Ainsi, dit
Schopenhauer, on voit les gouttelettes d'une cascade
s'élever et retomber en poussière, tandis que l'arc-
en-ciel qu'elles forment plane au-dessus d'elles immobile.

S'il en est ainsi, le droit ne saurait être simplement la direction latine, germaine ou slave; il doit
être la direction humaine. Hegel l'avait du reste
reconnu, et ses disciples de la gauche, Feuerbach,
Bruno Bauer, Arnold Ruge, puis plus récemment
Lassalle et les socialistes contemporains, ont poussé
jusqu'au bout la pensée du maître : Dieu n'existe que
dans l'humanité, et l'humanité n'a d'autre vie que
la vie présente. « Que la volonté de l'homme soit
faite, » voilà, comme disait Feuerbach, la loi unique;
le culte de l'humanité est le seul culte, et la puissance finale de l'humanité est le seul droit.

Dans la pratique, cette puissance de l'humanité
devient celle du plus grand nombre, et c'est au nombre, selon les démocrates de la gauche hégélienne,

que l'avenir appartient. Le suffrage universel, d'après cette école, n'est point, comme on l'admet volontiers en France, l'expression d'un droit inhérent à chaque individu par cela seul qu'il est libre et participe au contrat social : c'est un simple moyen de compter les forces avant d'en venir à la lutte. En déterminant ainsi d'avance le résultat probable du conflit, on prévient le conflit lui-même, et le traité de paix précède la guerre au lieu de la suivre.

Cependant les majorités ne sont elles-mêmes que des forces variables, qui se déplacent sans cesse. La majorité d'aujourd'hui peut être renversée non seulement par la majorité de demain, mais par une minorité et même par un seul homme. De là encore pour le pouvoir une lutte incessante, où les vieilles classes sociales s'efforceront de retarder l'avènement des nouvelles, où les nouvelles se diviseront à leur tour contre elles-mêmes. Le suffrage n'étant accepté que comme un substitut de la puissance matérielle, on en reviendra à la force toutes les fois qu'il sera nécessaire. Cette guerre des classes, et non plus des races, où le césarisme et la démocratie sont en présence, parfois alliés, finalement ennemis, a pour but, selon Max Stirner, d'établir enfin un « règne du *moi* ». « Que m'importe le droit? je n'en ai pas besoin. Ce que je puis acquérir par la force, je le possède et j'en jouis. Ce dont je ne puis m'emparer, j'y renonce, et je ne vais pas, en manière de consolation, me pavaner avec mon prétendu droit, avec mon droit imprescriptible [1]. »

---

1. *Der Einsige und sein Eigenthum*, p. 275.

La société réduite à un système d'actions et de réactions où le triomphe appartient, en fait et en droit, au
plus puissant ou au plus intelligent, telle est la perspective finale à laquelle ont abouti les trois écoles
dialectique, historique et matérialiste, qui ont cru
trouver dans le darwinisme une confirmation de
leurs vues. Le droit n'est pour ces écoles, au fond,
que de la force transformée, comme tous les phénomènes de la nature ne sont que du mouvement transformé. La force à leurs yeux mesure le droit; pour quelques uns, elle prime le droit ou plutôt il n'y a pas de
droit; il n'y a que des compromis ou des conflits entre
les forces [1]. Le travail du jurisconsulte et du politique

---

1. C'est là aussi, semble-t-il, la pensée intime de M. de Bismarck,
bien qu'il n'ait pas employé expressément la formule qu'on
lui attribue : La force prime le droit. Cette témérité de langage eût été du reste peu compatible avec la prudence politique du ministre-président. Dans la séance du 27 janvier 1863,
il y eut une discussion entre la Chambre et la Couronne à
propos de l'usage illégal du budget par le gouvernement.
M. de Bismarck, après s'être efforcé de représenter la violation
des lois constitutionnelles comme une application de ces lois
mêmes, laissa entendre que, si le parlement n'accordait pas
les subsides, le gouvernement les prendrait. — « Un homme
d'État d'une grande expérience en matière de constitution a
dit que toute la vie constitutionnelle n'est qu'une suite de
compromis. Que l'un des pouvoirs veuille persister dans ses
propres vues avec un absolutisme *doctrinaire*, la série des
compromis se trouve interrompue; à leur place naissent les
conflits, et, comme l'existence de l'État ne peut s'arrêter, les
conflits dégénèrent en questions de force; car celui qui a la
force en main continue d'avancer dans le sens qui est le sien,
parce que la vie de l'État, je le répète, ne peut s'arrêter un
instant. » Le comte de Schwerin, dans sa réponse, traduisit
cette théorie soi-disant constitutionnelle en ces termes : « La
force prime le droit, » puisque celui qui a la force, après
avoir consulté le parlement pour avoir aussi le droit, se ré-

ne diffère pas, au fond, du travail de l'ingénieur : organisation d'une armée et organisation d'un pays, opérations militaires et lois civiles, tout est affaire de mécanique; la mécanique, à laquelle viennent se réduire les autres sciences, est la logique concrète où s'accomplit l'identité cherchée par les hégéliens entre le rationnel et le réel »; elle est pour l'humanité, comme pour la nature, cette justice armée d'une balance où le poids le plus fort entraîne le plateau.

En face des écoles dialectique, historique et matéria-

serve d'user de la force à défaut du droit qu'on lui refuse. Mais le ministre-président ne pouvait accepter une formule aussi précise. « Je ne me souviens pas, répliqua-t-il, d'avoir réellement employé de pareilles expressions, et, *malgré les marques d'incrédulité* avec lesquelles vous accueillez ma rectification, j'en appelle à votre mémoire; si elle est aussi sûre que la mienne même, elle vous dira que j'ai simplement exprimé ce qui suit : J'ai conseillé un compromis, parce que sans cela doivent se produire des conflits, que ces conflits sont des questions de puissance, et que, la vie de l'Etat ne pouvant subir de temps d'arrêt, celui qui se trouve en possession de la puissance serait *dans la nécessité d'en user.* » On sait comment M. de Bismarck en usa en effet, et de quelle manière le même parlement qui avait refusé les subsides accorda plus tard au gouvernement un bill d'indemnité pour l'illégalité de sa conduite. Le succès justifie tout. M. de Bismarck, cependant, tenait à se délivrer de la formule devenue populaire dans laquelle on avait résumé sa théorie et sa pratique. « Je me permets, dit-il dans la séance du 12 mars 1869, de rappeler que la fameuse maxime : La force prime le droit, dont je ne me suis jamais servi, est sortie de la bouche de monsieur le préopinant (le comte de Schwerin). » Ce dernier répondit qu'il n'avait pas voulu mettre *dans la bouche* du comte de Bismarck la maxime en question; il s'était borné à dire que les paroles prononcées par le ministre-président « *culminaient* dans cette idée que la force prime le droit », et il maintenait encore aujourd'hui une telle interprétation. — Il faut croire que M. de Bismarck avait à

liste, a heureusement subsisté en Allemagne, mais
avec un bien moindre ascendant sur l'opinion et sur
la politique, l'école philosophique et morale. Herbart
et ses disciples ont opposé à Hegel une sorte d'individualisme métaphysique et juridique. Herbart
résout l'être en individus simples, éternels, inétendus,
indépendants, qui s'unissent entre eux par des liens
moins organiques que contingents, parfois même
« accidentels ». Aussi a-t-il revendiqué les droits de
l'individu et prévu le jour où la terre serait couverte

cœur de se disculper, car il revint encore sur ce sujet dans
la séance du 1ᵉʳ avril 1870. « Ces mots ne sont pas plus sortis
de ma bouche que celui de *la force prime le droit*, et autres
inventions semblables. C'est vraiment un tort, suivant moi,
que de prendre, à l'égard des paroles dites par le représentant du gouvernement fédéral, cette liberté de leur faire
subir de petites, je ne dirai pas *falsifications*, mais *exagéra-
tions*, comme on le fait pour les paroles d'autres collègues, lesquelles n'ont pas autant de poids en Allemagne et à l'étranger. » Même rectification dans la séance du 1ᵉʳ avril 1871. —
Ce qui nous intéresse ici, en définitive, c'est de savoir quelle
théorie se dégage des paroles de M. de Bismarck. N'est-ce pas
la suivante? Ce qu'on appelle en France le *droit* et en Allemagne le *droit abstrait* n'existe pas, et la force supérieure
avance toujours dans sa direction propre, sans autre règle
qu'elle-même; si elle peut s'entendre avec les autres forces,
il y a compromis; si elle ne peut s'entendre, il y a conflit; le
gouvernement, représentant la vie de l'État et ayant en main
la force, se passe au besoin de l'approbation du parlement.
En deux mots : Donnez-moi votre concours, et, si vous me le
refusez, je passe outre. — Mais, pourra-t-on demander, si le
peuple allemand, se trouvant en possession de la force et
jugeant que la vie de l'État, — c'est-à-dire la sienne, — ne
peut s'arrêter, en usait pour renverser le gouvernement,
aurait-il à son tour le droit par cela même qu'il aurait la
force? M. de Bismarck a-t-il songé à cette conséquence nécessaire de sa métaphysique politique, où trouverait-il dans
Hegel une autre thèse pour contredire la précédente?

par une confédération d'États pacifiques et parfaitement réglés [1]. Pour Lazarus, l'histoire, au lieu d'être un processus d'évolution continue et nécessaire, est un mouvement libre et multiple, dans lequel chaque individu, chaque génération, chaque nation avec son « caractère » individuel, a sa vie distincte et sa valeur propre. Lotze relève aussi l'individualité. Hermann, tout en admirant la philosophie hégélienne de l'histoire, rejette l'idée que l'histoire est un organisme dont l'unité serait celle d'un être se développant et se différenciant lui-même ; au lieu d'une évolution organique, partant de l'unité, il y croit voir plutôt une œuvre d'art, partant de la multiplicité pour aboutir à l'unité. L'école de Krause a eu aussi une influence assez notable dans la philosophie du droit. Krause a l'honneur d'avoir un des premiers insisté sur l'identité des lois biologiques et des lois sociales. Par là il s'est rapproché de l'école historique et de l'école hégélienne. Pour ses disciples, « on ne fait pas les institutions, mais elles deviennent » ; les lois, pour avoir quelque valeur, doivent être le produit de la vie instinctive et émotionnelle, non de la sagesse réfléchie : « Le développement social est une croissance organique. »

Ce point de vue biologique n'est pas celui de Trendelenburg qui, en même temps réagit contre le *mécanisme* juridique auquel semble aboutir l'école de Kant ; et c'est à la moralité que Trendelenburg rattache le droit. « La séparation entre le *légal* et le *moral*, dit-il, conduit à la scrupuleuse légalité extérieure

---

1. Voir *Œuvres*, t. V, 160, 174, t. VIII, 101, 106, 157, 171.

4

des Pharisiens. La fausse indépendance de la sphère juridique a favorisé l'idée d'un mécanisme du droit et en a finalement retiré l'âme. » Chez Lange, l'idéalisme kantien s'allie aux aspirations d'un demi-socialisme généreux et libéral. Chez Dühring, le socialisme se combine avec les théories naturalistes, et le droit est ramené à l'organisation de la vengeance, telle que Stuart Mill l'avait conçue.

On peut donc dire que toutes les théories possibles du droit ont eu leurs représentants en Allemagne; mais elles n'ont pas toutes eu la même influence, la même force pratique, parce qu'elles n'exprimaient pas toutes également le génie national et qu'elles n'étaient pas non plus l'œuvre de génies égaux. Les adversaires mêmes de l'école historique et de l'école dialectique n'en ont pas empêché l'influence dominante et ont partiellement subi eux-mêmes cette influence. Il est probable néanmoins que le retour à la philosophie kantienne, qui se manifeste chez tant de métaphysiciens allemands, favorisera aussi le retour à des idées de plus en plus libérales sur le droit et la politique.

III

L'ESPRIT ANGLAIS ET L'IDÉE DU DROIT

Hobbes avait fait reposer la justice sur l'égoïsme, Adam Smith sur la sympathie; le premier plaçait le droit dans l'intérêt du plus fort, le second dans l'intérêt de tous, « apprécié par un spectateur impartial et bienveillant. » De Hobbes et d'Adam Smith à la fois procède l'école utilitaire contemporaine, qui essaye de réconcilier leurs principes dans la philosophie sociale. Par là cette école exprime et résume en elle avec fidélité l'esprit anglais lui-même. Tandis que le génie germanique, dans la philosophie du droit comme dans celle de l'histoire, part de l'idéalisme pour aboutir au réalisme chez beaucoup de penseurs et surtout de praticiens, le génie anglais prend son point de départ dans l'intérêt individuel pour s'élever ensuite à des doctrines de philanthropie générale. — Intérêt et sympathie, — ces deux penchants au premier abord contradictoires ne résument-ils pas l'esprit anglais dans son originalité ou, si l'on veut, dans son « excentricité » ?

L'Anglais, dans la pratique, commence le plus souvent par être utilitaire pour son propre compte : un
bien qui ne se réduirait pas à une somme de bonheur
plus ou moins grande, il ne le comprend guère. Pour
les disciples plus ou moins conscients de Bentham,
toute question de morale ou de droit semble se ramener à une question d'arithmétique du bonheur ou, selon l'expression du maître, de « comptabilité morale ».
Comme le financier qui examine l'état de son budget,
ainsi chacun, selon Bentham, sur ce grand-livre intérieur qu'il porte en soi, doit faire deux colonnes, celle
des avantages et celle des désavantages : bien des esprits, en Angleterre, sont déjà exercés dès l'enfance à
ce calcul des profits et des pertes. Les livres anglais
d'éducation parlent sans cesse des avantages que la
vertu apporte avec elle en cette vie et dans l'autre ;
c'est souvent d'après les conséquences qu'on y estime
les actes, c'est de tous les attraits sensibles qu'on y
pare la sagesse ; morale, hygiène, médecine, droit
usuel, économie politique et économie domestique,
tout se mêle et tout se ressemble en cette éducation
si propre à développer de bonne heure l'esprit positif. La science même se fait volontiers utilitaire chez
ce peuple pratique, qui veut d'ordinaire savoir non
pour savoir, mais pour agir, qui juge souvent l'arbre
au fruit, la spéculation à l'application : la philosophie
même, dans le pays de Bacon, ne s'en est-elle pas
tenue longtemps aux détails les plus prochains, le
plus immédiatement saisissables ? Ne s'est-elle pas
longtemps défié de la généralisation et des vues
d'ensemble qui offriraient un caractère trop univer-
-sel ? Si quelques penseurs, comme Spencer, s'élè

vent à des considérations systématiques, la plupart
des savants et des philosophes, tels que Bain, se
montrent plus purement Anglais et trahissent mieux
les penchants innés à la race, penchants qui ont
leur prix : goût des choses observables, amour de
l'expérience et de l'induction, besoin de certitude
positive. On amasse des faits et des exemples comme
des pièces d'or; quant aux idées générales, on ne
les admet le plus souvent que comme des billets de
banque, dont la valeur est d'être convertibles en
numéraire [1]. C'est un Anglais qui a dit, non sans
exagération : « Il y a le monde des idées et il y a le
monde de la pratique ; les Anglais sont souvent pour
supprimer l'un, et les Français pour supprimer l'autre. » Spencer lui a répondu en énumérant les compagnies anglaises qui ont eu l'*idée* de fournir de l'eau
à Amsterdam, du gaz à Bordeaux et à Toulouse, à
Bruxelles et à Anvers, un canal à Bellegarde pour
utiliser les rapides du Rhône, etc., et qui de plus ont
su mettre leurs *idées* en *pratique*. Mais est-ce des idées
industrielles et de la lumière du gaz qu'Arnold voulait parler ?

1. Stuart Mill, dans ses *Mémoires*, a signalé, et même avec trop
de force, cette tendance visible chez beaucoup de ses compatriotes, dont lui-même ne fut pas toujours exempt. Par contraste, il se rappelle avec plaisir ses séjours en France, où, dit-
il, « des sentiments que l'on peut appeler élevés en comparaison
marquent de leur cachet toutes les relations humaines, aussi
bien dans les livres que dans la vie. » Chez l'Anglais, ajoute-
t-il, « le manque d'intérêt pour les choses qui ne le touchent
pas personnellement, » et ensuite, quand il lui arrive d'y prendre intérêt, l'habitude de ne pas le laisser paraître, bien plus,
de ne pas se l'avouer à lui-même, « le réduit, en tant qu'être
spirituel, à une espèce d'existence négative. » Ce jugement est
trop sévère et trop général : il a pourtant sa vérité.

Dans les principales applications de la science sociale, — droit et politique, — l'esprit anglais ne s'arrache qu'avec regret à cette préoccupation de l'intérêt bien entendu; qui ne connaît la répugnance, en partie juste, en partie excessive, des législateurs de la Grande-Bretagne pour les principes abstraits, pour les droits *à priori*, pour les constitutions rationnelles? Le peuple anglais dans sa législation aime mieux s'en tenir aux intérêts les plus voisins : sa prudence se contente donc ou de la tradition ou de réformes particulières aussi rapprochées qu'il est possible de la tradition même. Point de révolution dans la jurisprudence au nom d'idées générales et désintéressées; la coutume suffit au praticien. Aussi, au lieu d'un code, les Anglais ont, selon l'expression de Sumner Maine, un monceau de coutumes. Si ténébreuse est cette législation, paraît-il, qu'avant d'acheter un domaine il faut souvent plusieurs hommes de loi et des mois d'études pour examiner les titres du vendeur et pour ôter à l'acheteur toute crainte de chicane.

Le même esprit utilitaire, dans la politique intérieure, fait presque toujours préférer les compromis aux solutions : une solution est définitivement vraie ou fausse, un compromis est provisoirement utile; la solution est de la théorie, le compromis est de la pratique. De là ces gouvernements mixtes et cette politique d'équilibre qui ont eu de si excellents résultats en Angleterre, et qui se recommandent surtout au nom de l'utilité. Quant à la politique extérieure, s'occuper de ses propres affaires, les seules immédiatement utiles, voilà la pratique anglaise traditionnelle; « non-intervention, » voilà la maxime anglaise, maxime qui serait excellente. disait Stuart Mill dans ses *Discussions*, si elle était aussi celle de tous les autres gouvernements, mais qui, dans l'état actuel de l'Europe, pourrait servir à cacher parfois, sous le respect apparent du droit, une certaine indifférence au triomphe du droit. Stuart Mill et Austin, quelque utilitaires qu'ils fussent eux-mêmes, trouvaient trop étroite cette façon d'entendre l'utilité. « Austin l'aîné, dit Stuart Mill dans ses *Mémoires*, avait un profond dégoût pour cette absence d'idées larges et de désirs généreux, pour ces objets mesquins vers lesquels les facultés de toutes les classes de l'Angleterre sont tendues; même l'espèce d'intérêt public dont les Anglais se préoccupent, il le tenait en petite estime. »

Cependant, ne voir chez les Anglais que la préoccupation utilitaire, ce serait méconnaître un autre trait moins accusé, mais réel, de la physionomie nationale. Les Anglais n'exagèrent-ils point eux-mêmes leur individualisme comme nous exagérons notre sociabilité? Au fond, ils sont presque toujours bienveillants, sinon toujours bienfaisants, et la tendance intéressée se complète chez eux par le penchant sympathique. Ce dernier même est devenu dominant chez leurs penseurs, au point de produire finalement un nouveau genre de socialisme. C'est que l'utilitaire, par une induction progressive, ne peut manquer d'étendre et de prêter ses propres sentiments aux autres hommes; il se met peu à peu à leur place, se fait utilitaire pour eux, se complaît dans leur plaisir, s'attendrit sur les blessures de leur moi, en un mot éprouve le contre-coup de leurs joies ou de leurs peines; lui qui comprend si bien son amour pour soi, comment ne comprendrait-il pas à la fin, comment ne partagerait-il pas l'amour des autres pour eux-mêmes? Grâce à cette naturelle association des idées et à ce changement spontané dans le cours des sentiments, les deux termes d'abord opposés, moi et toi, se substituent l'un à l'autre, comme on voit dans un aimant, dès que le courant change, les deux pôles s'intervertir.

Stuart Mill nous fournit un curieux exemple de ce phénomène, fréquent chez ses compatriotes et fort honorable pour eux. Avec quelle sincérité il confond l'utilité personnelle et l'utilité étrangère dans son interprétation inattendue de ce qu'il nomme, d'une métaphore asséz anglaise, « la règle d'or de Jésus de Nazareth, *the golden rule* »! Cette règle contient, dit-il, « tout l'esprit de la morale de l'utile... Faire aux autres ainsi que vous voudriez qu'il vous fût fait, et aimer votre prochain comme vous-même, constitue l'idéale perfection de la moralité utilitaire. » Aimer les autres, c'est simplement devenir utilitaire pour leur compte comme pour le sien. Ce qu'on aime alors en eux, selon Mill, n'est-ce pas toujours l'intérêt, n'est-ce pas toujours leur cher *moi*, qu'on finit par choyer à l'égal de son moi propre?

A force d'induire et d'étendre au loin sa sympathie pour les peines et les plaisirs des autres, l'Anglais arrive à professer pour l'intérêt même une sorte de culte désintéressé. Il y trouve une vérité, une beauté supérieure, je ne sais quoi de sacré dont il fera volontiers une religion. Bentham et Grote veulent-ils juger la valeur de l'idée religieuse en général, ne

croyez pas qu'ils se demanderont si la religion est
vraie, belle, bonne en soi. Non, ils dresseront le
« catalogue » des dommages qu'elle cause par la
croyance à une autre vie, — « souffrances sans profit,
privations inutiles, terreurs indéfinies, censure des
plaisirs par des scrupules préalables et des remords
subséquents, incapacité des facultés intellectuelles
pour les choses utiles en cette vie, création d'une
classe sacerdotale irrémédiablement opposée aux intérêts de l'humanité, » etc. Puis, trouvant, au bout
de ce compte en partie double, que les croyances
religieuses, quelles qu'elles soient, consomment plus
de plaisirs qu'elles n'en capitalisent pour un revenu
incertain, ils substitueront à ces spéculations aléatoi-
res la recherche positive de l'utilité privée et publique ;
que dis-je ? ils érigeront cette utilité même en une
sorte de religion sociale. Fonder une « religion de
l'intérêt », qui rendrait de plus en plus inutile toute
législation pénale, voilà le rêve d'Owen et de Stuart
Mill [1]. Ce culte nouveau, où se confondent l'intérêt et
la sympathie, peut s'élever chez les meilleurs esprits
de l'Angleterre jusqu'à une philanthropie enthousiaste et même mystique. « Voici un nouveau mystique qui nous arrive, » s'écriait Carlyle, lisant en
1831 quelques articles de Stuart Mill sur la législation et la politique. Plus tard, lié avec lui d'amitié :
« Vous n'êtes pas encore, lui disait-il, un mystique

1. Voyez aussi le livre d'un disciple anonyme de Malthus
et de Stuart Mill, qui, après un grand succès en Angleterre,
a été traduit dans toutes les langues : *Eléments de science
sociale, religion physique, sexuelle et naturelle,* traduit sur la
septième édition anglaise (Baillière, 1869).

conscient de son mysticisme. » C'est un mot que l'on peut appliquer à beaucoup d'Anglais qui se croient eux-mêmes très positifs.

Les tendances spontanées du génie britannique, fortifiées par les réflexions de la philosophie traditionnelle en Angleterre, devaient aboutir à cette conception originale de la société qui se développe de nos jours et qui s'oppose elle-même à la conception française des droits inaliénables. Déjà Bentham, malgré ses préférences républicaines, s'élevait avec autant d'indignation que Burke contre la déclaration des droits de l'homme, qu'il classait au nombre des « sophismes anarchiques ». Il se plaignait de ce que nos législateurs, « au lieu d'examiner les lois par leurs effets, » les jugent « par leur rapport avec un prétendu droit naturel ». — « Loi naturelle, droit naturel! deux espèces de fictions ou de métaphores. » Puis, faisant allusion à la parole de Montesquieu sur les rapports nécessaires qui dérivent de la nature des choses : « Je suis d'une indifférence absolue sur les *rapports;* les plaisirs et les peines, voilà ce qui m'intéresse... Pesez les peines, pesez les plaisirs, et, selon que les bassins de la balance inclineront de l'un ou de l'autre côté, la question du tort et du droit devra être décidée. » Loin d'être une règle de désintéressement, le droit est la règle de l'intérêt même; bien plus, par une conséquence paradoxale qui n'arrête point la logique de Bentham, un vrai désintéressement, un vrai sacrifice serait injuste et contraire au droit. Le sacrifice de l'intérêt, dit Bentham, se présente sans doute à un point de vue abstrait comme quelque chose de grand et de généreux; mais à vrai dire, dans l'échange du bonheur comme de la richesse, la grande question est de faire que la production s'accroisse par la circulation : « Il n'est donc pas plus convenable, en économie morale, de faire du désintéressement une vertu que de faire en économie politique un mérite de la dépense. Le désintéressement peut se trouver chez les hommes légers et insouciants, mais un homme désintéressé avec réflexion, c'est ce qui heureusement est rare. Montrez-moi l'homme qui rejette plus d'éléments de félicité qu'il n'en crée, et je vous montrerai un sot et un prodigue [1]. » Ainsi c'est le désintéressement qui a besoin d'être justifié. « Il ne se *justifie* en effet, nous dit à son tour Stuart Mill, que parce qu'on peut montrer qu'en somme il y aura. plus de bonheur dans le monde si l'on y cultive les sentiments qui, dans certaines occasions, font négliger aux hommes le bonheur. » C'est dire que le désintéressement doit être de l'intérêt à l'état latent, comme il existe une chaleur latente toujours prête à fournir un travail visible [2]. D'où vient l'opposition qui semble exister si souvent entre l'intérêt et le droit ? Elle se réduit, selon Stuart Mill, Bain et Spencer, à celle de l'intérêt particulier et de l'intérêt social. « Avoir un droit, dit l'auteur de l'*Utilitarianisme*, c'est avoir quelque chose dont la société doit me garantir la possession ; demande-t-on après cela pourquoi la société le doit, je ne puis donner d'autre raison que l'utilité générale. » Même préoccupation

---

1. Bentham, *Déontologie*, p. 125.
2. Spencer fait aussi, avec beaucoup de pénétration, le procès de l'altruisme pur et du désintéressement complet dans ses *Data of Ethics.*

exclusive de l'utile, même aversion pour les droits naturels et pour la loi naturelle chez Austin, chez Sumner Maine, chez presque tous les jurisconsultes de l'Angleterre [1].

Le dernier mot de cette école, ce serait l'absorption entière de la législation et de la politique dans l'économie sociale. S'il faut l'en croire, ce n'est point sans raison que la société s'appelle le commerce des hommes entre eux : elle est véritablement un commerce de bonheur. De même que dans l'organisme vivant tout n'est que mouvement transformé, échange de fonctions et de services, ainsi toute l'organisation sociale n'est que de l'intérêt transformé, échangé, vendu et acheté, circulant de l'un à l'autre sous forme de services mutuels, sous forme de joies mutuelles. Le souverain du monde, dont l'effigie devrait se trouver sur toutes les monnaies, c'est le bonheur; l'effigie a beau être effacée, c'est en son nom que tout échange a lieu, et ce qu'on appelle le droit n'est que la loi de l'échange.

---

1. Voir Bentham et Grote, *la Religion naturelle et son influence sur le bonheur du genre humain*, trad. par M. Cazelles, 1875 — Stuart Mill, *Mes Mémoires*, trad. par M. Cazelles, 1874; *Dissertations and Discussions political, philosophical and historical*, 2e édit., 1875 ; *Utilitarianism*, 5e édit., 1875. — Alexandre Bain, *Mental and moral science*, 3e édit., 1872. — Austin, *Lectures on Jurisprudence*, 1863. — H. Sumner Maine, *l'Ancien droit*, trad. par Courcelles-Seneuil, 1874. — Herbert Spencer, *Introduction à la science sociale. Principes de psychologie*, trad. par MM. Ribot et Espinas, 1875. — H. Sidgwick, *the Methods of Ethics*. — Stephen Leslie, *the Science of Ethics*. — Clifford, *Essays*.

IV

PHILOSOPHIE DU DROIT EN ANGLETERRE

« Donnez-moi la matière et le mouvement, disait Descartes, et je referai le monde. » — « Donnez-moi le plaisir et la peine, s'écrie Bentham avec un enthousiasme semblable, et je créerai un monde moral et social : je produirai non seulement la justice, mais encore la générosité, le patriotisme, la philanthropie, toutes les vertus aimables ou sublimes dans leur pureté et leur exaltation. » Bentham en effet, sans autres matériaux que le plaisir et la peine, sans autre règle que le calcul mathématique, a jeté les fondements de cette nouvelle science sociale dont l'achèvement a été poursuivi sous nos yeux par Stuart Mill, Herbert Spencer, Austin, Sumner Maine, Grote, Leslie, les uns philosophes et économistes, les autres jurisconsultes ou historiens, tous animés d'une commune pensée et d'une commune espérance. Fonder sur l'intérêt tout ce qu'on avait fait jusqu'ici reposer sur le désintéressement, demander à la pure idée de l'utile le principe d'une morale nou-

velle, d'un droit nouveau et même, comme l'indique
l'ouvrage posthume de Bentham publié par Grote, d'une
nouvelle religion, tel est le problème que se propose
de nos jours la principale école de l'Angleterre.
Cette organisation de la société à venir que les uns
demandent à la reconnaissance des droits, que les
autres veulent faire sortir du conflit des puissances
matérielles ou intellectuelles, la politique anglaise
semble l'attendre avec confiance du jeu des intérêts : retranchée dans son île comme l'individualisme dans son moi, elle assiste de loin aux labeurs
et aux luttes d'autrui, distribuant successivement à
tous les assurances d'une réelle « sympathie », mais
sans franchir ordinairement les limites d'une charité
bien ordonnée qui commence et finit par soi-même.
Ses penseurs cependant s'élèvent à un point de vue
plus général et partagent l'ardeur philanthropique
de Bentham. Déjà, dans l'*Essai sur le gouvernement*,
James Mill, l'ami du jurisconsulte philosophe, s'était
inspiré de ses idées; John Stuart Mill, encore jeune,
connut chez son père Bentham déjà vieux; il s'in-
struisit en écoutant sa parole, se passionna en lisant
ses écrits. « Quand j'eus fermé, dit-il, le second volume du *Traité de législation civile et pénale*, j'étais
transformé : dès lors j'eus des opinions, une doctrine,
une philosophie et, dans l'un des meilleurs sens du
mot, une religion. » Au même salon de James Mill
se rencontrèrent encore et l'historien Grote, qui avait
été « présenté » par Ricardo, et les deux Austin, à
peu près du même âge que Stuart Mill, enfin plus
tard Alexandre Bain. Quelle ardeur à l'étude et à
la discussion, quel goût de l'analyse philosophique,

quelle confiance en la rénovation sociale chez ce
groupe varié d'amis qui devait former l'école utilitaire! Que de vues désintéressées, quelle préoccupation d'autrui chez ces hommes qui ne parlaient que
d'intérêt et qui considéraient l'amour de soi comme le
principe caché de tous nos sentiments! Cette influence
de Bentham en Angleterre pendant les quarante dernières années, M. Sumner Maine ne craint pas de
l'appeler « immense », et ce qui en fait le secret,
ajoute-t-il, « c'est que Bentham a placé sous les yeux
de son pays un but distinct de progrès ». — « Nous
avions un but, dit à son tour Stuart Mill dans ses *Mémoires :* réformer le monde. »

Telle est la plus originale et la plus anglaise des
écoles anglaises. Moins riche en systèmes métaphysiques et poétiques, moins féconde en métamorphoses,
moins variée et moins brillante dans ses développements que la philosophie allemande, la philosophie
anglaise semble parfois terre à terre : en passant des
régions de la spéculation germanique à celles de l'ob-
servation anglaise, il semble que tout s'abaisse et
s'aplanit. De plus, les écoles de la Grande-Bretagne,
n'ayant point exercé la même influence sur les destinées de notre propre pays, nous offrent en quelque
sorte un intérêt moins dramatique ; elles ne sont au
fond ni moins instructives, ni moins solides, ni même
moins hardies ; elles ont en leur apparent positivisme
une élévation réelle. Nous aurons pourtant à recher-
cher plus tard si la noblesse des aspirations s'ac-
cordera jusqu'au bout, chez les utilitaires, avec le caractère assez prosaïque de leurs principes, et si leurs
moyens de réforme sociale, empruntés au seul do-

maine de l'intérêt, ne risquent pas de compromettre
à la fin cette cause du progrès et du libéralisme
qu'ils veulent sérieusement servir.

Ce qui est certain, c'est que les utilitaires ont fini
par être les partisans de la liberté. Economie politique,
politique, « sociologie, » cosmologie même, ils ont
appelé toutes les sciences à l'aide de la cause
qu'ils soutiennent. Les économistes d'abord, depuis
Adam Smith, ont pris plaisir à décrire l'idéale union
des intérêts soumis à une loi de libre-échange ; même
dans les intérêts en apparence les plus opposés ils ont
cru entrevoir une harmonie qui, pour se produire,
n'a besoin que de la liberté et du temps. Voulez-vous
qu'une masse d'eau agitée reprenne son niveau, le
mieux est de l'abandonner à la force de gravitation
qui réside en chaque molécule ; plus vous agiteriez
du dehors cette masse mouvante, plus vous retarde-
riez le moment du calme. Que le législateur se garde
donc de porter une main maladroite sur les intérêts
pour les régler du dehors, comme s'ils ne renfermaient
pas en eux-mêmes une gravitation naturelle qui tôt
ou tard suffit à les mettre en équilibre. Le vrai droit
ne doit être que la garantie des conditions économiques propres à assurer le libre jeu des intérêts. Ainsi
parle la science utilitaire par excellence, l'économie
politique.

La politique aboutit aux mêmes conséquences, que
Stuart Mill a développées dans celui de ses livres
qu'il croyait le meilleur, *la Liberté*. Comme il s'ap-
plaudit lui-même, et avec raison, d'y avoir mis en
lumière une vérité qu'on ne saurait trop rappeler
dans un siècle où l'opinion générale, de plus en plus

dominante, peut devenir tyrannique ! Cette vérité,
c'est que la liberté individuelle est indispensable pour
introduire la variété dans les idées et dans les caractères. Il appartenait à un Anglais de faire l'éloge d'une
chose où d'autres verraient trop facilement un défaut, l'originalité. Le bonheur, loin d'avoir pour condition l'uniformité des pensées, des actions, des sentiments, exige la diversité entre les hommes : la
nature n'est féconde que par la variété des opinions
et des mœurs : nouveauté, c'est déjà presque découverte.

Spencer, à son tour, pour des raisons empruntées non seulement aux lois de la société humaine,
mais aux lois de l'univers, montre que l'uniformité
tue, que la diversité vivifie. Le progrès, « allant de
l'homogène à l'hétérogène, « exige des différences
croissantes, une croissante originalité ou, pour donner à un vieux mot un sens nouveau, « une croissante individuation. » Pour cela, il faut que la
« sphère d'activité » accordée par la loi à l'individu,
et où il peut librement accomplir les mouvements les
plus variés, aille s'agrandissant ; il faut aussi que les
diverses sphères d'activité, pour se faire équilibre,
deviennent de plus en plus égales ; il faut enfin que
l'individualisme, en s'étendant, n'empêche point l'universelle sympathie. Spencer va jusqu'à concevoir
un état idéal de la société qui serait l'absence de
toute loi coercitive et la complète autonomie de l'individu. Codes et constitutions ne sont que des appa-
reils de contrainte qui, en tel ou tel moment de
l'histoire, font échec aux penchants égoïstes ou
« antisociaux » pour assurer la prédominance des

penchants sympathiques ou sociaux. Le développement de ces derniers amène graduellement la chute
des institutions répressives : le besoin et le respect de
l'autorité déclinent à mesure que croît le respect des
droits de l'individu, « c'est-à-dire des conditions extérieures propres à assurer sa plus grande liberté
d'agir. » Dans nos sociétés imparfaites, les deux
forces contraires, égoïsme et sympathie, oscillent
encore et se font échec : cet antagonisme s'exprime
dans les ressorts plus ou moins grossiers de nos
gouvernements. « Le gouvernement, dit Spencer
poussant jusqu'au bout la pensée de Bentham, est
une fonction corrélative de l'immoralité de la société. » Les institutions représentatives elles-mêmes,
telles qu'elles existent dans les pays où elles sont le
mieux établies, par exemple en Angleterre, ne sont
encore qu'une forme politique transitoire : c'est celle
qui convient à une société où les mœurs de violence
et le « régime déprédatoire », qui caractérisaient les
âges passés, n'ont pas encore fait place aux mœurs
fondées sur le souci de l'intérêt général et au « régime industriel ». Le mécanisme de la représentation
nationale est celui où se balancent le mieux les deux
forces qui se disputent l'empire, l'esprit conservateur
et l'esprit réformateur. La puissance des sentiments
conservateurs et celle des sentiments réformateurs
manifestent, par leur lutte et par leur résultante, le
degré de perfection d'une société : « le triomphe
des premiers indique une prédominance des habitudes violentes et égoïstes ; le triomphe des seconds prouve que les habitudes sympathiques et le
respect des droits ont acquis la prépondérance. »

Que cette prédominance devienne universelle, du même coup la contrainte sociale disparaîtra ; les hommes ressentiront une telle aversion pour les entraves de l'autorité et se montreront si jaloux de leurs droits, que tout gouvernement deviendra impossible en même temps qu'inutile. « Admirable exemple de la simplicité de la nature : le même sentiment qui nous rend propres à la liberté nous rend libres. »

Selon cette philosophie du droit, qui tend à s'absorber dans la philosophie de la nature, la société humaine est un organisme qui sait se transformer et s'adapter à des besoins nouveaux, comme le corps d'un animal. Voyez de quelle manière grandit l'être vivant et comment il arrive à la plénitude de ses puissances : le progrès continu du tout exige une certaine fixité dans la structure des parties, mais il ne faut pas que ce qui a d'abord favorisé la croissance en produise ensuite l'arrêt, que les os qui soutiennent la charpente empêchent la taille de s'élever, que les muscles qui donnent l'énergie aux organes en deviennent les entraves, que les enveloppes protectrices du corps entier défendent au corps lui-même d'atteindre les proportions normales et la beauté idéale de son espèce, — danger constant auquel s'efforce constamment d'échapper l'artifice de la nature ; entre les parties dures et rigides des os, elle réserve une partie molle et flexible par laquelle, en secret, la croissance continuera ; elle fait de même pour les muscles, qu'elle ne tend pas assez pour les empêcher de s'étendre encore ; enfin, si l'enveloppe protectrice de l'être entier ne suit plus avec assez d'aisance les mouvements du corps même, elle brise cette enveloppe

vieillie en fragments qui se détachent pour laisser
voir l'enveloppe nouvelle. Ainsi vit et grandit la société humaine, vaste corps dont nous sommes les
membres ; un certain degré d'organisation civile et
politique est nécessaire à'sa croissance ; plus longtemps maintenue, l'organisation s'oppose à cette
croissance : tel système d'instruction qui avait pré-
cipité le mouvement des idées l'arrête, tel système de
centralisation qui avait fait circuler plus facilement
la vie politique en suspend le cours, tel système de
lois qui avait fortifié la propriété ou la famille tend
à les dissoudre, tel gouvernement qui avait protégé
la nation entière devient une menace perpétuelle
pour sa liberté. Ainsi de toutes les lois et de toutes
les institutions, organes imparfaits que la vie a créés
et que la vie doit renouveler sans relâche : la société
humaine se dépouillera successivement de toutes ces
enveloppes « par une sorte de desquamation », tout
en gardant le bien qu'elle aura acquis sous leur protection momentanée. Ne marchons-nous pas en effet
vers un état social où, selon les expressions de
Spencer, l'autorité sera réduite au minimum, la
liberté élevée au maximum ? Des formes intermédiaires et transitoires se succéderont encore entre les
monarchies absolues des despotes de l'Orient et la
démocratie finale où la nation sera le vrai corps déli-
bérant, faisant exécuter ses volontés par des délé-
gués chargés de mandats consentis de part et d'autre. Alors la nature humaine, « façonnée par la
discipline sociale, » sera devenue « si apte à la vie
en société » qu'elle n'aura plus besoin de contrainte
extérieure et se contraindra elle-même, ou plutôt

sera contrainte par elle-même. Le citoyen ne tolérera d'autre empiètement sur sa liberté que celui qui doit assurer à tous une liberté égale ; s'il existe encore une loi, elle ne fera, à en croire Spencer, que formuler les conditions sous lesquelles les individus, par des associations libres, peuvent développer l'industrie, le commerce, l'agriculture, et s'acquitter de toutes les fonctions sociales. Enfin, « au lieu d'une uniformité artificielle d'après un moule officiel, » l'humanité présentera, comme la nature, « une ressemblance générale variée par des différences infinies. » —« La moralité, dit Spencer, l'individuation parfaite et la vie parfaite seront en même temps réalisées dans l'homme définitif ; il est sûr que ce que nous appelons le mal et l'immoralité doit disparaître, il est sûr que l'homme doit devenir parfait : » perfection toute naturelle d'ailleurs, qui consistera dans « l'entière adaptation de l'individu au milieu social ». — Comme l'univers, dirons-nous pour résumer cette doctrine, par l'impression accumulée des siècles et le choc répété des choses, façonne l'humanité à son image et fait descendre en elle ses propres lois, l'humanité à son tour, imprimant peu à peu dans l'homme ses formes et son organisation, finira par descendre en lui tout entière : l'individu portera en soi la société, et la société portera en soi le monde.

Bien que Spencer donne à l'humanité d'alors le nom de définitive, elle correspondra seulement à une période transitoire d'une évolution qui ne peut s'arrêter. Toujours équivalente en son fond, la nature se dépasse toujours elle-même en ses formes successives. Même après des milliers de siècles, lorsque le mécanisme qui régit le monde aura amené l'équilibre social, rien ne sera terminé : les forces éternelles agiront encore, et le germe d'une « dissolution » existera dans l'évolution finale. Tout recommencera donc à se mouvoir, dans un autre ordre sans doute, et pour produire de nouvelles formes, de nouvelles espèces, un nouvel univers, peut-être une nouvelle justice. Ainsi, pourrait-on dire, une danse succède à une autre, entrelaçant des poses et des mouvements variés sous les accords d'une changeante symphonie; et pourtant ce sont les mêmes personnages qui se meuvent, la même loi harmonique qui relie ces mouvements, qui enchaîne ces accords, qui soulève et emporte ce tourbillon, image de la vie.

Telle est la perspective sans fond qu'ouvrent à nos regards les spéculations les plus récentes d'une science sociale qui va se confondant avec la cosmogonie universelle. De Bentham à Stuart Mill, de Stuart Mill à Spencer, nous voyons la philosophie de l'intérêt, emportée par un mouvement irrésistible, se former peu à peu un idéal de liberté et d'égalité analogue, au moins par l'extérieur, à l'idéal dont la philosophie du droit moral propose la réalisation aux jurisconsultes et aux politiques. A cette hauteur où nous sommes parvenus et d'où nous embrassons non seulement l'individu, mais l'humanité, mais la nature, il semble qu'enfin se confondent la plus grande utilité et la plus grande justice. Quant à l'*inconnaissable* qui subsiste au delà, et dont Spencer nous attribue « une conscience » indestructible, Spencer ne se demande pas si cette idée, comme telle, n'a vraiment aucune place dans la moralité et dans le droit.

V

L'ESPRIT FRANÇAIS ET L'IDÉE DU DROIT

Si les Français se vantaient jadis à l'excès, ils sont
peut-être trop portés aujourd'hui à se déprécier eux-
mêmes. Essayons de rétablir le nécessaire sentiment
de notre valeur propre en évitant les excès d'une
fatuité nationale qui serait aujourd'hui plus injusti-
fiable que jamais. La plupart des historiens et des
philosophes, ceux de l'Angleterre et de l'Allemagne
comme ceux de la France, avaient naguère constaté
au premier rang, dans le pays de la révolution et du
suffrage universel, l'ambition de renouveler l'ordre
civil et politique en le fondant sur la pure justice;
la plupart avaient accordé à la France une sorte de
vocation historique pour l'établissement d'un règne
du droit humain. Un des plus grands ennemis des
« droits de l'homme », un des écrivains les plus hostiles à nos gloires et à nos idées révolutionnaires,
Joseph de Maistre, reconnaissait cependant que la
France « exerça longtemps sur les nations une puissance d'un genre particulier », qui, ayant surtout

pour objet les problèmes de droit, les questions politiques ou sociales, pouvait s'appeler « une réelle
magistrature ». Un historien bien connu de l'Allemagne, un de ceux qui, dans les dernières années, n'ont
pas épargné notre pays, avait représenté jadis la
France comme « ayant reçu la mission de reviser,
d'époque en époque, les grandes lois de la vie européenne et les institutions de droit civil ou politique
qu'elle avait d'abord elle-même contribué à faire
prévaloir autour d'elle ». Cette mission traditionnelle
qu'on accordait jadis à la France, si elle pouvait
s'accomplir jusqu'au bout, ne ferait d'elle rien moins
que la législatrice des nations modernes, sans cesse
en quête d'une meilleure expression de la justice.
Notre ambition ne va plus si loin; mais il est incontestable que le rôle d'initiation au droit idéal a
fait jusqu'à présent l'originalité de notre histoire. Il
a fait aussi celle de notre philosophie depuis cent
ans. Si les grands systèmes métaphysiques sur l'univers, auxquels s'étaient déjà élevés en France les Diderot, les d'Alembert, les d'Holbach, ont été surtout
développés en notre siècle par l'Allemagne et tout
récemment par l'Angleterre, en revanche les grandes
conceptions sociales, — plus propres encore, selon
nous, à faire comprendre le vrai sens de l'univers
lui-même [1], — ont pris naissance dans notre pays
avec une exubérante fécondité. Quelle efflorescence
d'idées et de théories en France, depuis un siècle,
sur le fondement du droit et sur toutes ses applications : rénovation sociale, politique et religieuse,

1. Voir notre *Science sociale contemporaine*, conclusion.

droit de propriété, droit des époux dans la famille,
droit des citoyens dans l'État! Théories tantôt profondes, tantôt étranges et parfois monstrueuses, car
l'esprit humain, comme la nature, ne peut être vraiment fécond sans enfanter aussi des monstres. Dans
l'art, le romantisme aurait-il tout renouvelé si sa
hardiesse n'avait mêlé à la vérité quelque extrava-
gance, et faut-il s'étonner que la science sociale ait
eu aussi dans notre pays son romantisme? Sans
doute, de même que la France eut pour elle en cet
ordre de recherches le principal honneur, elle a eu
aussi le principal danger, celui de voir les théories
originales dégénérer en utopies, les utopies en vio-
lences; mais le penseur doit se désintéresser d'inconvénients pratiques qui font encore souffrir la génération présente, en considérant les services spéculatifs
rendus par notre pays à l'humanité entière : il est
des souffrances généreuses et fécondes qui sont plus
honorables, après tout, qu'un repos égoïste. Pour les
peuples encore plus que pour les individus, penser
et chercher, c'est souffrir : *Quæsivit lucem, inge-
muitque.*

Rappelons d'abord en quelques mots les causes
bien connues qui ont contribué à former notre caractère, avec ses qualités et ses défauts qu'il importe
également de mettre en lumière : le climat, le tempérament, surtout la race et la tradition historique.
La situation géographique de la France, moyenne
entre le nord et le midi, entre tous les types de climat et de végétation, dont elle réunit les productions
principales depuis le sapin jusqu'à l'oranger, paraît
propre au développement d'un esprit moins étroite-

ment national, moins exclusif, accessible à des influences plus variées et plus générales. Ajoutez-y un genre de tempérament également intermédiaire entre les extrêmes, plutôt nerveux et sanguin que lymphatique et bilieux, où le sérieux du Nord est compensé par la vivacité et la passion des pays aimés du soleil, où l'équilibre humain montre plus d'harmonie ; tempérament équitable, pourrait-on dire, qui tend à maintenir l'égalité entre les différentes facultés humaines et à faire à chacune sa part selon une sorte de justice naturelle ; caractère à la fois ardent et mesuré qui permet difficilement à la passion, au caprice et à l'excentricité individuels de choquer la raison générale, qui voudrait imposer à toutes choses la règle, la convenance, l'élégance, et qui, quoique avide de nouveauté, s'efforce cependant de rester toujours fidèle au « bon sens » et au « bon goût ». — « Le Français, écrivait Kant en 1764, a un penchant dominant pour le beau moral. Il est gracieux, poli et complaisant. Il accorde vite sa confiance... L'expression d'homme ou de dame de bon ton ne s'applique proprement qu'à celui qui possède le sentiment de l'urbanité française. Les sentiments sublimes mêmes, qui sont nombreux, sont subordonnés chez les Français au sentiment du beau et ne tirent leur force que de leur accord avec ces derniers. » Nous poussons même à l'*excès* notre aversion pour l'*excessif*. Nous finissons, en cherchant trop la mesure, par perdre la force, en cherchant trop la clarté, par perdre la profondeur, en aimant trop le beau proprement dit et la proportion, par diminuer en nous le sentiment du sublime, de l'infini et de l'incommensurable. Mais, si nous n'avons pas toujours autant de profondeur dans la pensée que les Allemands ou les Anglais, il semble que parfois nous ayons plus de largeur. Un esprit plus large et en quelque sorte plus humain, voilà donc ce que les deux premières influences dont nous avons parlé tendaient à développer dans notre pays; mais, si nous voulons mieux nous rendre compte de notre physionomie nationale, il faut se rappeler les facultés natives de la race, tant de fois remarquées par les historiens. Quand nos voisins d'outre-Rhin remontent volontiers jusqu'à l'Inde et plus haut encore pour chercher les origines de leur « mission germanique », il est peut-être permis de remonter jusqu'aux Gaulois pour signaler chez eux un instinct de justice. une sorte d'esprit juridique dont fut frappée l'antiquité même. Qui ne connaît le portrait fait par Strabon de la race gauloise, où il est déjà dit que nos ancêtres prenaient volontiers en main la cause de ceux qui subissent une injustice, τοῖς ἀδικεῖσθαι δοκοῦσι? Selon César, les Gaulois se gardaient de confondre le droit et les lois, *jus et leges ;* selon Strabon. les druides accordaient déjà une grande place dans leurs enseignements au droit et aux lois, « instruisant d'abord leurs élèves sur le droit naturel, puis sur les constitutions et les lois particulières des États[1]. »

---

[1]. On a aussi noté bien des fois cet instinct de fraternité qui faisait considérer à nos ancêtres comme un honneur par excellence le sacrifice de soi à autrui. Déjà ils donnaient le nom même de fraternité, *brodeurde,* aux associations où de jeunes guerriers, s'attachant à quelque chevalier en renom, s'imposaient un dévouement absolu à sa personne dans la vie et dans la mort, « montant sur le bûcher, disent Polybe

Il suffit de se rappeler notre véritable tradition historique pour reconnaître que la Gaule devenue France
demeura généralement fidèle, par ses qualités comme
par ses défauts, au génie héréditaire de sa race. L'histoire est une sorte de biographie des nations qui ne
fait que développer à travers le temps leur type psychologique, comme la biographie individuelle montre
en action le caractère d'un individu. Nous sommes
civilisés depuis plus longtemps que nos voisins d'Allemagne et d'Angleterre, — ce qui a son inconvénient
et ses avantages. De très bonne heure la Gaule em-
brassa le christianisme, doctrine de justice et de fraternité. Plus tard, si la chevalerie se développa surtout
en France et y jeta tout son éclat, c'est que les cheva-
liers, se devant tout entiers à ceux qui ne pouvaient
eux-mêmes défendre leur droit, aux misérables, aux

et César, en même temps que celui qui les avait aimés. »
Enfin, à cet instinct de fraternité se joignait un certain sentiment d'égalité. qui comblait parfois les distances entre les
classes et les sexes, qui permettait à l'esclave ou à la femme
d'entrer par libre adoption dans le collège des druides, à la
jeune fille de choisir librement son époux, à l'épouse d'avoir
une personnalité libre, une propriété, une part dans l'admi-
nistration des biens communs : premier pressentiment de la
famille telle que notre droit l'a instituée en France. Ces sentiments égalitaires avai.. .it leur origine dans un amour déjà
vif de la liberté, joint à une idée encore vague de la valeur
inhérente à la personne humaine. Une manifestation de cette
idée fut la vivacité de la foi gauloise à l'immortalité personnelle. La Gaule croyait que les personnes et les affections
ont un prix trop inestimable pour ne pas survivre à la mort
même : la mort n'est que « le milieu d'une longue vie ». Les
anciens, on le sait, reviennent sans cesse sur la force et l'importance de cette croyance, qui entraînait dans la pratique
un mépris de la mort et un courage indomptables : *Non
paventi funera Galliæ.*

orphelins, aux femmes, personnifiaient avec le courage une tradition de générosité et de dévouement à la justice. Si les souverains de France, plus que tous les autres au milieu du despotisme universel, se prétendaient le « recours des opprimés » et « les justiciers suprêmes [1] », c'est sans doute qu'aux yeux du peuple français le plus noble usage de la puissance semblait la protection du droit des faibles. Si c'est de France que partit, pour entraîner l'Europe à sa suite, la généreuse folie des croisades, prêchée d'abord au peuple par un homme du peuple, puis gagnant les seigneurs et les rois, c'est qu'il s'agissait là encore de porter aide à des frères lésés dans leur croyance, dans leur liberté, dans leur droit. Si la France menacée elle-même par les Anglais trouva en son sein pour se défendre non seulement des héros, comme tous les autres peuples, mais des héroïnes dont la figure à la fois douce et forte est sans analogue dans l'histoire des autres nations, c'est que sur la terre de Jeanne d'Arc, comme dans la Gaule antique, l'honneur traditionnel de se dévouer pour la justice n'était pas plus refusé à la femme qu'à l'homme, et que nul n'était exclu de cette jouissance suprême : l'héroïsme se sacrifiant au droit [2]. Dans notre siècle enfin, l'histoire nous montre,

---

1. Voyez, dans *l'Ancien régime* de M. Taine, le chapitre consacré à expliquer les privilèges des seigneurs et du roi, p. 14 et suiv.

2. « Les femmes, a remarqué Kant, pourraient avoir en France une influence plus puissante que partout ailleurs sur la conduite des hommes, en les poussant aux nobles actions, si l'on songeait à encourager un peu cet esprit national. Il est fâcheux que les lis ne filent pas. » (*Des caractères nationaux*, p. 305.) — Jeanne d'Arc, il est vrai, fit mieux que

par des faits plus rapprochés, une nation qui a ressenti les injustices souffertes par les autres nations
autant et parfois plus que celles dont elle souffrait
elle-même, un pays où la foule, trop imprévoyante,
se passionnait moins pour ses propres affaires que
pour les droits de la Pologne, de la Grèce, de l'Ir-
lande, de la Vénétie opprimées ; les autres peuples le
savent bien, et quand ils ont eu besoin de sympathie active ou de secours désintéressés, ce n'est pas
vers l'Angleterre ni vers l'Allemagne qu'ils se sont
tournés de préférence, il faut bien le reconnaître;
c'est vers le pays qui le premier proclama non seulement les droits de l'homme, mais les droits des
nations, et qui se montre toujours trop porté à juger
des autres d'après soi. La tradition de la France est
dans cette préoccupation de la justice pour tous, souvent poussée jusqu'à un fâcheux oubli de soi-même et
de ses intérêts légitimes ; le caractère original de son
histoire, intermédiaire entre le monde gréco-romain
et le monde anglo-germanique, la seule mêlée à l'histoire de toutes les grandes nations, la seule peut-être
qui forme ainsi un ensemble complet et un, consiste
dans cette part prépondérante prise au développement de l'humanité moderne, dans cette initiation
progressive des autres peuples à l'idée d'un droit
nouveau. L'idéal de l'Allemagne fut surtout, — du

« filer ». Mais il est certain que la femme française devrait
avoir une éducation plus digne de son influence. — « L'objet,
disait encore Kant, auquel se rapportent surtout les mérites
et les qualités nationales des Français, c'est la femme. » Et il
ajoutait : « Je ne voudrais pas, pour tout l'or du monde,
avoir dit ce que Rousseau a osé soutenir : qu'une femme n'est
jamais autre chose qu'un grand enfant. »

moins à l'origine, — religieux et métaphysique ; l'idéal de l'Angleterre fut surtout politique et économique ; l'idéal de la France est surtout social et humanitaire.

Passons maintenant des causes qui ont influé sur la formation de notre caractère national à l'analyse psychologique de ce caractère lui-même ; nous verrons que nos facultés maîtresses, comme celles des autres nations, peuvent se déduire l'une de l'autre et forment un système analogue à un organisme.

Chez les peuples comme chez les individus, ce qui fait surtout le caractère, c'est cette faculté dominatrice de la conduite, la volonté. Pour apprécier à sa juste valeur la volonté d'un peuple, il faut examiner successivement trois choses : son degré de force, son objet habituel, ses moyens d'action. Or, à considérer d'abord la force vive de la volonté indépendamment de son objet, le peuple anglais offre au psychologue plus de ténacité et de patience, l'Allemand une énergie plus âpre, le Français plus de spontanéité et plus d'élan. Tous les observateurs ont placé parmi les traits caractéristiques des Français l'enthousiasme, et l'enthousiasme n'est que l'élan spontané de la volonté vers un idéal qui la passionne. En France, c'est surtout l'idéal social qui nous a passionnés. « La France est la terre de l'enthousiasme, » disait Kant dans ses pages sur les caractères des divers peuples ; Mme de Staël finissait son livre *de l'Allemagne* par l'apostrophe bien connue : « O France, si jamais l'enthousiasme s'éteignait sur votre sol... » apostrophe que la censure impériale se hâta de retrancher, comme si le despotisme sentait qu'au fond l'enthousiasme du

mieux est pour l'âme d'un peuple la liberté première
et le germe fécond de toutes les autres libertés. Stuart
Mill, dans ses *Mémoires*, note aussi l'enthousiasme au
nombre de ces qualités par lesquelles l'élévation du
génie français contrasterait, selon lui, avec le terre à
terre parfois trop servile du positivisme anglais ou
américain[1]. L'enthousiasme manifeste chez une nation
un certain affranchissement des préoccupations inférieures et des soucis matériels, par conséquent une
certaine liberté morale de l'esprit. Il ne faut pas le
confondre avec cette simple ardeur de passion, avec
cette chaleur de sang que quelques peuples méridio-
naux montrent à la poursuite de ce qu'ils convoitent,
aussi bien de choses inférieures et brutales que d'objets
supérieurs et nobles. La France a eu, elle aussi, ses
heures de passion aveugle et odieuse ; mais tout autre
est l'enthousiasme proprement dit, dont elle a plus
d'une fois donné l'exemple, et auquel elle a dû tantôt
de si justes réformes, tantôt de si fâcheuses déceptions. On trouve sans doute dans l'enthousiasme un
mouvement du cœur en même temps qu'un élan de
la volonté ; mais c'est la pensée qui transporte la
volonté et émeut le cœur ; c'est dans la raison concevant le beau ou le juste que l'enthousiasme vrai a
son origine : flamme intellectuelle, lumineuse pour
elle-même et pour les autres, parce qu'elle est idée
en même temps qu'amour.

1. Henri Heine, voyant avec raison dans Paris le cœur
même de la France, saluait en cette ville « la ville de l'égalité, de l'enthousiasme et du martyre, la ville rédemptrice qui
a déjà tant souffert pour la délivrance temporelle de l'humanité ». (*La France.*)

Aussi, pour estimer à son prix la volonté d'un peuple, il ne faut pas la considérer seulement en elle-même, dans son énergie propre; il faut envisager surtout l'objet qu'habituellement elle se propose. A ce second point de vue, la nation française nous offre un caractère vraiment distinctif : chez elle, aux beaux jours de son histoire, l'objet de la volonté s'est confondu avec l'objet de la raison même, car c'est pour les idées générales et universelles qu'elle s'est passionnée. Dans notre pays, on ne veut pas seulement la liberté et les droits des Français, mais « les droits de l'homme »; notre raison tend toujours à généraliser l'objet de notre volonté. Le trait caractéristique de notre physionomie nationale est donc l'union de ces deux choses, à première vue si opposées : l'esprit enthousiaste et l'esprit rationaliste. Cavour a dit que le génie français était la logique mise au service de la passion; il serait plus vrai de dire, peut-être, que c'est la passion mise au service de la logique; Cavour a exprimé seulement le défaut de notre qualité et l'excès dans lequel elle peut tomber. Mais nous péchons aussi bien souvent par excès de logique abstraite. Que de fois ne nous a-t-on pas reproché, avec les Anglais, l'amour et la manie de généraliser! L'idée de l'utile et celle de la puissance, dont s'éprend plus volontiers l'empirisme de certains peuples, n'ont point ce caractère universel; mais le génie français, à tort ou à raison, se représente toujours la justice sous l'idée d'infinité. Quels que soient les excès de cette tendance, il faut du moins reconnaître qu'une volonté générale est par cela même généreuse. C'est ce qui explique chez le peuple français,

6

par une conséquence nécessaire, cette faculté de désintéressement porté jusqu'à l'utopie, qui a frappé
tous les historiens, tous les psychologues. Stuart Mill
y voyait la principale noblesse de notre caractère;
Spencer, plus fidèle que Stuart Mill à Bentham,
nous en fait un sujet de reproche; Fichte, sur ce
point, nous avait donnés jadis comme exemple à ses
compatriotes; les écrivains plus récents qui ont traité
de la « psychologie des peuples », Geist, Lazarus,
constatent chez nous le même penchant à se déta-
cher de soi au profit d'une conception universelle,
parfois d'un *être de raison*. Une telle tendance n'a
pas peu contribué, dans les derniers siècles, au développement de cet « esprit classique » pour lequel
M. Taine s'est montré si sévère, et où il trouve une des
explications principales de la révolution française. Il
faudrait se garder de pousser à l'excès la pensée de
M. Taine, vraie en soi, et de ne voir dans l'élan révolutionnaire qu'un amour classique de la généralité, de
l'abstraction, de la symétrie rationnelle : pour rendre
compte d'un tel bouleversement social, les habitudes
classiques seraient une raison insuffisante. Au reste,
l'amour de ce qui est général et applicable à l'humanité entière nous paraît avoir eu lui-même pour principe, au XVIIIe siècle, une vive intuition et un amour
rationnel de la liberté. Il est irrationnel en effet
d'aimer la liberté pour soi seul, parce qu'on ne
peut, dans une société où tous sont solidaires, avoir
une liberté vraie, complète, absolue, si les autres ne
l'ont pas, s'ils ne sont pas sous ce rapport nos *égaux*.
Supposez par exemple qu'une seule nation du globe
adopte et pratique toutes les règles qui assurent la

liberté du travail, de l'échange, de l'association; si ces règles n'existent pas pour les autres peuples, ne se produira-t-il pas à la fin des combinaisons économiques capables d'empêcher le résultat voulu et de se retourner contre la liberté même? Les rapports des citoyens entre eux dans chaque nation impliquent une semblable solidarité : la liberté du capital, par exemple, ne va pas sans celle du travail, et réciproquement. En un mot, dans notre siècle, l'indépendance des uns finit par être liée à celle des autres, pour le philosophe et l'économiste qui se placent au point de vue général. Comment faire un crime à la France d'avoir eu comme de prime-saut le sentiment de cette universalité qui doit de plus en plus appartenir à la liberté? Comment reprocher à la France d'avoir compris que les droits de l'homme *français* ne peuvent, pour le philosophe, exister sans les droits de l'homme *en général?* La liberté doit s'aimer pour les autres comme pour elle-même : c'est ainsi qu'elle acquiert une portée universelle comme la raison ; c'est ainsi qu'elle devient *égalité.*

Le souci des idées générales et désintéressées, l'absence de vues personnelles et exclusives fut, à considérer les faits dans leur ensemble, le caractère le plus original de cette révolution française où se fit jour le génie de la France et qu'on s'efforce aujourd'hui de rabaisser systématiquement. De là cette libérale nuit du 4 août, où tous les corps de la nation, tiers état, clergé, noblesse, se dépouillèrent eux-mêmes de leurs privilèges au nom du droit, sous l'influence d'un enthousiasme de liberté assez puissant pour que l'égoïsme de tel ou tel membre de l'assemblée se perdit dans le désintéressement général. De Sybel lui-même, l'injuste historien de la révolution française, a dû rendre hommage à cet acte d'abnégation d'une assemblée où soufflait véritablement l'esprit de la nation entière : « C'est pour toujours, dit-il, que l'assemblée française a conquis dans la nuit du 4 août la liberté du travail et l'égalité des droits [1]. » M. Renan, qui n'est pas d'ailleurs sans quelque faible pour l'esprit germanique, dit en comparant l'Allemagne et la France : « L'Allemagne ne *fait* pas de choses désintéressées pour le reste du monde [2]... ; les droits de l'homme sont bien aussi quelque chose ; or c'est notre XVIIIᵉ siècle et notre révolution qui les ont fondés [3]. » — « Les révolutions protestantes, remarque aussi avec raison M. Janet dans sa *Philosophie de la révolution française*, étaient plutôt des révolutions locales ; celle d'Amérique seule a déjà un caractère plus général et plus abstrait ; cela tient aux mêmes causes que pour la révolution française : elle a, aussi bien que celle-là, reçu l'empreinte de l'esprit du XVIIIᵉ siècle, et il ne faut pas d'ailleurs séparer l'une de l'autre, la France étant pour moitié dans le succès de la révolution américaine. » Malgré ces ressemblances mêmes, nous croyons qu'il y a entre l'esprit américain et l'esprit français des différences encore plus profondes qui se sont manifestées dans les deux révolutions. On sait le rôle qu'ont joué les affaires

1. *Histoire de l'Europe pendant la Révolution française*, trad. de Mlle Bosquet.
2. Sa vraie gloire, selon nous, serait plutôt d'en *penser* dans le domaine philosophique et surtout métaphysique.
3. *La Réforme intellectuelle*, préface. Paris, 1872.

d'impôt, la question du thé, dans l'insurrection des États-Unis. Et quel contraste dans la manière de procéder chez les deux peuples, quand il s'agit d'inscrire les droits des citoyens en tête des constitutions! La méthode américaine va chercher d'État en État les principes que chacun reconnaissait antérieurement pour son compte ; on les résume, on les généralise comme on peut, on en construit enfin *à posteriori* la formule totale qu'acceptera la fédération, et où l'égalité, simple conséquence, se trouve assez maladroitement placée avant la liberté. Est-ce là la meilleure méthode, ce n'est pas encore le moment de le juger ; ce qui est certain, c'est que les Américains étaient et sont encore tout pénétrés de l'esprit empirique et pratique des Anglais, qui, en somme, songe beaucoup plus à lui-même qu'à l'humanité. Les Anglais ne font pas des déclarations de droit ; ils font ce qu'ils appellent des *pétitions* [1]. Les ouvriers mêmes, en Angleterre, quand ils demandent des réformes, s'en tiennent d'ordinaire à eux, à leurs camarades, à leur atelier, à leur cité, et songent rarement à généraliser, à demander des réformes de principe : les questions demeurent donc pour eux locales au lieu de devenir,

---

1. Il y a du vrai dans la boutade d'Henri Heine : « C'est dans le sens le plus étroit de l'esprit de corporation que le peuple anglais demande sa liberté, c'est-à-dire ses libertés accordées par chartes et privilèges ; la liberté française, liberté faite pour le genre humain, liberté dont tout l'univers, les titres de la raison à la main, se mettra un jour en possession, est essentiellement et pour elle-même odieuse aux Anglais. Ceux-ci ne connaissent qu'une liberté anglaise, liberté anglo-historique, patentée à l'usage des sujets par Sa Majesté le roi de la Grande-Bretagne, basée sur quelque vieille loi, par exemple du temps de la reine Anne. » (*La France*, p. 205.)

comme pour l'ouvrier français, non seulement des
questions sociales, mais même, plus généralement
encore et avec une précipitation fâcheuse, *la question sociale*. Quant aux Allemands, ils n'ont pas
montré non plus dans leurs essais d'indépendance un
aussi grand désintéressement de volonté, un enthousiasme de raison comme celui qui, en dépit de ses
nombreux abus, a élevé si haut la France du xviiie siècle aux yeux des penseurs. « Au sein de cette Allemagne philosophique et poétique, dit Heine, le peuple
demeura encroûté dans la pensée la plus épaisse, et,
s'il se querellait quelquefois avec les autorités, il était
toujours question de grossières réalités, de souffrances
matérielles, d'impôts écrasants, de douanes, de dégâts
de gibier, de péages, etc., etc. ; pendant que dans la
France pratique le peuple, élevé et dirigé par les écrivains, combattit plus souvent pour des intérêts intellectuels, pour des pensées philosophiques. » Toute
exagération à part, ces témoignages d'observateurs si
divers aboutissant à une même conclusion nous semblent justifier en grande partie les paroles que, dans
un mouvement de noble fierté, Michelet adressait aux
détracteurs de notre patrie et de notre révolution, et
qu'on pourrait de nouveau leur adresser aujourd'hui :
« Si l'on voulait entasser ce que chaque nation a dé-
pensé de sang, et d'or, et d'efforts de toute sorte pour
les choses désintéressées qui ne devaient profiter
qu'au monde, la pyramide de la France irait montant jusqu'au ciel, et la vôtre, ô nations, toutes tant
que vous êtes, l'entassement de vos sacrifices irait au
genou d'un enfant [1]. »

1. *Le Peuple*, p. 74.

La guerre même, la guerre où se plaisaient nos ancêtres de Gaule, n'a été vraiment *populaire* en France que quand elle s'est ennoblie de quelque idée désintéressée à soutenir, de quelque grande cause à défendre, honneur, liberté, droit. Nous ne voulons pas dire que toutes nos guerres aient été bonnes et justes, il s'en faut; mais elles n'ont été sincèrement *populaires* que quand il s'y mêlait, à tort ou à raison, quelque considération *générale*. C'est un despote habile qui a dit avec profondeur : « La France est le seul pays qui fasse la guerre pour une idée, » et nos gouvernants le sentirent si bien qu'ils cachèrent toujours l'ambition de leur politique militaire sous quelque idée de dévouement à la liberté commune, d'émancipation pour les peuples, de secours aux nations opprimées. Ils savaient que la véritable « âme du peuple » ne les suivrait pas loin s'ils ne l'entraînaient au nom d'une idée générale.

C'est ce fréquent désintéressement de la volonté populaire, produit lui-même par la généralité de son objet, qui explique à son tour aux yeux du psychologue le caractère en quelque sorte contagieux de notre esprit national, sa force communicative propre à se répandre rapidement de peuple à peuple. On vient de le voir, par cela même que nous voulons *universellement*, nous ne nous contentons pas de vouloir pour nous-mêmes, nous voulons aussi pour tous les autres, nous voulons l'égalité; il nous reste d'ailleurs un peu du génie romain et stoïcien qui se traduisait toujours en lois. Nous aimons tous à nous faire législateurs, et pour le genre humain, comme si nous étions déjà membres de la « république uni-

verselle », comme si la formule célèbre de Kant sur
le devoir et le droit, inspirée par Rousseau, était la
traduction abstraite du procédé le plus familier aux
Français : — Agis selon une règle qui puisse être
érigée en loi pour tout être raisonnable et libre, de
même que si tu étais à la fois citoyen et législateur
dans la société du genre humain. — Est-il besoin de
remarquer combien le procédé peut être inexact et
dangereux au point de vue pratique, combien on
risque d'aller trop vite et de se jeter dans des généralités inapplicables ? Il n'en est pas moins vrai que la
volonté *rationnelle* et *universelle* a naturellement une
puissance expansive et sympathique qui entraîne les
autres volontés. La conséquence nécessaire de cette
loi psychologique, c'est qu'en voulant pour les autres nous avons souvent amené les autres à vouloir
comme nous-mêmes. Les peuples étrangers, reconnaissant chez nous des vues impersonnelles et valables pour
eux comme pour nous, sentaient que dans les questions *politiques* et *sociales* les affaires de la France
étaient les affaires du monde entier. De là le développement, de là aussi les succès et les excès de notre prosélytisme à la fois enthousiaste et raisonneur, parfois dérai-
sonneur, qui ne peut se résoudre à limiter ni la portée
ni l'application des vérités, qui veut en tout l'accord
des conséquences avec les principes et l'extension souvent chimérique de ces conséquences à toute la terre,
qui enfin ne prétend trouver sa satisfaction, son repos,
la fin de son vouloir, que dans l'accord de chaque
esprit avec tous les autres esprits, de chaque peuple
avec tous les autres peuples, en un mot dans cette
fraternité universelle dont nous sommes encore si loin.

Cette influence essentiellement démocratique, et d'autant plus envahissante qu'elle est librement subie par les autres, faisait le désespoir de Joseph de Maistre, fougueux partisan de l'ancien régime. « Deux caractères particuliers vous distinguent de tous les autres peuples du monde, disait-il aux Français de son temps, l'esprit d'association et celui de prosélytisme. » Il nous appliquait ce mot du prophète : « Chaque parole de ce peuple est une conjuration. » C'est que les Français, disait-il encore, ne peuvent vivre *isolés*. « Au moins, si vous n'agissiez que sur vous-mêmes, on vous laisserait faire ; mais le penchant, le besoin, la fureur d'agir sur les autres est le trait le plus saillant de votre caractère. On pourrait dire que ce trait est vous-mêmes. Chaque peuple a sa mission, telle est la vôtre. La moindre opinion que vous lancez sur le monde est un bélier poussé par trente millions d'hommes. Force mystérieuse, mal expliquée jusqu'ici et non moins puissante pour le bien que pour le mal. » Si Joseph de Maistre ne s'expliquait pas cette force, c'est qu'il y voyait surtout une énergie de passion au lieu d'une expansion plus ou moins bien réglée de liberté et de raison tout ensemble, — deux facultés qui sont les plus sociables, parce qu'elles sont les plus humaines. Aussi n'a-t-il pas mis en lumière le trait nouveau et caractéristique du prosélytisme français, qui pouvait se déduire naturellement des facultés maîtresses de la nation : tandis qu'auparavant les religions seules avaient inspiré l'esprit de propagande à travers le monde, en France c'était l'idée du droit qui avait le pouvoir de l'éveiller ; il s'agissait de répandre partout non plus des croyances au-dessus de la raison, mais des vérités de

raison. A l'apostolat religieux la France a substitué
le prosélytisme social ou, pour parler avec plus de
précision encore, le prosélytisme républicain.

Ce qui a augmenté encore l'action du peuple français
sur les autres peuples, c'est sa facilité (dont il est
souvent dupe) à secouer les haines internationales, à
se désintéresser des griefs traditionnels, à oublier le
passé, à excepter les fils de la colère inspirée par les
pères. Il est hostile par tempérament et par raison à
l'idée de réversibilité, de solidarité entre les générations les plus lointaines; il repousse cette idée au
nom de l'humanité comme au nom du droit; il admet
difficilement le péché originel et les malédictions ou
les rancunes nationales qui s'étendent jusqu'à la
vingtième génération. Les Allemands, eux, nous re-
prochent encore ce qu'ils ont pu subir de notre part
au temps de Louis XIV ou même au moyen âge, ils
étendent l'anathème à la race entière, ils personni-
fient volontiers la race pour pouvoir la maudire, la
haïr, l'exterminer. Henri Heine nous l'avait prédit :
« Un jour viendra où l'on vous reprochera Conrad tué
par le duc d'Anjou et où l'on vengera sa mort. » Le
Français ne connaît point ces querelles érudites :
préoccupé surtout des individus, il ne fait point volontiers retomber leurs fautes sur les nations et les races;
il est prêt à sympathiser naïvement avec les fils de ses
ennemis d'autrefois, pour peu qu'ils semblent eux-
mêmes se dégager des haines séculaires. Il a peine à
comprendre que, sous prétexte de science et d'histoire, on veuille substituer une tradition de peuple,
une rivalité de race au droit humain; il tient pour la
responsabilité individuelle, conséquence de la liberté.

La revanche qui après tout lui plaît le mieux, c'est d'amener les autres à vouloir ce qu'il veut lui-même. Chimère peut-être, mais assez noble chimère.

Sans doute il ne suffit ni d'avoir une volonté ardente, ni de vouloir un objet élevé et universel : il faut encore pouvoir ; c'est là un troisième point de vue où nous devons nous placer pour apprécier les caractères nationaux : nous devons les examiner à l'œuvre dans l'invention des moyens et dans les applications pratiques. Ceux qui ont la volonté la plus vive ne sont pas toujours ceux qui savent le mieux réussir ; nous en avons été trop de fois un exemple par nos erreurs et par nos fautes. Cependant, sur ce terrain même des applications et des faits, peut-on nier que l'esprit français n'ait parfois donné des preuves d'une volonté aussi efficace dans ses actes qu'enthousiaste dans ses inspirations ? Après tout, nos idées du droit sont réellement passées dans nos codes, et de là dans les codes des nations modernes ; les Anglais mêmes ont donné à l'île de Ceylan notre code civil ; les Italiens nous l'ont pris tout entier. Il faut donc concéder que le peuple français n'a pas été seulement théoricien généreux, mais que, dans ses bons moments, il a eu aussi à sa manière un certain génie pratique. Au reste, il a procédé, dans l'application, autrement que ses voisins, et montré là trop souvent les défauts de ses qualités. L'Anglais et l'Allemand, au lieu de demander toutes les libertés à la fois, en demandent sagement une première, qui servira de moyen pour en obtenir une seconde ; ils tiennent à posséder avant tout une série de moyens, une combinaison de forces et d'intérêts, et c'est aux anneaux successifs de cette chaîne

que semble s'appliquer surtout leur volonté, tirant
ainsi chaque anneau patiemment l'un après l'autre.
Aux yeux du peuple français, la liberté n'existe pas
par morceaux ; il la réclame impatiemment tout entière. Moins attentif aux moyens qu'au but et à l'idée
qu'il veut soutenir, il s'élance vers ce but avec une
impétuosité souvent aveugle et néglige par cela même
un grand nombre d'intermédiaires : il voudrait saisir
du premier coup le bout de la chaîne, sans se demander s'il ne la verra point ensuite, enlevée par ceux qui
ont mis la main sur les anneaux intermédiaires, lui
échapper brusquement. Tandis que l'Anglais et l'Allemand tiennent surtout à réussir, le Français tient surtout à vouloir. Il se figure, à ses dépens, que vouloir
c'est pouvoir, « qu'impossible n'est point français, »
et qu'il suffit de chercher pour trouver : il ne peut
comprendre qu'on impose des bornes à la liberté et
à l'intelligence de l'homme [1].

De là se déduit l'attitude que sa volonté prend en
face des choses : elle ne voit pas les obstacles que les
choses dressent devant elle, ou, si elle les voit, elle les
dédaigne et passe outre ; bien plus, l'obstacle même
l'attire, comme une occasion pour la liberté humaine

---

1. Kant, — dans ses observations si fines sur les caractères
des peuples, écrites en 1764, répétons-le, — a commis une erreur
mémorable, qui prouve combien l'histoire des nations réserve
de surprises à la *psychologie des peuples*. « Le Français, écrivait
Kant, est *citoyen tranquille*, et se venge de l'oppression des
fermiers généraux par des satires ou des remontrances de
parlement, et, lorsque les pères du peuple ont montré par
là, selon leur désir, une belle apparence de patriotisme, tout
finit par un glorieux exil et par des chansons à leur louange. »
Et tout finit par des chansons, en attendant 1793.

de se manifester en triomphant. Elle ne recule même
pas devant l'obstacle suprême, la mort, comme si
elle croyait sentir en soi, malgré les apparences, la
force invincible et immortelle. Peu de peuples, dans
l'histoire, ont fait à la mort un plus souriant visage,
et avec moins de regret ont prodigué leur vie.

Dans les cas où la victoire est possible et exige seulement un courageux effort, qui a plus de chances de
vaincre que celui qui ne craint pas le danger? Ainsi
s'expliquent ces succès d'inspiration où tout un peuple, d'un seul élan, a pu atteindre le but. De là aussi
ces insuccès dus au manque d'expérience et à l'insuffisance des calculs; de là, ce qui est plus grave encore, ces forfanteries qui ont pu nous faire accuser
de légèreté et de fanfaronnade; de là enfin ces grands
découragements qui succèdent chez nous à de grands
courages, mais qui pourtant ne durent jamais. On
dirait un voyageur qui, escaladant la montagne par
le sentier le plus périlleux, l'œil fixé sur le sommet,
ne regarde même pas derrière lui; tout à coup, un
obstacle se dresse infranchissable : il s'arrête, retourne la tête et se sent pris de vertige. Il se laisse
alors ramener jusqu'au bas; mais il se console en pensant qu'un autre jour, par une autre voie, il atteindra
le but. Le Français finit même par faire beaucoup
trop bon marché du succès immédiat et de l'utilité
présente : sa raison renonce provisoirement à la réalisation matérielle des conséquences, pourvu qu'on lui
accorde la vérité des « principes ». C'est pourquoi le
peuple français veut, en tête de chaque constitution
politique, une déclaration de droits souvent creuse,
qui semble satisfaire avant tout sa raison ou, comme

il dit, « la raison humaine. » Si de rusés politiques
trouvent ensuite le moyen de corrompre les applications et de les retourner contre les principes, si, après
avoir proclamé la liberté, ils la confisquent, nous aimons mieux néanmoins en France voir l'idée du droit
reconnue et notre propre droit méconnu ; d'autres,
disons-nous, profiteront des vérités que nous aurons
fait proclamer par ceux mêmes qui les violent. Ainsi
nous raisonnons, toujours trop prêts à nous désintéresser de nos personnes et à nous laisser duper. Napoléon Ier connaissait ce sentiment quand il écrivait à
Fouché : « Supprimez tous les journaux, mais mettez
en tête du décret six pages de considérations libérales
sur les principes. » Le Français a l'esprit spéculatif ; il
aime mieux que chacun voie la lumière quand même
lui, derrière un mur, serait tenu prisonnier dans l'ombre ; il se dit : « Le soleil montera, et la lumière finira
par briller pour tous. » D'ailleurs, si le peuple français
a fait trop bon marché de sa liberté dans la pratique,
c'est au fond parce qu'il se croyait toujours sûr de la
ressaisir : s'il a commis l'énorme faute d'accepter des
chaînes, c'est qu'il n'aurait un jour, ce figurait-il, qu'à
vouloir pour les briser ; s'il s'est enthousiasmé pour un
homme et lui a fait de sa liberté le sacrifice provisoire,
c'est sous la promesse qu'on la lui rendrait, ou avec la
folle et périlleuse arrière-pensée que, pour se délivrer
du despotisme, il suffirait d'une révolution. On n'admet
pas en France qu'un régime d'iniquité puisse se maintenir, et l'on répète sans cesse : « Cela ne peut pas
durer, » comme si l'histoire ne donnait pas de continuels démentis à cet optimisme. C'est là une naïve et
invincible confiance non seulement dans le succès final

de la justice, mais encore dans l'esprit général de la
nation : chaque individu sent qu'isolément il ne peut
rien, mais croit qu'il fait partie d'une société qui aura
tôt ou tard le dernier mot. Cet instinct de sociabilité, ce
sentiment d'une communion d'idées avec nos compatriotes, voilà ce qui nous donne au besoin une résignation momentanée en entretenant une perpétuelle
espérance.

Les autres nations, bien plus pratiques et plus pruden-
tes, nous accusent alors, avec quelque raison, de légèreté et d'étourderie. Cependant elles ne comprennent
pas toujours quelle ténacité d'idées peut se cacher
parfois sous notre apparente mobilité. La race cel-
tique est obstinée : voyez nos Bretons. En fait d'idéal,
Angleterre et Allemagne, chacune à sa manière, se contentent volontiers d'un acompte ; quelque chose de
borné et d'incomplet, mais de solide, leur suffit ; elles re-
noncent au reste : elles veulent de bonnes garanties légales pour leurs intérêts présents, un bon système de
défense ou d'attaque pour leur service personnel. Elles
font peu de dons à autrui et ne prêtent même que sur
hypothèque. Cela a son bon côté, et peut aussi avoir
ses dangers. Si la grandeur et la noblesse du but font
souvent oublier aux Français la difficulté des moyens,
en revanche les autres peuples, à force de ne voir ainsi
partout que des moyens plus ou moins bien calculés,
finiraient par renoncer à un but élevé et lointain. Bien
plus, ils finiraient par ne plus voir dans les hommes
eux-mêmes que des moyens et des instruments, des
éléments de calcul, des chiffres d'intérêt, des unités
de force. De là à se servir des hommes au besoin
comme on se servirait des choses, il n'y a pas loin.

Rien au contraire n'est plus antipathique à l'esprit de la France : il oppose à la politique purement utilitaire et au machiavélisme traditionnel l'idée de l'inviolabilité humaine et du « droit humain ». Sans doute les Français ne sont nullement étrangers à la violence, surtout en temps de révolution; mais ils l'emploient alors dans un moment de surexcitation : ils ne savent pas s'en servir froidement, l'organiser selon les règles de la science, dans un dessein préconçu, comme firent les Romains. De plus, considérés comme peuple et dans leur manière générale de procéder, les Français connaissent peu la ruse. Droiture et droit s'appellent; a-t-on jamais donné à la France, même par jalousie, le nom de « perfide France »? On nous a accusés souvent et avec raison d'emportement, de folie, de coups de tête, rarement de déloyauté. Il faut à la mauvaise foi des combinaisons, des précautions, du secret et de la lenteur; le peuple français n'y est pas propre : il n'a pas la vocation.

Notre langue même est sincère et rectiligne à l'excès, comme notre esprit national, — car la langue d'un peuple est à son caractère ce que les traits du visage sont au caractère de l'individu, et la philologie est une physiognomonie. « Les autres langues, disait Rivarol, par leur obscurité, auraient été propres à rendre des oracles, la nôtre les eût décriés. » Au lieu d'oracles, ce sont des lois que notre langue se prête le mieux à exprimer : lois de la science et lois des hommes; notre langue n'est pas la plus métaphysique ni la plus poétique; mais elle est la plus scientifique et la plus juridique. Pour l'expression des idées les plus générales et des passions les plus généreuses, elle est incomparable.

La prééminence aux yeux des Français de l'idée universelle sur les faits particuliers, du but final à atteindre sur les moyens immédiats, rend compte de leurs tendances idéalistes et rationalistes, visibles à l'excès dans notre législation et nos constitutions. Cet idéalisme politique contraste avec l'esprit plus naturaliste et plus historique de certains peuples; car l'enchaînement des faits saisis par expérience, c'est proprement la nature. En outre, comme cet enchaînement offre un caractère de nécessité, comme les effets et les causes, les moyens et les fins forment un mécanisme régi par des lois mathématiques, les peuples qui voient surtout ce mécanisme ont un génie fataliste. Au contraire, le fatalisme semble très éloigné du caractère français : ni les dogmes de Luther et de Calvin, ni les métaphysiques étrangères qui absorbent entièrement la volonté humaine dans le grand tout, n'ont réussi à s'acclimater dans la masse de la nation, qui croit plus à la liberté (même sous la forme inexacte du libre arbitre) qu'au destin, et plus au droit qu'à la grâce.

L'effet du fatalisme métaphysique ou religieux sur la volonté d'un peuple, dans toutes les applications et réformes politiques ou sociales, est de modérer le désir et l'impatience du progrès, parfois même d'en détruire l'idée, comme il tend à le faire en Allemagne, où semble triompher, depuis Schopenhauer et Hartmann, un pessimisme découragé. Tout opposé est l'effet de la doctrine qui croit, d'une manière ou d'une autre (peut-être métaphysiquement superficielle), à une puissance quelconque de liberté chez

7

l'homme; car la liberté n'est au fond autre ch se
que la perfectibilité indéfinie. Il est remarquable que
le pays où s'est développée la doctrine du progrès,
avec Pascal, Turgot, Condorcet, Auguste Comte et
leurs successeurs, est la France, et c'est cette doctrine
qui a contribué au renouvellement du droit. Encore
un trait original de notre nationalité pour le psychologue comme pour l'historien. Le génie français n'avait
qu'à prendre conscience de ses aspirations pour concevoir la perfectibilité, qui est dans ses tendances les
plus essentielles : esprit novateur, bouillant et parfois
brouillon, volonté toujours à la recherche du mieux
et impatiente de l'atteindre, il a les yeux sur l'avenir
bien plus que sur le passé et sur le présent même.
Aussi, dans sa législation et sa politique, ne veut-il se
faire esclave ni de la tradition ni de l'histoire; il n'arrive même pas à comprendre le sens de ces expressions si bien comprises outre-Rhin et outre-Manche :
« droit historique, droit traditionnel. » C'est que le
propre de la liberté, — dans la mesure où elle existe,
— est de s'affranchir du passé et de susciter un nouvel avenir : elle semble initiative et jusqu'à un certain point création; en tout cas, elle est progrès. Elle
préfère donc l'utopie même, qui cherche l'idéal et le
fait du moins pressentir, à la routine satisfaite de ce
qui a été et de ce qui est. Aussi, avides du nouveau
que nous confondons souvent avec le meilleur, entre-
prenants jusqu'à la témérité, jusqu'à la folie, nous
faisons tous faire volontiers à notre pensée des expé-
ditions aventureuses, comme celles des Gaulois en
Grèce et à Rome : chacun de nous, Français, même
ceux qui se disent les plus positifs, n'a-t-il pas en soi

sa petite île d'Utopie, où il aime à se réfugier et à construire une société selon ses vœux, un gouvernement qui serait parfait *pour toute la terre*, un monde à son gré où régnerait *la raison ?* Rénovation sociale et perfectibilité sociale, dont le socialisme fit son objet même, voilà nos tentations perpétuelles en France, et nous sommes tous quelque peu socialistes.

Cette disposition d'esprit engendre, dans le droit écrit et dans la politique appliquée, des essais trop hasardés. Nous méconnaissons souvent les conditions de la réalité, celles de l'unité nationale, celles de l'autorité gouvernementale, celles de la discipline civique et militaire. Prenons garde de relâcher tellement tous les liens sociaux et politiques, que la désorganisation en serait la conséquence. La liberté mal réglée et mal éclairée sur le déterminisme des conditions extérieures engendre aisément la licence : elle oscille entre l'anarchie et le despotisme. Nous avons fait plus d'une expérience malheureuse de ce genre, où a éclaté notre inhabileté à discerner le possible et l'impossible. Nous nous consolons en disant : — Ce n'est qu'en cherchant que l'on trouve; si personne n'était jamais tombé, personne n'aurait appris à marcher. — Il ne faut cependant pas abuser des chutes.

Quand nous tombons, il est vrai, nous nous relevons vite, et c'est là encore une forme de la perfectibilité. Dans notre race, le cerveau semble prompt à s'adapter aux circonstances, aux idées nouvelles, et à en tirer profit. Cette aptitude est surtout frappante chez le peuple en France. Il saisit vite les pensées neuves et les sentiments nouveaux, surtout s'ils sont élevés; il se met vite à la hauteur de ses

écrivains, de ses penseurs, de ses philosophes, surtout
quand il s'agit des questions sociales et politiques; il
sait les suivre, parfois les devancer, et va souvent
trop loin. Dans les autres pays, le peuple semble
une masse assez lourde à soulever et à relever :
sa constitution a sans doute moins de spontanéité,
de ressort, d'élasticité ; il est tellement renfermé
dans ses idées locales, que les pensées universelles,
les larges conceptions juridiques ou politiques trouvent chez lui moins d'écho ; il n'éprouve pas au
même degré l'inquiétude du changement et du progrès, si quelque exemple venu du dehors ne le réveille
de son inertie. Or l'esprit de perfectibilité, la faculté
d'adaptation rapide au milieu nouveau n'est pas moins
précieuse pour une nation qu'elle ne l'a été pour certaines espèces d'animaux, qui ont survécu par elle
dans la lutte pour la vie. Que de fois on s'est demandé
avec Henri Heine si la France, « qui a commencé la
grande révolution de l'Europe, n'est pas en train de
périr, tandis que les nations qui la suivront récolte-
ront les fruits de son martyre héroïque! » Heine répond en plaisantant : « Non, le peuple français ne se
casse jamais le cou, de quelque hauteur qu'il puisse
tomber, et se retrouve toujours debout. » Il n'y a pas
là seulement adresse : la raison de cette indomptable
vitalité est un instinct d'indépendance et de progrès
dont l'échec même provoque l'élan, et qui engendre
une confiance obstinée dans la victoire finale de la
justice. Pourtant, n'exagérons pas cette confiance;
nous en pourrions être victimes.

Le culte de la liberté et de la justice, avec une foi
souvent aveugle dans leur triomphe à venir, s'est

tellement développé en France qu'il tend à y effacer
presque tout autre culte : la seule religion qui puisse
être vivace et profonde dans la France moderne est la
religion du droit. M. Renan parle avec quelque ironie
de ce qu'il appelle la « religion démocratique » ; il est
certain qu'elle eut à son début, comme toutes les autres, son mysticisme et son fanatisme. Toutefois elle
offre ce caractère original de n'impliquer rien de surnaturel ; l'idée du surnaturel est plus affaiblie en France
que partout ailleurs, car elle n'est plus, chez ceux qui
la conservent encore, qu'une superstition, et aux yeux
des autres qu'une erreur. Le peuple français est trop
rationaliste pour s'arrêter à moitié chemin dans des
compromis, dans des demi-mesures, dans une demi-foi
qui est une demi-incrédulité, dans ce qui lui semble des
hypocrisies plus ou moins conscientes d'elles-mêmes.
Sa foi n'offre à l'analyse psychologique rien de compliqué ni de difficile : en fait de religion positive, il
croit tout ou rien. Il n'abjurera donc pas le catholicisme pour se faire protestant, comme l'y invitent de
nos jours quelques philosophes prêchant dans le
désert [1] : il ne rejettera pas l'eucharistie pour admettre encore la divinité de Jésus ; il ne prétendra
pas non plus qu'il est chrétien quand il est philosophe. Si un Voltaire s'efforce de renverser l'autel, il
n'essayera point de faire croire, comme les exégètes
allemands, qu'il veut le relever. Au delà du Rhin, ce
sont souvent les professeurs de théologie qui sapent
la théologie, en continuant de l'enseigner pieusement
dans leurs chaires officielles. V. Cousin possédait une

1. Par exemple M. Renouvier.

curieuse médaille frappée à Berlin en l'honneur de Hegel, et que ce dernier lui avait donnée avec orgueil ; sur le revers, Hegel est représenté en philosophe antique, écrivant sous la dictée d'un ange, qui lui-même s'appuie sur la religion tenant entre ses bras la croix de Jésus-Christ. Au fait, tous les grands philosophes allemands furent de forts théologiens. De ce côté-ci du Rhin, au contraire, nous sommes faibles, très faibles même en théologie, étrangers aux doctes et subtils arcanes de la dogmatique, de la canonique, de l'exégétique. Les méchantes langues prétendent qu'un simple *privat-docent* d'Allemagne ou le moindre professeur d'Angleterre en sait plus sur ce point que toutes nos facultés de théologie ; et cette critique qu'on nous fait, la plupart des Français l'accepteront comme un compliment. C'est que chez nous l'incrédulité théologique n'est point, comme les systèmes allemands, à double et à triple fond. Voltaire, comme Boileau et Molière, appelle un chat un chat et une fausseté une fausseté, sans détours, sans paraboles, sans hyperboles et sans symboles. Ce n'est pas toujours un bon moyen d'apprécier les choses au point de vue historique ; sous ce rapport, un Voltaire est loin d'être un Strauss. Mais, au point de vue purement philosophique, on peut voir là, en France une marque de liberté d'esprit et de logique tout à la fois : celui qui cherche des faux-fuyants et s'enveloppe de voiles ne semble pas absolument indépendant, même quand il dit faire acte d'indépendance ; il ne semble pas non plus assez logique, car il admet un principe en prétendant repousser la conséquence nécessaire. Aussi la France se considère-t-elle comme la

vraie patrie des « libres penseurs » ; ce mot, qui
exprime l'indépendance de la pensée, est français.
Et il ne s'agit pas seulement des penseurs de profes-
sion, des philosophes et savants ou des gens de haute
culture intellectuelle ; il s'agit de la foule, du peuple
proprement dit, des ouvriers et même des paysans. En
Prusse, en Angleterre, aux États-Unis, le peuple
n'éprouve pas le besoin de changer de religion ou de
rejeter toute religion ; il continue de lire sa Bible,
d'observer le dimanche, de chanter des cantiques, sans
toujours poser à sa conscience cette question franche
et directe comme un problème de droit : « Suis-je
chrétien, oui ou non ? ai-je le droit, oui ou non, d'aller
au temple comme un croyant ? » En France, on a
l'exemple presque unique d'un peuple qui en somme et
en masse est libre penseur. Unique aussi dans l'histoire
est ce grand mouvement politique et social accompli
par le gros d'un peuple, dans la Révolution française,
sous l'influence d'une idée purement morale et juridique, sans mélange d'idées religieuses et même contre
toute idée religieuse. Depuis ce temps, la morale est
restée *indépendante* aux yeux d'un grand nombre, le
droit indépendant, la politique indépendante. C'est
pourquoi la part des traditions religieuses dans la législa-
lation n'est en aucun pays plus restreinte ; notre code,
en sa généralité, n'est ni catholique ni protestant, le
droit de l'homme y est posé comme purement humain,
nullement divin et théocratique. — Cette absence de
vraie foi religieuse, a-t-on dit, est une force de moins
pour notre nation. — On oublie qu'elle est remplacée
par une autre foi, qui a aussi, il faut l'avouer, ses dogmes et peut-être ses illusions : la foi au droit et à la

fraternité, la foi au progrès; mais cette autre croyance, elle aussi, est une force. On serait donc mal fondé à refuser aux Français le ressort d'une foi. Seulement leur foi tend à se confondre de plus en plus avec la science, à devenir toute rationnelle et sociale, conséquemment toute républicaine.

A tant de traits qui manifestent, sous une forme souvent excessive, un caractère ennemi des obstacles et des bornes, conséquemment des entraves et des servitudes, la « psychologie des peuples » ne saurait manquer de reconnaître que notre essentiel penchant, c'est l'amour souvent immodéré de la liberté non seulement pour nous-mêmes, mais pour tous les hommes et tous les peuples. Aussi est-ce sur la liberté humaine, présentée comme une prérogative supérieure à tout, respectable pour tous, égale chez tous, que la France devait finir par fonder l'idée du droit : point d'intérêt, point de force matérielle qui dût surpasser à ses yeux cette puissance rationnelle et morale.

Ce n'est là pourtant que le premier fondement du droit, aux yeux des Français : ils ne comprennent point la liberté sans l'*égalité*, dont il nous reste à montrer chez eux l'instinct vivace.

Tous les observateurs sont d'accord pour attribuer aux Français l'amour de l'égalité ; quelques-uns vont même jusqu'à dire : La France n'a que l'amour de l'égalité, non celui de la liberté. C'est là une exagération qui, quand on y regarde de plus près, frise la contradiction; M. de Tocqueville n'y a pas tout à fait échappé lorsqu'il s'est plu à opposer systématiquement deux tendances en réalité inséparables. N'est-ce pas précisément parce que la France aime la liberté qu'elle aime l'égalité? Qu'est-ce, aux yeux des Français, qu'une inégalité, sinon un privilège chez l'un et une servitude chez l'autre, conséquemment un manque de liberté? L'inégalité leur semble une atteinte au droit commun, une distinction établie entre la personne humaine chez le noble ou le riche et la personne humaine chez le roturier ou le pauvre. Ne pas admettre au-dessus de soi des prérogatives, des passe-droits, des castes ou des dynasties privilégiées, c'est avoir, après tout, le sentiment de la dignité humaine comme respectable en soi au même titre que chez les autres ; tel a toujours été l'instinct français. Les Jacques ne chantaient-ils pas déjà :

> Nous sommes hommes comme ils sont,
> Des membres comme nous ils ont;
> Tout autant souffrir nous pouvons,
> Un aussi grand cœur nous avons.

Les législateurs de 89, en établissant l'égalité des droits pour tous, voulaient par cela même sauvegarder la liberté de tous [1].

L'inégalité, aux yeux des Français, ne choque pas moins la raison qu'elle ne choque la liberté; aussi

---

1. Sans doute il est des peuples, comme l'Angleterre, qui s'imaginent atteindre la liberté en dehors de l'égalité et par l'inégalité même : l'esprit français voit là une illusion d'optique. En Angleterre, d'ailleurs, sur tous les points où existe la liberté existe aussi la vraie égalité : par exemple, la liberté de la parole et de la presse étant reconnue, tous les citoyens peuvent également parler et écrire; il y a donc là liberté et égalité à la fois; au contraire, les privilèges relatifs à la propriété du sol, en même temps qu'ils sont une inégalité, sont aussi une atteinte à la liberté des uns pour le profit des autres.

ne saurait-elle satisfaire leur esprit logique plus que
leur instinct juridique. Les exceptions, les contradictions de la loi avec elle-même et les inégalités qui en
résultent entre les citoyens, blessent nécessairement
leur intelligence, éprise jusqu'à l'excès de ce qui est général et « conforme aux principes ». Les Anglais et les
Allemands n'éprouvent pas ce besoin. Ils s'arrangent
généralement de leurs lords et de leurs hobereaux. Ils
ont conservé l'esprit de hiérarchie féodale. La France
est le seul pays qui n'ait vraiment plus de noblesse.
Après tout, l'ouvrier anglais qui voit passer avec
admiration le gentilhomme dans son carrosse, ou
plutôt le carrosse renfermant le gentilhomme invisible, l'Allemand qui révère son seigneur et maître
l'empereur, ainsi que tous ses autres seigneurs et
maîtres, ont-ils le sentiment du droit commun au
même point que l'ouvrier français qui, à la vue d'un
plus riche que lui, se dit simplement : « Un homme
est l'égal d'un autre homme ? » Ont-ils le sentiment
de l'indépendance et de la dignité personnelles autant que ce paysan-soldat de la Révolution qui
répondit à un émigré vantant ses ancêtres : « Je
suis un ancêtre »? On a eu raison de le dire, la
Révolution, en proclamant l'égalité, ne voulait pas
détruire la vraie noblesse, mais la donner à trente-
deux millions d'hommes.

Par malheur, outre un certain esprit d'insubordina-
tion produit par l'instinct égalitaire, nous nous sommes
plus d'une fois consolés trop aisément, dans une fausse
égalité, des libertés absentes. C'est, il est vrai, que
l'égalité suppose encore à nos yeux une certaine justice dans l'injustice même, un certain droit commun

jusque dans la violation du droit. Bien plus, là où les libertés extérieures et politiques font défaut, l'égalité devant la loi nous semble du moins la reconnaissance de la liberté et de la dignité humaines « en principe », sinon en fait. Enfin les libertés extérieures sont des avantages plus individuels, des garanties plus personnelles, et l'on sait que le peuple français fait trop volontiers abstraction des personnes et des intérêts particuliers ; l'égalité satisfait ainsi son esprit d'impersonnalité et d'impartialité : s'il faut porter un joug, au moins qu'il soit porté en commun, afin qu'il soit senti par tous, détesté par tous et, le jour venu, brisé par tous à la fois. C'est toujours la même confiance excessive et imprévoyante dans la toute-puissance de la volonté humaine et du « libre arbitre ».

L'instinct de l'égalité, avant de renouveler l'ordre civil et politique, s'est exprimé matériellement en France, dans l'ordre économique, par la division progressive des propriétés entre tous les citoyens, et ce mouvement a précédé 1789. Nos historiens récents l'ont fait voir, la Révolution trouva ce mouvement très avancé et elle-même en sortit [1]. C'est que, dans l'économie politique d'une nation comme dans tout le reste, la psychologie du caractère national se fait

---

1. En 1785, Arthur Young s'étonne de voir chez nous « la terre tellement divisée » ; en 1738, l'abbé de Saint-Pierre, après avoir demandé des renseignements nombreux à plusieurs intendants, remarque qu'en France « les journaliers ont presque tous un jardin ou quelque morceau de vigne ou de terre » (*OEuvres*, édition de Rotterdam, t. X, p. 251). En 1697, Bois-Guillebert déplore la nécessité où les petits propriétaires se sont trouvés, sous Louis XIV, de vendre une grande partie des biens acquis au XVIᵉ et au XVIIᵉ siècle.

visible : l'instinct de liberté s'incarne dans celui de
propriété, l'instinct d'égalité dans la division de plus
en plus uniforme des propriétés. Si le paysan et même
l'ouvrier en France sont reconnus plus généralement
économes que dans les autres pays, plus attentifs à
épargner pour l'avenir, plus désireux de fixer leurs
épargnes dans quelque propriété mobilière ou immo-
bilière, si leur prévoyance contraste avec la prodiga-
lité souvent aveugle des travailleurs anglais ou allemands [1], c'est qu'ils sentent que dans la propriété la
liberté et le travail prennent corps, trouvent une garantie d'indépendance, se mettent à l'abri des coups
du sort ou des empiétements des hommes ; ils sentent
aussi que, la liberté devant être égale, la propriété,
qui en est la garantie extérieure, doit se faire elle-
même de plus en plus égale entre tous. En outre,
là où tous travaillent, tous doivent posséder, si le
vrai fondement du droit de propriété est le travail,
comme le peuple français a toujours été porté à le
croire et comme l'a affirmé la Révolution. Ici encore
les esprits des nations manifestent leur divergence :
on a remarqué avec raison que, dans les cas douteux
et les contestations de propriété, la France a généralement adjugé la terre à celui qui travaillait la
terre et mis le droit de son côté ; l'Angleterre, au
contraire, a prononcé pour le seigneur, chassé le
paysan, si bien qu'elle n'est plus cultivée que par
des ouvriers. Michelet voyait là, avec toute l'école
démocratique, un des caractères moraux et humains

---

[1] Voyez les rapports sur l'Exposition de Vienne et sur celle
de Philadelphie.

de notre Révolution : l'homme, la liberté de l'homme
et le travail de l'homme ont paru aux réformateurs
de 89 d'un prix qu'on ne pouvait mettre en balance
avec celui du fonds; en France, l'homme a donc
emporté la terre, et en Angleterre la terre a emporté
l'homme. « Grave différence morale. Que la propriété soit grande ou petite, elle relève le cœur;
tel ne se serait pas respecté pour lui-même qui se
respecte et s'estime pour sa propriété. » L'égalité
progressive des fortunes n'est elle-même que le partage du respect entre tous et l'expression matérielle
de l'égalité des droits. — En Allemagne comme en
Angleterre, la propriété et la terre ont encore conservé un caractère mystique et féodal, au lieu d'être
considérées comme faites par l'homme et créées par
le travail; aussi le droit divin et le droit de conquête
par les armes, deux formes du privilège aristocratique, subsistent encore là-bas au fond de la législation comme au fond de l'esprit populaire. Seule
notre économie sociale est vraiment démocratique
par essence.

Le caractère féodal et l'esprit d'inégalité ne sont
pas moins vivaces dans la famille anglaise ou même
allemande, où le mari est souvent un lord, un suzerain. En Angleterre, la personne de la femme dispa-
raît presque entièrement dans le mariage : elle ne
jouit d'aucune propriété personnelle, elle n'a aucun
pouvoir sur ses enfants, elle ne peut tester sans le
consentement de son mari; le mari, par son testament, peut enlever la tutelle des enfants à la mère,
qui n'a sur eux aucun droit personnel. Le chef de la
famille peut donc tenir la femme sous sa sujétion,

administrant et parfois ruinant la fortune sans rendre compte de ce qu'il fait. Entre les enfants et le père, en général, même rapport de seigneurie, sans cette intimité familière, sans cette volontaire égalité dans l'affection qui, bien entendue, n'exclut pas le respect. Enfin l'inégalité subsiste dans les rapports des frères entre eux, des aînés et des plus jeunes : c'est une hiérarchie de commandement et d'obéissance. En Allemagne aussi, le père est suzerain : femmes et enfants sont souvent de véritables vassaux. — Dans la famille française comme dans l'État français, l'égalité tend à s'accroître avec la liberté même, entraînant à sa suite ses inconvénients et aussi ses habituels avantages, diminuant à l'excès l'autorité du père, mais élevant de bonne heure les intelligences de la mère et des enfants, unissant les cœurs de tous par un lien plus tendre et librement accepté. De là en France, au sein de la famille, une idée plus développée des « droits de la femme », des droits des enfants, en même temps qu'un sentiment de fraternité et d'amitié envahissante qui tend à faire du père pour les enfants comme un frère plus respecté et de la mère comme une sœur plus aimée. En un mot, tandis que la famille chez les autres peuples conserve le type aristocratique, la famille française tend à devenir républicaine [1].

Ainsi, dans la famille comme dans l'État, dans le domaine économique comme dans l'ordre civil et

---

1. Voir sur ce point, pour plus de détails, notre réponse à une lettre de M. Spencer, dans notre *Science sociale contemporaine*, p. 468.

politique, la liberté et l'égalité ont toujours paru
inséparables à l'esprit français. Mais, si la France a
maintenu ces deux termes en une indissoluble union,
elle a considéré comme non moins important de
n'en point intervertir l'ordre rationnel. Les Américains, dans leur énumération des droits, avaient mis
en premier lieu l'égalité ; Robespierre fit inscrire
aussi l'égalité au premier rang : on sait quel est
l'ordre qui finit par prévaloir. Le droit ne consiste
pas à vouloir niveler toutes choses, mais à égaliser
les libertés. Deux hommes qui traînent un boulet
d'égale pesanteur ne sont pas pour cela deux hommes
libres. L'égalité sous un maître, telle que voudrait
la réaliser le césarisme, n'est qu'une trompeuse apparence ; rien de plus capricieux et de plus inégal
que la volonté d'un despote : il accorde une faveur à
l'un et la refuse à l'autre, il punit celui-ci et laisse
l'impunité à celui-là. Il n'y a pas d'égalité possible
dans l'arbitraire de la servitude ; c'est donc l'égalité
dans la liberté et non dans l'esclavage, qui constitue le droit.

Il est vrai que, dans la pratique, nous ne raisonnons pas toujours aussi juste que dans la théorie. De
la vraie égalité nous passons très aisément à la fausse,
à celle qui se fait niveleuse et qui non seulement repousse les inégalités factices ou artificielles, mais
méconnaît même les inégalités naturelles. Certains
égalitaires n'ont-ils pas proposé de *décréter* l'égalité
des cerveaux et même celle des « estomacs » ? Il y a
en outre, dans l'ordre politique, un danger évident
à ne pas savoir obéir, à ne pas savoir respecter l'autorité issue de la liberté même et de l'égalité.

En somme, nos défauts tiennent à ce que nous manquons trop de ce que les autres nations ont en excès; nous sommes trop rationalistes et logiciens, pas assez naturalistes ni même assez métaphysiciens, au bon sens du mot. Nous considérons trop la société comme un ensemble d'individus indépendants, d'unités mathématiques égales entre elles, qui se combinent par un acte de libre arbitre selon des règles de logique et de géométrie. Il nous manque encore, malgré les travaux de l'école positiviste et de l'école historique, le sens de la *vie* et celui de l'*histoire;* nous ne sommes pas encore assez familiarisés avec cette idée, que la société humaine n'est pas seulement un agrégat de *volontés raisonnables*, mais encore un organisme vivant, soumis aux lois de la physiologie et de la biologie. Nous oublions qu'un corps vivant ne se change pas du jour au lendemain; que, si la chirurgie qui coupe et retranche est parfois nécessaire, l'hygiène et la médecine, qui agissent par le dedans, le sont encore davantage. Comme nous concevons trop aisément la liberté sous la forme du libre arbitre, nous croyons qu'on peut renouveler une société à coups de libre arbitre, à coups de décrets, de lois et de constitutions improvisées. Nous oublions le grand *facteur* de la biologie et de l'histoire : le *temps*. Par cela même, nous établissons des solutions de continuité artificielles entre le présent et le passé : nous voulons faire table rase, nous voulons recommencer le livre depuis la première ligne jusqu'à la dernière. Il est des Français pour qui la France commence à 1789. Le sens de la tradition et de la solidarité historique nous fait défaut. Nous sommes trop pour les révolutions, pas assez pour l'évolution. Le déterminisme profond et compliqué de la nature vivante échappe à notre esprit trop géométrique, qui réduit tout à des théories abstraites. D'autre part, il y a aussi un sens métaphysique qui n'est pas encore assez développé chez nous : nous comprenons bien que l'individu a en lui quelque chose de sacré, mais nous ne comprenons pas assez qu'une nation est elle-même, en un certain sens, une individualité vivante, non pas seulement une collection accidentelle et artificielle. Notre peur légitime des entités métaphysiques nous fait méconnaître les réalités mêmes. Le résultat, c'est que toute question de droit se ramène trop exclusivement pour nous à un rapport entre deux individus, et nous sommes tentés de négliger le rapport des individus au tout, à l'organisme social, rapport qui est aussi, ce semble, un élément essentiel du problème.

Il est donc désirable que notre esprit national, dont le caractère principal est la facilité à s'ouvrir, à s'élargir, à s'assimiler les idées d'autrui, finisse par emprunter quelque chose au génie tantôt plus métaphysique, tantôt plus pratique et plus historique des autres nations. Nous ne risquons pas, semble-t-il, avec notre esprit démocratique et égalitaire, de tomber dans les excès auxquels les autres nations sont entraînées, soit qu'elles finissent par absorber l'individu dans la nation ou dans l'*esprit universel*, soit qu'elles ramènent trop les sociétés à un jeu d'intérêts ou à un développement tout biologique de fonctions nécessaires. C'est l'excès opposé qui pour nous est plutôt à craindre. Si nous nous renfermions trop dans

8

nos conceptions atomistiques de l'ordre social, nous risquerions de dissoudre notre société ; précisément parce que nous faisons aujourd'hui « pour le monde » l'expérience de la société républicaine, qui est évidemment l'avenir du monde, nous devrions prendre à tâche de resserrer les liens qui restent encore dans notre organisme national ; au lieu de vouloir tout délier à la fois, nous devrions nous efforcer de concilier la continuité de la vie sociale avec le progrès de la « raison » toujours en quête du mieux. Il y a deux devises : l'une est *changer*, l'autre est *durer ;* loin d'être incompatibles, elles se supposent ; n'oublions pas la seconde pour la première [1].

1. Si nous ne nous trompons, ces idées devraient dominer l'éducation qui est aujourd'hui donnée au peuple en vertu de la loi sur l'obligation et la gratuité de l'enseignement. Notre avenir politique et social dépend en grande partie de l'instruction du suffrage universel. Cette instruction n'a pas besoin d'être très *étendue ;* mais elle ne saurait être trop *élevée* et trop *solide* tout ensemble. Il faut, par l'enseignement public, maintenir les qualités de notre esprit national et corriger ses défauts.

VI

ANTÉCÉDENTS DE LA PHILOSOPHIE DU DROIT EN FRANCE.
L'IDÉE CHRÉTIENNE DU DROIT. LA PHILOSOPHIE DU
XVIIIᵉ SIÈCLE.

La philosophie du droit dont la Révolution française fut l'application subit trois influences diverses :
celles du stoïcisme, du christianisme et du sensua-
lisme anglais. Ces influences n'ont cependant pas
empêché son originalité.

L'influence stoïcienne et platonicienne est visible
dans les pages dont Montesquieu fit précéder son
premier livre de l'*Esprit des lois*, sauf à ne plus en
faire aucun usage dans les livres suivants. Rousseau
montra l'insuffisance de cette métaphysique : définir
les lois des rapports nécessaires qui dérivent de la
nature des choses, c'était ne définir encore que les lois
naturelles et négliger les lois sociales, qui, en leur
idéal, sont les rapports libres des volontés; appeler
droit « la raison gouvernant tous les peuples de la
terre », c'était s'en tenir à une formule abstraite qui ne
peut fonder le droit réel, qui peut même devenir une

justification du despotisme chez ceux qui ont la prétention de représenter la raison et la vérité. Aussi,
tout en admettant ces définitions générales et ces
sortes de lieux communs antiques, l'école française
démocratique chercha, dans sa philosophie du droit,
à faire sortir la raison de la liberté même, et la loi
universelle d'une convention positive entre les volontés particulières. Si l'esprit stoïcien et romain subsiste
dans l'esprit de la révolution, dont il altère même
parfois la vraie nature, du moins y est-il dépassé et
uni à de tout autres inspirations.

Autant on en peut dire du christianisme, auquel
on a voulu ramener le plus pur de la révolution
française. A coup sûr, le christianisme, en élargissant
l'idée de fraternité universelle (déjà familière aux
stoïciens) et en montrant mieux la grandeur morale
de l'humanité, conférait par cela même à l'homme un
prix inestimable. Pourtant cette valeur accordée à
l'homme n'était encore, après tout, qu'une valeur em-
pruntée qui lui vient d'en haut. Le même principe qui
nous la concède nous la retire donc, car, si l'homme
ne vaut que par Dieu, il ne vaut plus par lui seul,
et le prix qu'il semble acquérir est déjà un don gra-
tuit dont il n'a point l'honneur. La philosophie du
XVIIIᵉ siècle rejeta cette idée de valeur octroyée, cette
origine surnaturelle des titres de l'homme, et voulut
que l'homme fût respecté pour son humanité, non
pour la grâce divine dont il est l'objet; bien plus,
elle tendit à faire descendre le principe divin dans
l'homme, à considérer l'homme comme divin en lui-
même et par lui-même : c'est ce qu'on appela plus
tard « la divinité immanente à l'homme » se substi-

tuant au dogme de la divinité transcendante. Dans le christianisme, la liberté humaine est limitée par la grâce, elle est elle-même au fond œuvre de la grâce ; de plus, cause de mal comme de bien, elle ne vaut que par ses actes et non par elle-même, elle est un moyen, non une fin : l'idée de l'éternel salut ou de l'éternelle damnation entraîne nécessairement la subordination de la liberté à l'intérêt éternel. Quant à l'égalité, elle est purement religieuse ; encore ne peut-on pas dire que les hommes soient vraiment égaux même devant Dieu, car la grâce est inégalement répartie ; les ouvriers de la dernière heure sont traités mieux que ceux de la première ; l'égalité des œuvres, des mérites même, ne fonde pas une réelle égalité devant le souverain juge. A plus forte raison n'y a-t-il point égalité de droits à ses yeux : rien n'est dû à l'homme par Dieu, l'homme n'a pas de droits proprement dits devant lui. Relativement aux autres hommes, droit implique revendication, et le christianisme, ici encore, n'admet guère que des devoirs : il parle surtout de patience, de résignation, de martyre, il tend la joue aux oppresseurs. Ajoutons que l'idée même de la grâce entraîne celle de l'inégalité, parce qu'elle se confond pour nous avec l'arbitraire : égalité et faveur s'excluent ; si beaucoup sont appelés, peu sont élus ; élection dit don accordé aux uns et refusé aux autres. Comment cette inégalité qui était érigée en dogme n'aurait-elle pas subsisté dans l'ordre social, où tout était hiérarchie ? Il y a des nobles et des vilains dans le royaume de la grâce, à plus forte raison devait-il y en avoir dans les royaumes de la terre. La fraternité même, dont la

haute notion est prédominante dans le christianisme,
s'y appuie sur deux principes étrangers à l'esprit
moderne : en premier lieu, un principe mystique et
théologique, la paternité de Dieu ; en second lieu, un
principe purement matériel et historique, la paternité d'Adam. Les théologiens n'insistent pas sur la
raison naturelle et morale, tirée de ce qu'un être sup-
posé raisonnable et pratiquement libre, quelle que soit
son origine céleste ou terrestre, est par cela même frère
de tous les êtres raisonnables et libres. Aussi la fraternité chrétienne ne s'étend à la fin qu'aux élus et se
ferme, comme le ciel, aux réprouvés, renonçant à les
guérir, renonçant même à les aimer. Comme la fraternité, la justice, dans le christianisme, repose en partie
sur un principe charnel et matériel : par le péché originel, la justice et l'injustice sont dans le sang, et la
responsabilité individuelle s'absorbe dans une sorte
de responsabilité collective, dans une sorte de con-
sanguinité. — Enfin l'idée du progrès et de la perfectibilité n'existait pas encore dans le pur christianisme, pour qui la terre n'était qu'un séjour passager
d'épreuves, un lieu d'exil. Le moyen âge, les yeux
tournés vers la vie à venir, professant une sorte de
dédain pour l'existence présente, s'efforce d'être indifférent au bonheur dont on y peut jouir et aux progrès qu'on y peut faire : en toute condition sociale,
ne peut-on pas se sanctifier? Cela suffit ; pour le reste,
attendons la mort. Les spéculations philosophiques
elles-mêmes sont toutes dirigées vers cette patrie
mystique qui est au-dessus et au delà du monde ou
de l'humanité. Pour toutes ces raisons, la valeur de
l'individu reste plutôt religieuse que civile et poli-

tique. Quoique devenant un centre et un objet
d'amour dans la cité spirituelle et céleste, l'individu
demeure civilement absorbé dans l'État, selon la conception antique ; il n'est en dehors de l'autorité civile que par sa conscience religieuse, qui est elle-
même soumise à l'autorité religieuse.

On sait comment, au xvie siècle, les abus de cette
autorité amenèrent avec la Réforme une réaction en
faveur de la conscience individuelle. Puis la philosophie, distinguant peu à peu le domaine de la science
et de la foi, arriva à proclamer avec Descartes l'évi-
dence de la raison individuelle comme seule règle
des recherches philosophiques et scientifiques. C'était
admettre (principe capital) que, dans l'ordre intellectuel, la liberté de l'être raisonnable porte en elle-
même sa règle et sa loi, que l'union même et l'égalité
des libertés peuvent produire une véritable autorité,
en d'autres termes que l'indépendance de la spéculation, loin d'aboutir à l'anarchie des intelligences, doit
engendrer l'ordre et l'union finale des esprits dans la
république des savants. En même temps Descartes,
à tort ou à raison, représentait l'affirmation intellectuelle comme un acte de volonté, ce qui supposait
que la volonté n'est pas de son essence indifférente
et arbitraire, mais plutôt en harmonie naturelle avec
le vrai, pourvu qu'elle s'exerce sans obstacles. Descartes subordonnait partout l'intelligence à la volonté, jusque dans la cause première du monde,
parce que la volonté était à ses yeux l'essence de
l'être, de la perfection, du bien.

La philosophie du xviiie siècle, fidèle à la véritable
méthode de Descartes en même temps qu'elle s'inspi-

rait de Locke, appliqua aux questions civiles et politiques le principe moderne qui cherche à fonder l'autorité sur la liberté même. On avait vu la science,
soumise à une sorte de régime démocratique, s'organiser, s'ordonner, se régler d'autant mieux qu'elle
était plus libre, devenir d'autant plus universelle à
la fin qu'elle avait été plus individuelle en son origine; on se demanda si, dans l'ordre social comme
dans l'ordre scientifique, la liberté ne pourrait pas
produire elle-même l'autorité, se faire à elle-même
une loi; enfin si la complète union entre tous ne
pourrait pas sortir peu à peu de la complète liberté
pour chacun. Rousseau formula le premier, en termes
admirables, le problème du droit civil et politique,
qui est en même temps celui du droit naturel : « Trouver une forme d'association qui défende et protège
de toute la force commune la personne et les biens de
chaque associé, et par laquelle chacun, s'unissant à
tous, n'obéisse pourtant qu'à lui-même et reste aussi
libre qu'auparavant. » La volonté humaine tend
ainsi à devenir le principe premier de tout l'ordre
social. Descartes avait prétendu qu'en Dieu l'ensemble des vérités nécessaires procède d'une volonté
libre, que la nécessité en conséquence est une expression détournée de la liberté; de même et avec plus
de vraisemblance, dans l'ordre social, cette nécessité
sacrée qu'on appelle la loi, au lieu d'avoir une origine mystique et métaphysique, ne serait-elle point
simplement l'expression abstraite de la volonté générale? Ne serait-elle point seulement l'accord idéal,
la commune direction, la mutuelle garantie de toutes
les volontés particulières? Voilà la conception pro-

fonde par laquelle l'école de Rousseau ramenait le droit
à la volonté se respectant et s'affirmant elle-même.
Un disciple de Jean-Jacques, Mirabeau, resta fidèle
à son maître en définissant le droit « l'inviolabilité de
la liberté », et en ajoutant que « le droit est le souverain du monde ». Quant aux conséquences morales et
métaphysiques de cette doctrine, Hegel les a résu-
mées en disant : « Rousseau proclama la volonté l'essence de l'homme; ce principe est la transition à la
philosophie de Kant, dont il est le fondement. » En
même temps Rousseau entrevoyait la théorie de l'*organisme* social, dont il ne sut pas montrer la conciliation avec celle du contrat social [1].

En faisant reposer désormais l'avenir du monde
sur la liberté humaine, les philosophes français se
trouvèrent logiquement amenés à considérer celle-ci
comme un principe de *perfectibilité* sans limites. Ce
caractère d'infinité que Descartes plaçait dans la
volonté de l'homme et qu'il se représentait surtout
comme un attribut métaphysique, le XVIIIᵉ siècle en
fit pour ainsi dire un attribut historique, en le concevant comme une infinité de développement et de
progrès, comme une infinité répandue à travers l'espace et le temps. Le principe de la « perfectibilité
indéfinie », déjà en germe dans Descartes et Pascal,
nettement formulé par Turgot et Condorcet, devait
renouveler non pas seulement la philosophie de l'histoire, mais encore celle du droit. Le règne de la
liberté, de l'égalité et de la fraternité, renvoyé par
le christianisme à un autre monde et attendu de Dieu

1. Sur ce point, voir notre *Science sociale contemporaine*.

seul, le xviiiᵉ siècle l'espéra pour ce monde même et
le demanda à l'homme ; le ciel descendait sur la terre
comme un idéal qu'on ne peut sans doute atteindre,
mais dont on doit toujours se rapprocher.

Enfin la théorie du progrès moral et scientifique
ne pouvait manquer d'entraîner à sa suite, comme
conséquence sociale, la conception du progrès économique et politique. Ramenez l'idée de liberté des
hauteurs de la métaphysique abstraite sur le domaine
de la réalité positive, elle y prendra une forme nouvelle et un nom nouveau : elle s'appellera la propriété. Toute question de droit pur finit par devenir
une question de propriété. Or c'est encore en France
que se développa l'économie politique : la meilleure
répartition des droits entre tous appelait la meilleure
répartition des richesses ; c'était le même problème
traduit de l'ordre moral dans l'ordre matériel. Il
importe ici de remarquer un fait souvent oublié ou
méconnu : c'est que l'idée de la propriété et celle du
droit marchèrent toujours ensemble, aussi vagues
l'une que l'autre dans le christianisme, toutes deux
précises dans la philosophie du xviiiᵉ siècle, comme
si elles étaient seulement deux aspects d'une même
idée. Ce que nous appelons aujourd'hui le droit de
propriété, droit naturel et indépendant de l'autorité
civile ou religieuse, est une conception toute moderne
opposée par les philosophes à la vieille tradition des
jurisconsultes et des théologiens [1].

1. Qu'on lise sur ce point, dans l'*Histoire de la science politique* de M. Janet, les doctrines des Pères et docteurs de
l'Église ; on ne pourra manquer de conclure avec lui que « la
doctrine d'un droit de propriété antérieur et supérieur à la

C'est Locke, et à sa suite Quesnay, Mercier de La
Rivière, la plupart de nos économistes, qui introdui-
sirent entre la liberté, cette propriété invisible, et la
propriété, cette liberté faite visible, le moyen terme
du travail. Là surtout se fit sentir sur la philosophie
française l'influence de Locke, qui se combina avec
l'influence du stoïcisme et du christianisme. La philosophie française n'en conserva pas moins son caractère propre et original. Locke, comme tous les
Anglais, s'était préoccupé surtout de l'intérêt ; à ses
yeux, la liberté était surtout un moyen, pour l'individu ou pour l'État, d'atteindre la plus grande somme
possible d'utilité ; les Français, en s'emparant des
idées anglaises, les généralisent, les étendent à l'humanité entière, et de plus substituent un sens moral

volonté souveraine de l'État est une doctrine révolutionnaire
toute moderne, qui date historiquement des trois révolutions
anglaise, américaine et française, et qui théoriquement se
rencontra pour la première fois dans Locke et les économistes
français. « La terre, dit saint Ambroise, a été donnée en
commun aux riches et aux pauvres ; pourquoi, riches, vous
en arrogez-vous à vous seuls la propriété ? La nature a mis
en commun toutes choses pour l'usage de tous, la nature a
créé le droit commun, *l'usurpation a fait le droit privé.* » La
distinction des riches et des pauvres ne paraît aux premiers
docteurs ni plus ni moins injuste que celle des maîtres et
des esclaves. « Devant Dieu, dit Lactance, il n'y a ni esclave
ni maître... ; devant Dieu, il n'y a de pauvre que celui qui
manque de justice, de riche que celui qui abonde en vertu. »
« De quel droit, dit saint Augustin, chacun possède-t-il ce
qu'il possède ? N'est-ce pas du droit humain ? car, d'après le
droit divin, Dieu a fait les riches et les pauvres du même
limon, et c'est une même terre qui les porte ; c'est donc par
le droit humain que l'on peut dire : Cette ville est à moi,
cette maison est à moi, cet esclave est à moi ; mais le droit
humain n'est pas autre chose que le droit impérial ; pourquoi ?

au sens purement utilitaire ; ils demandent la liberté et l'égalité pour elles-mêmes et non pour quelque intérêt matériel qui leur serait supérieur. L'école française révolutionnaire eut d'ailleurs conscience, dès l'origine, de cette différence qui subsistait entre les prémisses, malgré la ressemblance des conclusions. Condorcet, par exemple, reprochait à la constitution américaine « d'avoir eu pour principe l'iden tité des intérêts plus encore que l'égalité des droits ». — « Les principes sur lesquels la constitution et les lois de la France ont été combinées, dit-il encore, sont plus purs, plus profonds, plus précis que ceux qui ont dirigé les Américains ; les Français ont échappé bien plus complètement à l'influence de toutes les espèces de préjugés ; l'égalité des droits n'y a nulle part été remplacée par cette identité d'intérêt

parce que c'est par les empereurs et les rois du siècle que Dieu distribue le droit humain au genre humain ; ôtez le droit des empereurs, qui osera dire : Cette ville est à moi, cet esclave est à moi, cette maison est à moi? » (Voir Ambros., *De offic.*, I, xxviii; Lactance, *Institutions chrét.*, V, xiv; saint Augustin, *in Evangel. Johannis tractatus*, VI, 25, 26.) Le décret de Gratien déclare que, « selon le droit naturel, tout est commun entre les hommes ». (pars i, dist. VII.) Saint Thomas adopte ce principe orthodoxe et est obligé d'attribuer la propriété à une invention de la raison humaine, *ad inventionem rationis humanæ*, qui ajoute au droit naturel la *possession* particulière sous la condition que l'*usage* soit commun. (*Summa theol.*, 2. 2. q. LXVI, a. 1.) Enfin on connaît la doctrine de Bossuet : « Otez le gouvernement, la terre et tous ses biens sont aussi communs entre les hommes que l'air et la lumière... Selon ce droit primitif de la nature, nul n'a de droit particulier sur quoi que ce soit, et tout est en proie à tous... Du gouvernement est né le droit de propriété, et en général tout droit doit venir de l'autorité publique. » (*Politique tirée de l'Écriture sainte*, livre, I, art. iii, prop. 4.)

qui n'en est que le faible et hypocrite supplément [1]. »

En définitive, dans les trois doctrines qui ont servi
d'antécédent à notre philosophie du droit, doctrines
stoïque, chrétienne et anglaise, la liberté humaine
était toujours considérée comme un moyen plutôt
que comme un but : les stoïciens finissaient par l'absorber dans la raison universelle, les chrétiens dans
la grâce divine et le salut de l'autre vie, l'école anglaise dans l'intérêt particulier ou général. Dans la
philosophie française, au contraire, une tendance
nouvelle se montre depuis Descartes jusqu'à Turgot,
Condorcet et Rousseau : attribuer à la liberté humaine la valeur d'une fin qui doit être aimée pour
sa beauté propre, pour sa fécondité sans bornes et
en quelque sorte pour l'infinité de progrès qu'elle
enveloppe.

1. *Tableau historique des progrès de l'esprit humain*, neu-
vième époque

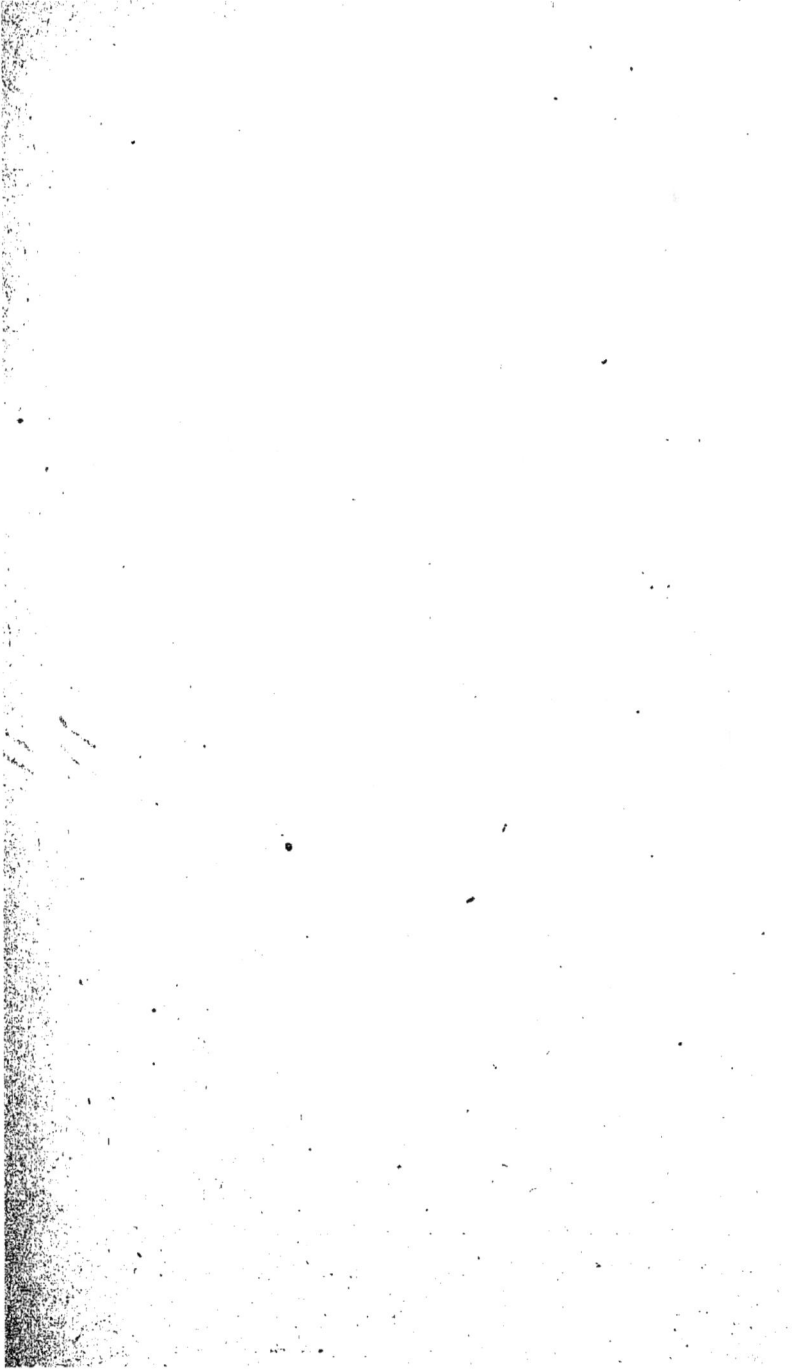

VII

L'IDÉE DU DROIT DANS LA PHILOSOPHIE FRANÇAISE
AU XIXᵉ SIÈCLE

Passons maintenant du xviiiᵉ siècle au xixᵉ, et suivons rapidement la philosophie française du droit dans ses dernières transformations à travers les écoles de philosophie contemporaines. Nous verrons les questions devenir de plus en plus précises et aussi de plus en plus difficiles, si bien qu'aujourd'hui elles réclament un nouvel examen et, s'il était possible, une nouvelle solution.

Les philosophes de notre siècle qui ont critiqué ou défendu l'idée du droit léguée par la révolution peuvent se diviser en deux groupes : ici les partisans du fatalisme moral et historique, là les partisans de la liberté dans la conscience et dans l'histoire. Les premiers ont joué le rôle de dissidents par rapport à l'école philosophique de Rousseau et de la Révolution. Parmi eux se présente d'abord Saint-Simon, dont l'influence subsiste encore de nos jours un peu partout, sans être avouée nulle part. A la notion de liberté individuelle Saint-Simon opposa de nouveau

l'antique notion de l'autorité sociale, et cette autorité il la plaça successivement dans la science (prétention d'où devait sortir le positivisme), puis dans
l'industrie, enfin dans une religion nouvelle, « capable
de forcer chacun de ses membres à suivre le précepte
de l'amour du prochain. » L'école saint-simonienne
se rapprochait ainsi de l'école théocratique, hostile
aux idées de liberté ou d'égalité.

Issu du saint-simonisme, le positivisme rejeta à son
tour même l'idée de liberté morale ; comme le devoir
absolu, le droit proprement dit est, aux yeux d'Auguste Comte et de ses successeurs, une entité métaphysique, parce qu'il renferme encore une notion
d'absolu, une notion de « cause » agissant par elle-
même et respectable pour elle-même. Abandonnant
donc la tradition du xviiie siècle, Auguste Comte
repousse toute considération des droits de l'homme.
« Le positivisme ne reconnaît à personne d'autre
droit que de faire toujours son devoir... La notion
du droit doit disparaître du domaine politique,
comme la notion de cause du domaine philosophique... Le positivisme n'admet jamais que des devoirs,
chez tous, envers tous, car son point de vue, toujours
social, ne peut comporter aucune notion de *droit*,
constamment fondée sur l'*individualité*... Tout droit
humain est absurde autant qu'immoral. Et, puisqu'il
n'existe point de droits divins, cette notion doit s'effacer complètement, comme purement relative au régime préliminaire et directement incompatible avec
l'état final (de l'humanité), qui n'admet que des *devoirs* d'après des *fonctions* [1]. » On le voit, c'est

---

1. *Cours de philosophie positive*, t. VI, p. 454, 2ᵉ édition.

Auguste Comte, c'est le fondateur de la « sociologie »,
qui a su formuler avec la plus parfaite logique la
négation du droit de l'individu au profit du pouvoir
social, négation qui se dissimule sous l'idéalisme de
beaucoup de philosophes allemands, et que l'école anglaise a reproduite sans en déduire les mêmes conséquences autoritaires. Auguste Comte avait une sorte
de flair infaillible à l'égard de toute idée métaphysique cachée sous le langage moral ou social comme
sous un abri capable de la dérober ; il a montré une
rare pénétration en reconnaissant dans l'idée du
droit un déguisement de l'idée de cause et, qui plus
est, de cause libre.

En face des écoles autoritaires de Saint-Simon et
de Comte s'élevait, au sein même du socialisme,
l'école plus libérale et plus individualiste de Fourier.
Fourier fonde tout droit comme toute économie politique sur la libre association. Par là il se rapproche
de Rousseau, car « l'attraction » des hommes entre
eux qui les pousse à s'associer, et à s'associer suivant
leurs goûts avec une liberté absolue, n'est pas sans
analogie avec la volonté qui, selon Rousseau, unit
les individus par un contrat librement accepté. Mais
la vraie association est-elle, comme le croit Fourier,
celle des passions qui se rapprochent pour chercher
en commun le bonheur ? Ou est-elle, comme l'avait dit
Rousseau, celle des libertés qui s'unissent pour protéger leurs droits ? Si, contrairement à l'espérance de
Fourier, les passions abandonnées à elles-mêmes ne
manifestent point cette règle intérieure d'harmonie sur
laquelle il comptait, ne faudra-t-il pas revenir, pour
fonder le droit, à quelque autre règle volontairement

acceptée et mutuellement garantie ? — Aussi vit-on
en France les écoles fatalistes elles-mêmes passer peu
à peu du culte de l'autorité à celui de la liberté, tout
en conservant leurs doutes sur l'existence d'une liberté métaphysique et morale.

En face de ces écoles, d'autres s'élevèrent qui, plus
ou moins fidèlement, développaient la pensée de la
révolution française. Un des principaux continuateurs
de Rousseau fut Proudhon, dont on n'a pas toujours
apprécié à leur véritable valeur les idées philosophiques. L'auteur de *la Justice dans la Révolution et dans
l'Église,* auquel on peut rattacher l'école de la « morale indépendante », s'est efforcé de remettre en lumière
le principe fondamental de la révolution, la *dignité*
humaine, la dignité de l'être raisonnable et libre se
suffisant à lui-même pour établir tout ensemble son
devoir et son droit, indépendamment des dogmes métaphysiques ou religieux. Par là aussi, Proudhon et les
partisans de la morale indépendante ont continué
l'œuvre de Kant [1]. « Disciple de Comte en même temps

---

1. Proudhon soutient le caractère humain et *immanent* du
droit et de la justice. « J'écarte tout théologisme, toute théorie
de l'absolu... La justice est humaine, tout humaine, rien qu'humaine ; c'est lui faire tort que de la rapporter de près ou de
loin, directement ou indirectement, à un principe supérieur
ou antérieur à l'humanité. Que la philosophie s'occupe tant
qu'elle voudra de la nature de Dieu et de ses attributs, ce
peut être son droit et son devoir. Je prétends que cette notion de Dieu n'a rien à faire dans nos constitutions juridiques, pas plus que dans nos traités d'économie politique et
d'algèbre. La théorie de la raison pratique subsiste par elle-
même; elle ne suppose ni ne requiert l'existence de Dieu et
l'immortalité de l'âme; elle serait un mensonge si elle avait
besoin de pareils étais. » On connaît la thèse qui fut plus tard
soutenue par les partisans de la morale indépendante dans

que de Kant, » comme il le dit lui-même, Proudhon
chercha à fonder le droit de l'homme au respect sur un
fait. « L'homme, dit-il, en vertu de la raison, a la faculté de sentir sa *dignité* dans la personne de son semblable comme dans sa propre personne, et d'affirmer,
sous ce rapport, son identité avec lui... Le droit est
pour chacun la faculté d'exiger des autres le respect
de la dignité humaine dans sa personne. » Mais cette
faculté dont Proudhon admettait l'existence, il n'en
proposa point une suffisante explication tant qu'il
s'en tint au terme vague de *sentir sa dignité*. Quand
il voulut donner à la dignité même une signification
plus précise, tantôt il se contenta de la ramener à la
liberté sans que sa doctrine se distinguât sur ce point
des théories courantes, tantôt il sembla la réduire à
la conscience de la force : on sait quelles dangereuses
concessions il fit lui-même à la force dans sa théorie
de la guerre et de la paix. En somme, Proudhon
voulait fonder le droit sur un fait, et sur un fait de
conscience, le « sentiment de la dignité » ; mais un
sentiment ne pouvait suffire à expliquer le caractère
d'obligation et de nécessité dont il revêtait l'idée du

un journal consacré tout entier à ce problème. « Le droit
de l'homme vis-à-vis de l'homme, continue Proudhon, ne
peut être que le droit au respect ; mais qui déterminera
dans le cœur ce respect? La crainte de Dieu, répond le législateur antique. L'intérêt de la société, répondent les novateurs modernes, athées ou non athées. C'est toujours placer
la cause du respect, partant le principe du droit et de la justice, hors de l'homme, et par conséquent nier ce principe
même, en détruire la condition *sine qua non*, l'innéité, l'im-
manence. » (*La Justice dans la Révolution et dans l'Église*,
t. Ier, p. 84.) Resterait à expliquer le vrai fondement de ce
respect auquel l'homme a droit de la part de l'homme.

droit; ne semble-t-il pas que le droit, au lieu d'être simplement un fait, est au contraire une idée dépassant et débordant le fait, qu'elle domine et qu'elle juge?

De son côté, l'école spiritualiste, avec Maine de Biran, Royer-Collard, Victor Cousin, Jouffroy, avait développé sous diverses formes, trop souvent superficielles, la doctrine traditionnelle en France qui place le fondement du droit et de la dignité dans la volonté libre. Cette volonté, pour Maine de Biran, éclate dans l'effort par lequel nous imprimons le mouvement à nos organes dans le travail : d'où Biran, s'il s'était occupé des questions sociales, aurait pu déduire que le travail, qui est la force personnelle en action, doit être le principe de la propriété personnelle ou plus généralement de tous les droits. Pour Royer-Collard et Victor Cousin, la volonté réside dans le pouvoir de choisir entre le bien et le mal, dans le libre arbitre ; du libre arbitre procèdent à la fois le devoir et le droit, avec la responsabilité de chacun dans l'accomplissement de sa propre destinée. « Qu'est-ce que mon droit à votre respect, sinon le devoir que vous avez de me respecter parce que je suis un être libre? Mais vous-même vous êtes un être libre, et le fondement de mon droit et de votre devoir devient pour vous le fondement d'un droit égal et en moi d'un égal devoir. Je dis égal de l'égalité la plus rigoureuse, car la liberté, et la liberté seule, est égale à elle-même... Il n'est pas possible de concevoir de différence entre le libre arbitre d'un homme et le libre arbitre d'un autre [1]. » Telle est la

---

1. *Justice et charité.*

théorie qu'on retrouve avec des nuances multiples et chez les successeurs immédiats de Victor Cousin et chez la plupart des spiritualistes contemporains. La doctrine plus récente des nouveaux kantiens n'en diffère pas au fond notablement. Le *criticisme phénoméniste* fonde également le droit sur la liberté, qui, à ses yeux, consiste essentiellement dans le libre arbitre, pouvoir ambigu des contraires. « Les relations de *débit* et de *crédit* des agents réciproques, c'est-à-dire le droit et le devoir comme termes corrélatifs..., se résument théoriquement de chaque côté par la dignité, c'est-à-dire la liberté, la personnalité même, et par le respect de cette dignité [1]. »

On le voit par cette simple esquisse des principales théories de notre siècle, c'est une doctrine devenue presque classique en France que de faire reposer le droit sur la liberté morale et sur l'égalité : les diverses écoles de notre pays, sauf les positivistes, reviennent après plus ou moins de détours à cette théorie traditionnelle. Il faut croire pourtant que cette conception du droit renferme en elle-même quelque chose d'incomplet et d'obscur, puisqu'elle est si loin encore d'avoir rallié les esprits non seulement dans l'Allemagne et l'Angleterre, mais dans la France même, où elle fait pourtant le fond de la philosophie populaire et de la philosophie universitaire. Il est certain qu'un grand nombre de difficultés restent sans solution dans cette doctrine [2].

1. Renouvier, *Science de la morale*, II, 480.
2. Ce livre n'étant pas consacré à l'histoire de la philosophie du droit, mais seulement à l'examen de ce qu'il y a de fondamental et surtout de nouveau dans les idées modernes.

Le besoin se fait sentir d'une idée plus synthétique
et moins simple, qui réunirait en elle, s'il est possible, les éléments de vérité contenus dans les doctrines
adverses. A côté de l'élément moral et rationnel, il
faut trouver place pour l'élément naturel, biologique
et historique : les idées de déterminisme, d'organisme,
d'évolution, de fonction, de force vivante et de puissance, comme celles d'intérêt individuel ou général,
ne sauraient être éliminées de la question. La mécanique, la physiologie, la science sociale et l'économie
politique doivent être unies à la morale, pour fonder
une notion du droit plus compréhensive, où s'accor-
dent à la fois l'idéalisme et le naturalisme.

Cherchons d'abord, dans les principales doctrines
typiques du droit, la part de la vérité et celle de
l'exagération. Tous les éléments de l'idée du droit peuvent se ramener à trois : puissance évolutive, intérêt,
liberté égale pour tous. Nous devons donc examiner
successivement ces divers aspects de la question.

du droit, nous n'avons pu passer en revue les diverses théories, moins originales et moins spécifiques, qui ont pris naissance en dehors de l'Allemagne, de l'Angleterre et de la France.
L'Italie, cette terre des jurisconsultes romains, a pourtant
rendu de grands services, même de notre temps, à la philosophie du droit, qui y est toujours en honneur et en progrès.
(Voir les travaux de Rossi, de Mancini, de Mamiani, de Lom-
broso, etc.) Parmi les études les plus récentes, on peut con-
sulter celles de MM. Polëtti, Ardigo, Garofalo, Boccardo,
de MM. E. Ferri, Siciliani, Puglia, Vadala-Papale, Cogliolo,
Wautrain-Cavagnary, etc. Ce dernier, dans l'*Ideale del diritto*
(Gênes, 1883), a spécialement développé, avec élévation et
exactitude, les vues contenues dans notre *Idée moderne du
droit*. Voir aussi l'*Idée moderne du droit d'après M. A. Fouillée*,
par M. Regnard (Bruxelles, 1880), où l'auteur parle des études
juridiques en Belgique.

LIVRE DEUXIÈME

LE DROIT ET LA PUISSANCE SUPÉRIEURE

I

RECTIFICATION DE LA DOCTRINE MÉCANISTE ET FATALISTE

L'idée de puissance, soit mécanique, soit biologique et évolutive, si elle était le seul fondement du droit, aboutirait d'abord à la lutte plus ou moins brutale des individus entre eux, puis à l'absorption de l'individu dans la nation, dans la race, dans l'humanité et finalement dans le nombre : ce serait un pur fatalisme, tour à tour anarchiste et absolutiste, — absolutisme national ou absolutisme socialiste. Quelles sont les objections qu'on peut adresser à cette philosophie de la pure puissance, qui, au point de vue métaphysique, repose tout entière sur la catégorie de *causalité* et de mécanisme ? — Ériger la puissance seule en droit, pourrait-on dire aux partisans de Hobbes et de Spinoza, c'est l'ériger en règle ; mais une règle doit précéder, dominer, produire même en partie les choses

auxquelles on l'applique; vous, au contraire, vous
donnez pour règle de l'action les résultats de l'action
même et le succès qu'elle attend de l'avenir. La série
de ces résultats n'est jamais épuisée, et ce succès est
toujours provisoire. La force n'est qu'un résultat des
actions accomplies dans le passé; elle ne peut seule
fournir une règle aux actions à accomplir. La force
est variable, et il n'y a point dans l'histoire de puissance définitivement supérieure; dans ce mouvement
sans fin, on ne sait donc sur quoi se fixer. En outre,
le mot de droit n'a aucun sens en votre bouche s'il
n'ajoute pas à la puissance une idée nouvelle. De ce
que vous êtes le plus fort, vous pouvez simplement
conclure que vous êtes le plus fort : c'est là, comme
dirait Kant, une proposition purement analytique,
qui n'avance à rien; mais vous ajoutez qu'en définitive le plus puissant a raison. Cette synthèse du réel
et du rationnel est-elle suffisamment justifiée? Ne
dépassons-nous pas la réalité de deux manières,
par la pensée et par la volonté, en concevant et en
voulant quelque chose de mieux que ce qui est?

Hegel lui-même, qui paraissait d'abord suspendre
la réalité à l'idée et subordonner ainsi l'école historique à l'école philosophique, finit par soumettre
l'idée à la réalité et par diviniser l'histoire. « Donner
l'intelligence de ce qui est, nous dit-il, tel est le problème de toute philosophie, car ce qui est est la raison réalisée. Pour dire ce que le monde doit être, la
philosophie vient toujours trop tard, car, en tant
qu'elle ne fait que réfléchir le monde par la pensée,
elle ne peut venir qu'après que le monde est déjà formé
et tout achevé. » — Il n'y aurait donc pas plus lieu

de critiquer ou de corriger l'histoire que de corriger la nature; c'est l'absolution implicite de toute injustice et de tout despotisme, c'est un universel optimisme comme dans Spinoza. Combien Schopenhauer et Hartmann sont plus près du vrai quand ils appellent l'histoire « le rêve confus et pénible de l'humanité »! On veut que nous nous inclinions devant le fait accompli et que nous adorions le « droit historique », c'est-à-dire le succès; mais l'idée, loin d'adorer le fait, le juge, et, loin de le subir, le domine. Autre chose est d'expliquer, autre chose de justifier; de ce que toute réalité est rationnelle en ce sens qu'elle a sa raison dans des causes suffisantes, il n'en résulte pas qu'elle soit rationnelle en ce sens qu'elle aurait sa raison dans une fin suffisante : les hégéliens et les spinozistes ne devraient pas identifier si facilement la « causalité » et la « finalité ». Sous ce dernier rapport, la réalité n'est jamais entièrement rationnelle, et c'est ce qui l'oblige à un travail sans fin : « Il n'y aurait point d'évolution, disait Schelling, si quelque chose n'existait pas qui ne doit point exister »; le rationnel, d'autre part, n'est jamais entièrement réel, et c'est ce qui produit la révolte incessante de la pensée contre les choses. L'histoire des idées, l'histoire intellectuelle, avance toujours; l'histoire physique et politique est toujours en retard. A quoi servirait l'intelligence, sinon à devancer les choses et à les entraîner avec elle? Le droit n'est pas le fait, c'est l'idée en avant sur le fait et lui montrant la direction qu'il doit suivre. C'est une *anticipation* sur les faits et un appel à l'*avenir*.

C'est là ce que les hégéliens ont trop méconnu.

Aussi, selon la remarque d'un hégélien même, M. Arnold Ruge, « tout en continuant avec Kant et Fichte de proclamer la liberté la fin de l'histoire, la philosophie de Hegel vivait en paix avec tout le monde, même avec la servitude la plus absolue ; elle se montra satisfaite de toute situation, de tout résultat actuel, le considérant comme arrivé avec nécessité [1]. »

L'idée du droit (pour ne parler toujours que de l'idée) est si peu celle de la pure puissance réussissant à se réaliser, qu'elle n'éclate nulle part avec plus d'énergie qu'en présence de la faiblesse. Si le droit est une force, il est dans notre esprit la puissance des *faibles* comme des *forts*. Sans doute, par cela même qu'il est le droit idéal, il doit être au besoin la force réelle ; mais, fût-il seul, pour notre pensée il serait encore le droit, il serait encore tout entier. Quant au respect du droit, inséparable de l'idée, il est si peu la simple crainte d'une puissance « démesurémert supérieure », comme le définit M. Kirchmann, qu'il est le sentiment produit par la pensée même de l'égalité ; c'est la liberté s'arrêtant devant une liberté qu'elle pose comme semblable à elle, et annulant ainsi l'inégalité des forces par l'égalité des droits.

Destruction de toute règle fixe au profit des forces variables, absorption de l'idée dans le fait et de la liberté dans le despotisme, est-ce là pourtant le dernier mot des doctrines qui fondent le droit sur la notion de puissance et d'évolution nécessaire ? Mieux entendues ces doctrines n'ont-elles point, elles aussi,

---

1. Arnold Ruge, *Zwei Jahre in Paris*. Leipzig, 1846.

leur idéal, qu'elles peuvent opposer au fait et où elles
peuvent trouver une règle de direction? Enfin, cet
idéal **ne** consisterait-il pas dans une certaine liberté
sociale qui n'est point incompatible avec l'évolution
nécessaire de la société? Il n'est pas sans importance
pour la cause libérale de savoir si la liberté ne se
recommanderait pas au point de vue même de la puissance et de l'évolution, et si elle n'est point la plus
grande des forces. Pour prévoir le développement
historique d'une doctrine, il suffit d'en développer
soi-même les conséquences logiques et de hâter ainsi
par la pensée l'œuvre du temps. Complétons donc la
doctrine nécessitaire et mécaniste comme elle se
complétera **un jour** elle-même; car, si l'on s'arrêtait
à moitié chemin dans les déductions, le jugement ne
pourrait être définitif, et il suffirait d'un nouveau
progrès de la doctrine pour remettre tout en question.

L'idéal de la doctrine qui poursuit la puissance majeure, c'est naturellement de réaliser la plus grande
puissance dans la société par une heureuse application
des lois du mouvement, de la vie, de l'intelligence,
selon la règle de la *causalité*. Puisque la mécanique
gouverne le monde, il faut lui demander quels sont les
mécanismes les plus parfaits et les plus riches en force
vive. Ne sont-ce pas ceux qui, une fois abandonnés à
eux-mêmes, marchent par eux-mêmes le plus longtemps possible et se rapprochent ainsi de l'irréalisable idéal : mouvement perpétuel? Pour arriver à
cette perfection, il faut laisser chaque force se développer dans sa direction naturelle et propre, et
n'exercer que la contrainte strictement nécessaire.

pour tourner le mouvement des parties au profit de
l'ensemble. On obtiendra ainsi une plus grande *intensité* de force. Un mécanicien habile fait servir les
obstacles mêmes à son but : il les respecte dans une
certaine mesure, les laisse agir, puis, s'emparant de
leur travail, par une combinaison ingénieuse, il change
en secours ce qui était une entrave, en puissance ce
qui semblait une résistance. Ainsi doivent faire le
jurisconsulte et le politique. L'idéal de la « mécanique
sociale » nous apparaît donc déjà comme devant
laisser aux individus la plus grande liberté possible;
nous prenons d'ailleurs ce mot de liberté en un sens
physique, comme on dit que le mouvement d'un
corps est libre lorsque ce corps peut se déplacer en
toute direction.

Cette latitude laissée aux forces individuelles aurait pour résultat dans l'ordre social non seulement
une plus grande intensité, mais encore une plus
grande *variété* d'effets ou, comme disent les physi-
ciens, une multiplication d'effets. Un rayon de lumière
qui traverse un milieu de densité uniforme conserve
lui-même une teinte uniforme; mais, s'il se meut, se
réfracte, se réfléchit à travers une variété de milieux,
il s'épanouit et étale la diversité de ses nuances : le
simple rayon est devenu un riche tableau, le point
lumineux est devenu un monde. De même, dans la
société, les rayons de lumière intellectuelle ont besoin
d'un milieu varié : l'uniformité produit un état neutre
et mort, la diversité et l'originalité engendrent les
découvertes nouvelles, les applications nouvelles, et
en un mot semblent multiplier les forces en multi-
pliant leurs effets. Les Chinois, depuis une haute an-

tiquité, ont fait des découvertes scientifiques dont les
résultats auraient dû être innombrables, et pourtant,
malgré l'invention du papier, de l'imprimerie et de
la poudre, ils sont restés presque au même point :
c'est que la lumière de la pensée a rencontré chez eux
un milieu uniforme où elle n'a pu déployer le fais-
ceau de ses conséquences et produire des changements
à l'infini. Quand un pays a réussi à trouver son unité
dans le despotisme militaire, on voit s'arrêter les
effets variés de la science et de l'industrie : c'est là
une loi de mécanique sociale trop oubliée par les
nations éprises d'unité. G. de Humboldt comprenait
bien le véritable idéal lorsqu'il disait : « La seule
condition désirable pour l'homme est un état où
chacun jouisse de la liberté illimitée de se développer
lui-même selon son caractère individuel. »

La liberté physique des forces mécaniques ou vivantes, outre l'intensité et la variété, produit encore
la *stabilité*. Nous nous retrouvons ici en face d'une
erreur sociale qui est en même temps une erreur de
mécanique. On croit généralement que l'uniformité et
l'unité résistent mieux aux obstacles ; au contraire,
Gœthe et le physiologiste Baer l'ont montré, rien
de plus fragile et de plus instable qu'un tout uniforme :
comme il se trouve au milieu d'influences variées et
qu'il n'a point en lui-même une variété capable de
se mettre en harmonie avec ces influences ou de se
plier aux obstacles, il est bientôt désagrégé, divisé,
détruit. Les espèces d'animaux qui n'ont pas su se
modifier selon les circonstances, qui s'en sont tenues
à un type inflexible, ont fatalement disparu de la
surface du globe. Tels sont les peuples qui se propo-

sent un idéal de fausse unité et qui ne veulent pas se modifier avec le progrès des siècles. Il est bon de résister, il faut aussi savoir céder, avoir réponse à tout dans ses organes. Encore une leçon de la mécanique et de la biologie qui a sa valeur dans l'ordre social. La société la plus forte sous tous les rapports est la société la plus libre.

La liberté physique, qui donne aux forces sociales intensité, variété et durée, entraîne une *égalité* progressive qui s'impose aussi par des raisons toutes mécaniques et biologiques. Pour assurer à un système de forces ce qu'on appelle un mouvement libre, il faut que ces forces se pressent également de toutes parts, et qu'en chacune l'action exercée contre les autres soit égale à la réaction des autres contre elle. De même, dans la sphère des forces sociales, pour obtenir le plus haut degré de puissance, il faut que la contrainte soit non seulement aussi minime que possible, mais aussi réciproque, aussi égale que possible ; vous ne devez me contraindre qu'aux actes auxquels je puis également vous contraindre, par exemple à ne pas m'enlever ma vie ou mes biens. Avec ce minimum de contrainte réparti également dans toute la masse du corps social, nous obtiendrons le maximum de force vive. Voilà l'égalité fondée à son tour sur des raisons de mécanique et de dynamique sociale qui sont valables à la fois pour les partisans des doctrines adverses.

Allons plus loin. Si les forces libres et soumises à l'égalité par leur équilibre réciproque arrivent ensuite à se confondre dans un mouvement commun vers un but commun, cette concorde des forces deviendra la manifestation mécanique de ce qu'on nomme en langage moral la *fraternité.*

Tel est l'idéal de libéralisme auquel doit tendre, en se perfectionnant, la doctrine qui cherche le droit dans la puissance supérieure. Sans doute la réalisation de cet idéal, si elle était seule, ne serait encore qu'un libéralisme extérieur : liberté extérieure, égalité extérieure et surtout fraternité extérieure. Au fond, ce serait toujours un équilibre de forces nécessaires. Ces forces n'en auraient pas moins trouvé la meilleure manière de se mettre en harmonie et la plus parfaite imitation d'un régime de vraie liberté.

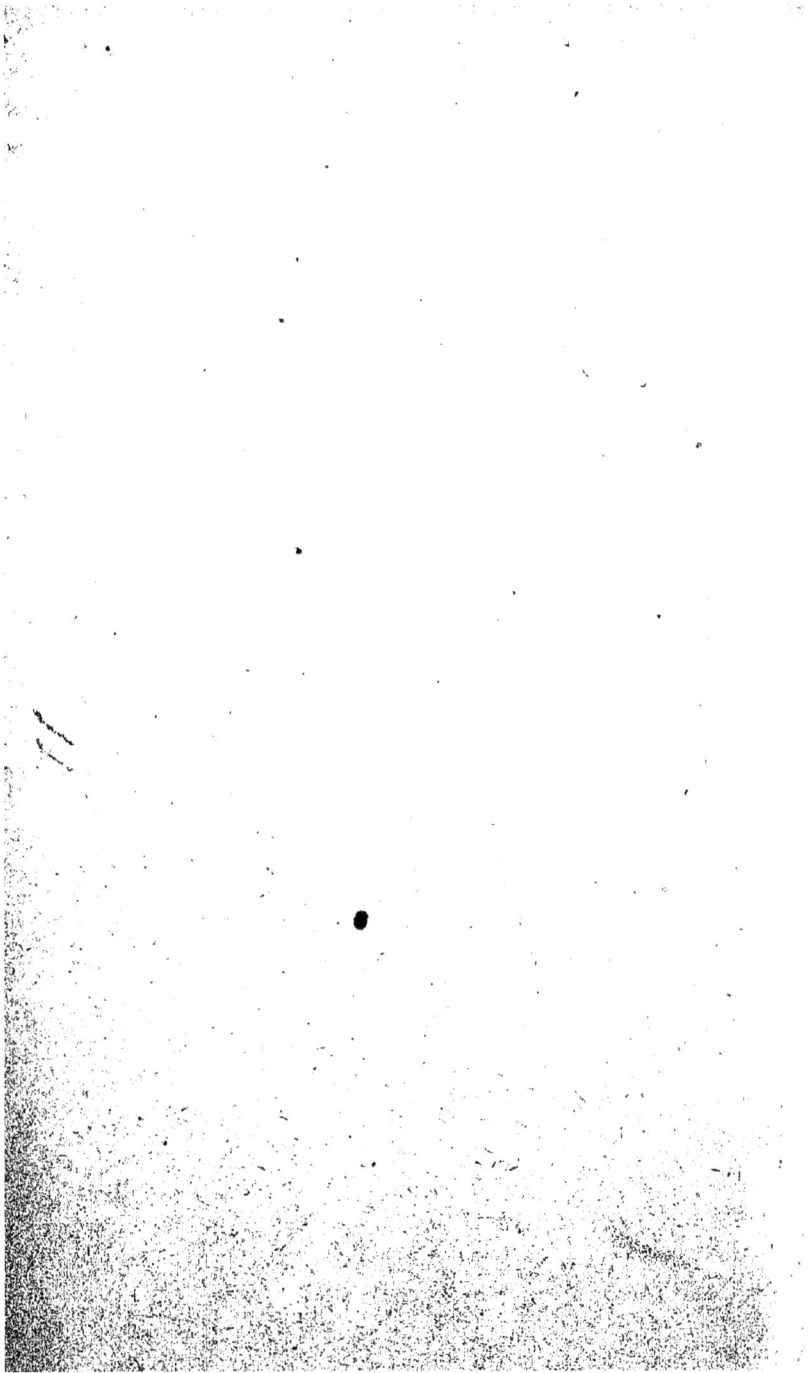

II

Les législateurs et les politiques de la force, s'ils s'oublient eux-mêmes et n'ont en vue que le développement de la puissance commune, s'efforceront de réaliser, dans les lois civiles et dans les constitutions politiques, l'idéal de libéralisme que nous avons tracé tout à l'heure. De son côté, chaque citoyen, quand il se placera au point de vue général et non à son point de vue particulier, quand il pensera et agira pour ainsi dire en législateur, poursuivra le même idéal de liberté pour tous. Mais le point de vue impersonnel et le point de vue personnel, le bien général et le bien particulier, peuvent se trouver en opposition ; l'opposition est la loi même des forces, inanimées ou vivantes. Quelle sera alors l'attitude de l'individu en face de la société, lorsqu'il se dira avec Hobbes et Max Stirner que toute idée d'un droit supérieur est, sous tous les rapports, une chimère ? — Là se trouve la difficulté véritable. Pour réaliser l'idéal de la société la plus puissante, il faut

10

que les individus y prêtent leur concours et y con-
forment leurs actions. Or, pour nous concilier le
concours de l'individu, nous n'avons que trois moyens :
l'obligation morale de la philosophie traditionnelle,
la persuasion logique, la puissance physique. Les
partisans du fatalisme de Hobbes et de Spinoza ne
pourront évidemment présenter l'idéal de la société
la plus forte comme une fin dont la poursuite serait
moralement obligatoire pour l'individu ; est-ce donc
par la pure logique qu'ils persuaderont à l'individu
de se sacrifier au besoin pour cet idéal de la société?
— Laisser aux autres hommes leur liberté physique,
les traiter en égaux et s'unir même à eux par une
fraternité apparente, c'est assurément chose logique
de la part d'un individu tant qu'il se considère par
abstraction comme simple partie du corps social, du
Léviathan ; mais si, à un moment donné, le bien général et le bien particulier se trouvent en flagrante
opposition, si par exemple je suis placé entre la faim
et un vol à main armée, que faudra-t-il faire? — En
général, je l'accorde, le plus sûr et le plus logique
est de se régler sur le mouvement de l'ensemble ;
mais actuellement je puis détourner à mon usage la
force dont je dispose et, si je ne le fais pas, je serai
victime du mécanisme général. Faut-il donc, si je ne
suis qu'un rouage, que je me laisse écraser entre les
roues de la grande machine plutôt que de me conserver aux dépens d'un autre rouage? S'il n'existe
que ce mécanisme avec la fatalité de ses lois, pourquoi le respecter? Selon M. Kirchmann, nous l'avons
vu, le respect n'est que « le sentiment d'une puissance démesurément supérieure à la nôtre » : c'est

dire qu'il se réduit à la crainte, — ce qui était précisément la définition de Hobbes; — mais si c'est
présentement ma puissance, à moi, qui peut être supérieure à la puissance d'un autre homme ou à celle
de la société tout entière, que m'importe un idéal de
liberté mécanique, d'égalité mécanique, de fraternité
mécanique? Que m'importe l'avenir, où je ne serai
plus, en face du présent, où je suis et où je souffre?
Dût la machine se briser tout entière, je conserve
mon mécanisme aux dépens du vôtre, et j'agis fatalement comme vous agissez fatalement.

Ne pouvant ni obliger moralement l'individu à respecter le droit de tous, ni le convaincre logiquement
dans les cas pour ainsi dire *antinomiques*, les partisans de Hobbes n'auront plus d'autre ressource, pour
réaliser leur idéal social, que de contraindre physiquement l'individu à subir la force de tous. — C'est
'affaire de la société, diront Hobbes et Helvétius,
que de s'assurer à elle-même le triomphe, et elle a
pour cela deux moyens : d'abord, établir le plus
d'harmonie possible entre la force collective et la
force individuelle, puis, dans les cas de collision inévitables, mettre de son côté la force dernière par une
bonne police et par une bonne armée.

Sans vouloir entrer dans le détail infini de ces questions pratiques, signalons les principales difficultés.
L'organisation sociale ne sera jamais assez parfaite
pour mettre fin complètement à l'antagonisme des
individus et de leurs intérêts. Il faut donc mettre
de plus en plus la force finale du côté de la société.
Mais est-il sûr que la société demeurera finalement
la plus forte, si chaque individu tire tout à soi, oppose

une résistance sourde à ce qui exige un sacrifice quelconque de son intérêt, et s'efforce de se faire seul
centre du système social? Le mécanisme de la société
résisterait-il à cette force de dissolution qui travaillerait à la fois tous ses rouages? Sans doute, dans tout
mécanisme, chacune des forces réunies sous une force
supérieure tend à agir en son sens propre, selon sa
propre nature, comme si elle était seule, et cependant
le mécanisme subsiste tant que la force qui coordonne
le tout est assez puissante. La dissolution n'en arrive
pas moins toujours, dès que cette force centrale fai-
blit. Or, dans l'hypothèse mécaniste de Hobbes, la
société, qui n'a jamais de droit réel à l'égard de l'individu, n'a pas toujours la force : ne l'aurait-elle pas
de moins en moins à mesure que les individus seraient
plus intimement convaincus de l'inanité même des
droits et de l'unique réalité des forces? La civilisation
future, fondée exclusivement sur le jeu fatal de ces
forces, ne serait au fond que la lutte universelle de
Hobbes devenue consciente de sa nécessité, par conséquent la barbarie universelle devenue consciente
de soi, car là guerre des égoïsmes est l'essence même
de l'état barbare. Mais, dès que cette conscience
existerait dans sa pleine clarté, toute illusion de
justice idéale et de droit idéal ayant disparu, la barbarie intérieure, raisonnée et savante, ne ferait que
s'accroître et prendre mieux conscience de soi par
le progrès même de la civilisation extérieure : les
hommes vus du dehors fussent-ils l'un pour l'autre
des agneaux, ils n'en seraient pas moins au dedans,
comme le croyait Hobbes, des loups, et ils le sauraient. Dès lors ne redeviendraient-ils pas loups ou-

vertement toutes les fois qu'il le faudrait? Dans cette
hypothèse, chaque cité ressemblerait à cette ville
où, dit Montaigne, « le roi Philippus fit un amas des
plus méchants hommes et incorrigibles qu'il put trouver et les logea tous ». Elle s'appela de leur nom la
Cité des méchants, Ponéropolis. « J'estime, ajoute
Montaigne, qu'ils dressèrent des vices mêmes une
contexture politique entre eux. » N'est-ce point une
contexture analogue, mais plus raffinée, que réaliserait une civilisation où, sous les dehors mêmes de
la paix, subsisterait la guerre profonde des égoïsmes,
et où l'avantage resterait à celui qui aurait le
mieux calculé? En un mot, il est douteux que le
lien social puisse devenir physiquement de plus en
plus fort si l'égoïsme conscient de l'individu le
rend moralement de plus en plus faible. Telle est
l'antinomie dont on peut demander la solution à
Hobbes et aux adorateurs exclusifs de la puissance
ou du fait accompli.

Ce qui se passera d'individu à individu, dans le
système de Hobbes, se passera de nation à nation;
et nous revenons encore par ce côté à ce que nous
voulions faire cesser : il faudra se résigner, avec
Hobbes et Strauss, à un état de guerre perpétuelle,
sans autre justice que celle de la mécanique et des
mathématiques, appliquée par les ingénieurs et les
tacticiens. Même conflit entre les races et entre
les classes. Chaque race européenne se prétendra
supérieure; chacune s'attribuera, avec la puissance,
le droit d'absorber les autres comme des parties dans
le grand tout. La Prusse parle de sa mission pan-
germanique; la Russie invoque un droit non moins

sacré, le droit des races slaves et la mission pansla-
viste. La France, séduite jadis par ces spéculations
sur les races et ne se doutant pas qu'on retournerait
un jour contre elle la théorie, n'a-t-elle pas voulu
aussi invoquer un droit particulier pour justifier des
essais de conquête lointaine ? N'a-t-on pas voulu nous
persuader de notre mission latine ? Par un respect
plus grand de la langue que du droit, on n'a pas osé
appeler cette mission de son nom véritable, un pan-
latinisme. De toutes ces missions, quelle est la vraie ?
Le monde sera-t-il germain, latin, saxon ou slave ?
Vainqueurs hier, les Latins sont aujourd'hui vaincus ;
mais les Germains à leur tour peuvent être vaincus
un jour par les Slaves. Nous voilà entraînés encore
dans un mouvement perpétuel, image sensible de
l'instabilité propre au système de la pure puissance.
Toujours à la recherche d'une force définitivement
supérieure et d'un dernier succès, nous ne pouvons
l'atteindre ni par la pensée ni par l'action, car l'histoire n'est jamais finie et il n'y a point de dernier
triomphe. Des armements croissants, un militarisme
universel, un perpétuel retour à l'état de guerre primitif, une paix non moins inquiète que la guerre
même, un système formidable de force armée, l'absorption de toute la richesse publique dans des moyens
de défense que la science remplacerait par d'autres à
mesure qu'elle les aurait inventés, — voilà l'idéal
dont les successeurs de Hobbes et de Spinoza voudraient faire l'idéal humain. Est-ce vraiment l'avenir
ou le passé ?

Ces sombres perspectives seraient propres à in-
spirer un pessimisme absolu. Le pessimisme devrait

être la conclusion naturelle du système de la force, comme il en est le principe caché; car ce système commence par nier la valeur idéale de l'homme, ce qui est la misanthropie par excellence. C'est alors qu'on aurait le droit de dire, avec Schopenhauer et Hartmann, que l'humanité a marché d'illusion en illusion, et que la dernière de ces illusions est déjà réfutée : l'espoir du progrès. Nous allons sans doute, dit Hartmann, à la république universelle, à l'organisation du travail, à la diffusion des lumières, au règne de la science; mais que nous sommes loin d'aller au bonheur! L'accroissement de la population trouvera toujours sa limite dans l'accroissement des subsistances, et la misère durera toujours. La science acquerra une conscience croissante de ses limites, et l'ignorance durera toujours. L'immoralité, qui n'est que l'inévitable égoïsme attaché à l'illusion du *moi* individuel, se disséminera en se transformant, mais elle durera toujours, tant que nous n'aurons pas atteint l'abnégation absolue et l'anéantissement du vouloir. A notre époque, ajoute Hartmann, les chemins sont plus sûrs qu'autrefois, mais l'expérience nous oblige « à tenir notre frère allemand pour un fripon jusqu'à ce qu'il ait établi son honorabilité par les preuves les plus rigoureuses ». Enfin, quand même les souffrances diminueraient matériellement, le progrès des lumières ne ferait que rendre ces souffrances plus sensibles. Tel est en effet le seul progrès qui ne soit pas illusoire : il consiste dans la conscience croissante que l'existence est un mal; c'est le progrès du pessimisme même. Quand l'humanité entière aura enfin acquis cette claire conscience,

alors, par un acte de volonté unanime, elle s'anéantira elle-même; du même coup elle anéantira le
monde. Tel sera, selon Hartmann, le dénouement
de la tragédie universelle. Selon nous, ce dénouement ne conviendrait qu'à une société convaincue
que l'idéal n'est qu'un mot; ce qu'un monde de forces,
étranger à toute espèce de droit idéal, aurait peut-
être de mieux à faire, ce serait de tourner sa force
contre lui-même et de s'anéantir. Au moins en cet
instant qui séparerait l'universel *vouloir-vivre* de
l'universel *nirvâna*, la justice aurait existé. L'idée
qui, dans l'ordre social, pourrait fonder le droit,
serait peut-être aussi la seule capable, dans l'ordre
cosmologique, de donner un sens et un prix à l'existence.

Supposons cependant que l'organisation et l'évolution de la pure puissance, sans le secours d'aucun
droit idéal, n'aboutissent pas à ces perspectives pessimistes sur l'avenir. Aussi bien les pessimistes sem-
blent-ils exagérer eux-mêmes leur doctrine. La force
intelligente et savante peut remplacer de plus en
plus la force brutale et matérielle; la lutte des suf-
frages peut remplacer les collisions à main armée;
les armes seront des idées, des chiffres et des bul-
letins de vote. Peut-être aussi la misère populaire
ira-t-elle diminuant de manière à rendre de plus en
plus inutiles et même absurdes le vol, l'assassinat,
toutes les voies de fait. Une telle société, organisation des forces vives par la science, sera devenue un
milieu tolérable pour l'individu : sans doute l'homme
n'aurait pas dans cette société la vie morale proprement dite rêvée par les métaphysiciens, mais il y

exercerait une vie matérielle et intellectuelle; il pourrait aller et venir, se nourrir, se réjouir, penser : *vita vitalis*. Telle est l'hypothèse la plus favorable au système de Hobbes et d'Helvétius. Une chose n'en reste pas moins toujours vraie : c'est que la société ainsi conçue ne réaliserait pas encore le plus haut idéal de la pensée. Un individu, une nation peut concevoir et poursuivre un idéal social où la force serait non plus l'essentiel des choses, mais l'accidentel et l'extérieur, où le combat ne serait pas une nécessité permanente et plus ou moins dissimulée, mais une nécessité transitoire, où la paix serait l'état normal entre les hommes, parce que les hommes seraient vraiment des êtres libres et frères, et que la paix est le rapport normal des libertés. Il y a plus d'élévation et de largeur dans cet idéal que dans l'autre, puisqu'il renferme tout ce que ce dernier offre de positif et que de plus il ajoute à la liberté extérieure, à l'égalité extérieure, à la fraternité apparente, une liberté et une égalité intimes, une fraternité vraie. La pensée de Hobbes ne s'élève donc pas aussi haut que la pensée humaine est capable de le faire, et, comme le vrai droit peut se définir la direction des individus vers le plus haut idéal de société possible, il semble que le droit conçu d'une façon toute mécanique et géométrique demeure toujours un point de vue inférieur, au-dessus duquel il faut chercher à s'élever.

On peut bien et l'on doit rejeter l'idée vulgaire du libre arbitre, qui se confond, comme nous le verrons plus loin, avec la liberté d'indifférence; mais il existe selon nous une idée de liberté supérieure, compatible avec le déterminisme même de la science et suffisant à fonder une moralité idéale, un droit idéal dont la réalisation progressive n'est point impossible[1]. L'espace demeure ainsi toujours ouvert à une doctrine plus large que celle de la force pure. Il est fâcheux pour un système d'avoir toujours au-dessus de lui une idée qui le dépasse ; ne doit on pas, en définitive, juger incomplète une doctrine qui ne peut jamais fournir autant que l'esprit peut concevoir ? Maintenant, entre la possibilité d'un règne final du droit et la domination perpétuelle de la force, comme entre l'espérance du progrès et le pessimisme absolu, entre l'intelligibilité de l'existence et sa « bêtise absolue », c'est à chacun de choisir. Chaque individu, chaque peuple résout pratiquement, à ses risques et périls, ce dilemme auquel tous les autres viennent se réduire : agir comme si la justice n'était qu'un mot, ou comme si elle pouvait devenir réalité. Un peuple qui travaillerait, qui lutterait, qui se sacrifierait même au besoin pour l'idée de la justice, n'aurait peut-être pas eu la plus mauvaise part : autant vaut mourir pour l'idée la plus haute, dont l'humanité profitera un jour, que vivre pour la réalité la plus basse.

---

1. Voir plus loin, livre troisième. Voir aussi *La liberté et le déterminisme*, p. 263 et suiv.

LE DROIT DU GÉNIE
LES GRANDS HOMMES ET LES HOMMES PROVIDENTIELS

Le droit du plus puissant a pour corollaire naturel le droit du plus habile et du plus intelligent. Qu'est-ce en effet qu'une intelligence supérieure quand on fait abstraction de toute moralité idéale ? Ce n'est plus qu'une manifestation supérieure de la force. Il y a dans le cerveau d'un homme de génie de quoi mettre en mouvement des millions d'hommes, et aucune puissance matérielle n'est comparable à cette puissance intellectuelle. La force des nations et des races, avec les idées qu'elles représentent, se personnifie chez les grands hommes, qui, par une loi providentielle selon les uns, par une sélection naturelle selon les autres, s'élèvent au-dessus de l'humanité. Que des politiques habiles s'autorisent publiquement de leur prétendue « mission providentielle » pour cacher des projets tout humains, il n'y a rien là d'étonnant; c'est un argument toujours ancien, toujours nouveau, auquel les peuples se laissent en-

core prendre, auquel l'ambition ne semble pas près
de renoncer. Notre société se voit menacée de périr
par l'abondance des « sauveurs », comme cet empereur romain qui disait : « Je meurs par l'abondance
des médecins. » Malheureusement il s'est trouvé des
philosophes pour faire l'apothéose des ambitieux
qui réussissent [1]. Cette théorie, passant et repassant
d'Allemagne en France, de France en Allemagne, a
déjà eu d'étranges destinées. Il suffit presque, pour
l'apprécier, d'en faire l'histoire et de la suivre en ses
voyages : nous verrons la doctrine des droits du
génie se contredire elle-même dans la pratique.

Selon Hegel, le grand homme, étant le symbole
de l'idée, a le droit avec la puissance : « Il peut donc
considérer tout l'être humain comme une matière
qu'il s'approprie et de laquelle il crée son individualité, son corps. » Sa vie à lui-même est un fragment
du « cœur immortel de la nature ». Le signe authen-
tique du droit des génies est le succès, qui se reconnaît à la puissance, à la gloire, à la victoire. « La
puissance du grand homme, dit encore Hegel, est
légitime en tant qu'elle crée ou conserve les États... »
— « Jamais, ajoute-t-il en donnant du *Contrat social*
une interprétation dont Kant et Fichte avaient cependant montré la fausseté, jamais les États ne se sont
constitués par contrat : c'est la sublime puissance du
grand homme qui les a créés. » Les autres hommes
obéissent au génie sans le vouloir : leur « volonté

1. Voyez sur ce sujet Fr. Herrenschneider, *les Principes, les
partis, les Napoléons;* — Foucher de Careil, *Hegel et Schopenhauer;* — Ch. Renouvier, *Quatrième essai de critique générale,* et *Année philosophique.*

spontanée » est la sienne, bien qu'il en soit autrement
de leur « volonté réfléchie ». — « La supériorité du
grand homme est de connaître la volonté absolue et
de l'exprimer. » Il *prononce le mot*, et tous le répètent ; il fait le premier pas, et le monde le suit. Pourtant cette initiative du génie n'est qu'une apparence :
sa force individuelle n'est que la force générale dont
il est l'instrument et le symbole. « L'individu est fils
de son temps, et nul individu ne peut réellement devancer son siècle [1]. »

Dans sa *Phénoménologie*, cette « psychologie des
peuples » (*Völker Psychologie*), Hegel annonçait une
transformation du monde, hâtée par la venue d'un
grand homme encore inconnu, mais qui aurait été
« élevé dans l'école philosophique ». — « C'est ainsi
que, pour l'exemple de l'humanité et pour lui donner une liberté nouvelle, Alexandre le Macédonien
sortit de l'école d'Aristote afin de conquérir le
monde. »

Le fondateur de l'éclectisme en France, à son retour d'Allemagne, reproduisit dans des leçons célè-
bres la doctrine de Hegel sur le droit des génies, à
laquelle les saint-simoniens avaient déjà fait quelques emprunts. Cousin se contenta de substituer à
l'esprit universel et à l'évolution universelle ce qu'un
hégélien français a justement appelé les « bons vieux
mots de Dieu et de la Providence ». Selon Cousin,
tous les grands hommes ont été plus ou moins fatalistes ; l'erreur est dans la forme et non dans le fond
de leur pensée : ils sentent qu'en effet ils ne sont pas

1. Hegel, préface de la *Philosophie du droit.*

là pour leur compte. Le génie est au service d'une puissance qui n'est pas la sienne, car toute puissance individuelle est misérable, et nul homme ne se rend à un autre homme; le peuple sert qui le sert. Le grand homme n'est que « l'instrument de ceux auxquels il commande, de ceux-là mêmes qu'il a l'air d'opprimer. » De là sa puissance et son droit, qui se reconnaissent à deux signes : le succès pendant la vie, la gloire après la mort. « Quiconque ne réussit pas n'est d'aucune utilité au monde et passe comme s'il n'avait jamais été. » — « Qu'est-ce que la gloire? Le jugement de l'humanité sur un de ses membres; or l'humanité a toujours raison. On peut en appeler des coteries et des partis à l'humanité; mais de l'humanité à qui en appeler? » Cousin oublie la raison et la conscience, qu'il a cependant lui-même représentée ailleurs comme un oracle.

Par là il est entraîné à placer la grandeur la plus haute dans les conquêtes. « Quelles sont les plus grandes gloires? En fait, ce sont celles des guerriers. Quels sont ceux qui ont laissé les plus grands noms parmi les hommes?... Ceux qui ont gagné le plus de batailles. » Aussi toute victoire a-t-elle raison. « Il faut être du parti du vainqueur, car c'est toujours celui de la meilleure cause, celui de la civilisation et de l'humanité, celui du présent et de l'avenir, tandis que le parti du vaincu est toujours celui du passé. » Cousin « aime et honore assurément le dernier des Brutus; mais Brutus représentait l'esprit ancien, et l'esprit nouveau était du côté de César. » Toute démocratie, à en croire Cousin, « veut, pour durer, un maître qui la gouverne; la démocratie romaine prit le plus magnanime et le plus sage dans la personne de César. » — Telles sont les théories rapportées d'Allemagne qu'applaudissait en 1828 un immense auditoire. Les Allemands célébraient en prose et en vers cette conquête de la France par leur philosophie, et Moriz Veit disait dans un hymme à Hegel : « Lumière, lumière! le Franc s'extasie quand tu t'approches, toi et tes pensées. Autour de toi se rassemble le meilleur et le plus noble peuple de l'Occident. »

Trente ans plus tard, Victor Cousin regrettait les paroles qu'il avait prononcées, et de sa propre main il en avait effacé une partie dans ses livres. Il put les retrouver commentées et appliquées dans une *Vie de César* écrite par le César d'alors. Là aussi était soutenue cette doctrine hégélienne du droit des hommes providentiels. « Mon but, disait l'auteur, est de prouver que lorsque la Providence suscite des hommes tels que César, Charlemagne, Napoléon, c'est pour tracer aux peuples la voie qu'ils doivent suivre, marquer du sceau de leur génie une ère nouvelle et accomplir en plusieurs années le travail de plusieurs siècles. Heureux les peuples qui les comprennent et qui les suivent! Malheur à ceux qui les méconnaissent et les combattent! Ils font comme les Juifs, ils crucifient leur messie; ils sont aveugles et coupables. » Tel fut César, selon le disciple français de Mommsen. « La société romaine en dissolution demandait un maître, l'Italie opprimée sur le joug un sauveur. » Une grande cause se dressait derrière César, le poussait en avant « et l'obligeait à vaincre en dépit de la légalité, des imprécations de ses adversaires et du jugement incertain de la postérité ».

C'est ainsi que la doctrine hégélienne professée en France par le philosophe-orateur était adoptée par l'homme d'État.

On sait de quelle manière cette théorie nous est revenue d'Allemagne une seconde fois, non plus seulement comme une spéculation abstraite, mais comme une désastreuse réalité. Après nous avoir enseigné avec les hégéliens les droits du génie et la philosophie du succès, les Allemands nous en ont enseigné la pratique perfectionnée ; leur César, lui aussi, invoquant sans cesse la Providence, s'est déclaré un homme providentiel, représentant d'une race providentielle, chargée de châtier cet autre homme providentiel, cet autre sauveur, cet autre messie qui nous avait entraînés à notre perte.

L'expérience nous a ainsi montré la valeur de la doctrine : nous nous en étions servis pour faire l'apologie de nos conquêtes et justifier nos injustices ; nous avons vu nos sophismes se retourner contre nous. Le droit des génies, sous ses déguisements mystiques, n'est encore que le fatalisme de la force, qui aboutit historiquement à se contredire lui-même. C'est qu'il repose sur une conception inexacte de la vraie grandeur et de la vraie puissance. Hegel et ses imitateurs de toutes les écoles, — y compris Hartmann, qui a mis l'Inconscient à la place de la Providence, — partent d'un principe juste, dont ils ne déduisent pas les vraies conséquences. Tout génie en effet est une « merveilleuse harmonie de l'individualité et de l'universalité », et c'est cette double force qui fait sa grandeur. Être grand, c'est être soi-même, et c'est être aussi tous les autres ; c'est avoir une per-

sonnalité, une physionomie originale, et porter cependant en soi quelque chose d'impersonnel où tout le
monde se reconnaît ; en un mot, c'est concevoir une
pensée propre qui est en même temps la.pensée commune à tous. Maintenant, où peut se trouver cette
universalité qui fait la grandeur du génie, sinon dans
l'union de l'esprit individuel avec l'esprit de l'humanité tout entière? Hegel et ses disciples le reconnaissent d'abord ; ils n'en finissent pas moins par identifier le grand homme avec l'esprit de son temps, avec
l'esprit de son pays, avec l'esprit de son peuple,
choses bornées, passagères et incomplètement vraies,
qu'ils érigent malgré cela en moments nécessaires de
l'universelle évolution. Ils conçoivent ainsi le génie
comme un homme-peuple, quand il faudrait en faire,
s'il est permis de le dire, un homme-humanité. Dès
lors, la puissance du grand homme n'est plus que la
puissance plus ou moins fragile d'une nation et d'une
époque, puissance qui agit toujours dans le temps et
dans l'espace, puissance qui s'y manifeste trop souvent sous une forme brutale et guerrière. Au lieu
des héros du droit, on n'a plus que les héros de la
force.

En même temps qu'on enlève ainsi au génie sa
vraie universalité, on lui enlève sa vraie individualité. Si les grands hommes ne sont que les instruments d'une puissance nécessaire et fatale, en quoi
sont-ils grands et de quelle supériorité personnelle
peuvent-ils se prévaloir? « L'épée se vante-t-elle de
la puissante main qui s'en sert? » Le génie paraissait
d'abord devancer son siècle ; Hegel nous dit qu'il se
borne à le suivre et à terminer l'œuvre de tous. Les

hommes cherchant la vérité ressemblent, selon Hegel,
à des ouvriers cherchant une source : le terrrain peu
à peu se creuse sous les efforts de tous ; l'un d'eux,
que le hasard a mis plus près de la source, s'écrie
tout à coup : Voici l'eau, et il enlève le dernier obstacle. C'est le grand homme. Le lac entier se préci-
pite sur eux et les noie en les désaltérant. — Ne
faudrait-il pas dire plutôt que le grand homme est
celui qui devine la source à l'endroit où personne
ne l'eût soupçonnée, et qui, frappant le rocher même,
l'en fait jaillir?

Il ne faut pas s'étonner si ce fatalisme historique,
qui commence par glorifier les grands hommes, finit
par les réduire à un rôle misérable. On les appelle
d'abord des hommes nécessaires, puis on découvre
qu'ils sont des hommes superflus. Bauer prétend que,
« si un Charlemagne, un Grégoire VII n'eussent pas
existé, d'autres eussent pris leur place, et sous d'autres noms, par d'autres voies, accompli finalement
la même œuvre, » parce que ce qui est rationnel
finit toujours par être réel. Que devient alors le droit
fondé sur la nécessité des hommes qui se croient
providentiels? Ils ont beau s'intituler « les pilotes
nécessaires », sans leur secours, nous arriverions
également au port.

Après avoir dépouillé le grand homme de sa personnalité propre, la même théorie supprime la personnalité des autres hommes et leur enlève tous leurs
droits. Pour l'instrument du destin ou de la Providence nous ne sommes plus nous-mêmes que des instruments : il se sert de nous selon ses projets et, au
nom de la nécessité, dont il est le symbole, il opprime

toutes les libertés. Brutal et mystique tout ensemble,
cachant le droit du plus fort sous le droit divin, le
représentant de la Providence ou de l'Idée « trempe,
comme disait Henri Heine, son bâton de caporal
dans l'eau bénite et cache son armure de fer sous le
pieux manteau de Tartufe ».

On pourrait en appeler ici des hégéliens à Hegel,
et de Hegel lui-même à Hegel mieux inspiré. Ce penseur en effet, dans les pages de sa *Philosophie du
droit* où il est revenu à la tradition de Fichte, de
Kant et de la révolution française, enseigne que
« l'histoire universelle est l'histoire de la liberté »,
c'est-à-dire « le récit des vicissitudes à travers lesquelles l'esprit acquiert la conscience de la liberté,
qui est son essence ». Si cette idée de liberté dont
parle Hegel n'est pas un vain mot, si elle est la
force supérieure présente à la conscience de chaque
homme, et par laquelle chaque homme doit être à
lui-même sa providence, les hommes vraiment providentiels et les vrais représentants de l'idée ne
sont pas ceux qui oppriment cette force ; ce sont
ceux qui la respectent, ceux qui la défendent, ceux
qui par leur désintéressement la font reconnaître
chez eux et la suscitent chez les autres. Il eût été
digne d'un philosophe de placer la grandeur la plus
haute ailleurs que dans la gloire et dans la victoire,
Des hommes humbles par leur puissance matérielle
ne peuvent-ils pas avoir la vraie grandeur? Celle-ci
doit consister dans ce qu'il y a de plus personnel et
de plus impersonnel tout ensemble; or une analyse
exacte des conditions philosophiques de la grandeur
nous apprend que ce qu'on peut concevoir de plus

individuel èt de plus universel, c'est la puissance de
liberté intérieure par laquelle on respecte la liberté
des autres, et où la révolution française a cherché le
fondement idéal du droit. Dans l'exercice de cette
puissance morale, en effet, on est vraiment soi-même
par l'énergie de la volonté, et en même temps on se
désintéresse de soi, on se rend impersonnel pour se
confondre, je ne dis pas seulement avec son époque
ou avec son peuple, mais avec l'humanité tout entière, bien plus, avec le véritable « esprit universel »,
qui est la justice. La grandeur de l'objet voulu
passe alors dans la volonté même. Ainsi peut s'obtenir la puissance supérieure et la dernière victoire,
que l'école dialectique et historique cherche en vain ;
ainsi peut s'introduire dans le monde l'idée-force
destinée à un succès sans revers. C'est un principe
cher aux récentes écoles que rien ne se perd dans
la nature physique, pas même le plus léger mouvement imprimé à un corps et qui va se propa-
geant à l'infini ; mais n'est-il pas possible aussi que
rien ne se perde complètement dans le monde des
idées, et que le mouvement de la volonté vers la
justice, s'il existe quelque part, soit une force durable ? Le rêve de l'homme serait que cette haute
impulsion se perpétuât dans une sphère supérieure
aux ' alternatives des choses et aux vicissitudes
mêmes de l'histoire. A ce prix seulement on pourrait vivre dans ce que Hegel nomme la sphère intérieure des choses et le cœur de la nature, « dans
le vrai, dans le divin, dans l'éternel ». Toujours est-
il qu'au sein de la société humaine, par l'énergie
de la volonté personnelle et par le respect du droit

commun, on peut devenir virilement son propre sauveur, et l'on invite les autres hommes à devenir leurs sauveurs eux-mêmes. Toutes les fois qu'un homme résout pour sa part le conflit des forces égoïstes en faveur de la justice, il s'élève philosophiquement et politiquement au rang d'homme providentiel, car il fait surgir en lui et chez les autres la vraie providence du monde, la liberté.

Personne n'a encore démontré que, si cet idéal de grandeur est irréalisable en sa perfection, on ne puisse pas du moins y tendre et s'en rapprocher de plus en plus. Pour les nations qui ont les yeux tournés vers cet idéal et qui le poursuivent, la supériorité des grands hommes n'est elle-même qu'une volonté plus libre et une raison plus clairvoyante. Ni aussi haut ni aussi bas que le croit l'école de Hegel, ils ne sont ni les maîtres de l'humanité ni les esclaves de la fatalité : ils sont libres parmi des hommes libres. Ils ne se bornent pas à résumer l'âge qui doit venir. Le génie n'est pas seulement reflet de ce qui est et patience, mais divination de ce qui doit être et initiative. La théorie de Hegel, de Bauer et de Cousin rappelle celle de lord Macaulay : selon l'historien anglais, les génies seraient simplement des hommes qui se tiennent sur des lieux plus élevés et qui de là reçoivent les rayons du soleil un peu plus tôt que le reste de la race humaine. « Le soleil illumine les collines quand il est encore au-dessous de l'horizon, et les hauts esprits sont éclairés par la vérité un peu avant qu'elle rayonne sur la multitude : telle est la mesure de leur supériorité. Ils sont les premiers à saisir et à refléter une lumière qui, sans leur secours, n'en

deviendrait pas moins visible à ceux qui sont placés
bien au-dessous d'eux. » — La vérité, répond avec
raison Stuart Mill aux partisans de ce fatalisme historique, ne se lève pas, comme le soleil, par son
mouvement propre et sans effort humain, et il ne
suffit pas de l'attendre pour l'apercevoir. Les hommes
éminents ne se contentent point de voir briller la lumière au sommet de la colline : « ils montent sur ce
sommet et appellent le jour, et si personne n'était
monté jusque-là, la lumière, dans bien des cas, aurait pu ne jamais luire sur la plaine. »

Il en est de la justice comme de la vérité : nulle
évolution fatale de forces ne saurait, sans la pensée
et la volonté humaine, faire apparaître le vrai droit
moral dans le monde, et cependant le monde ne peut
ou ne veut point se passer de ce droit ; il en a l'idée
indestructible, il travaille à la faire pénétrer peu à
peu en soi ; par ce travail même, il la sent en effet
descendre de plus en plus dans sa conscience et y
prendre vie. En vain, pour suppléer à cette idée directrice, les systèmes dialectique et historique font
succéder la force de la nation à celle de l'individu,
la force de la race à celle de la nation, la force du
nombre à celle de la race, et à celle-ci enfin la force
supérieure des hommes en qui le nombre se personnifie ; ces diverses puissances, qui ne s'élèvent tour à
tour que pour se détruire elles-mêmes, ne peuvent
réaliser par des moyens tout extérieurs l'idéal plus
élevé que l'humanité se fait de la justice. Ce n'est
pas en réduisant le droit à des « conflits de forces »
ou à des « compromis entre les forces » que les races
qui croient représenter l'humanité future la feront

dès aujourd'hui reconnaître en elles, ce n'est pas en
abaissant l'idée devant le fait accompli que les peuples qui se croient supérieurs se montreront en possession de l'idée ; quant aux hommes (à quelque
nation qu'ils appartiennent) qui se disent providentiels et qui, pour aider la Providence, veulent entraîner le monde par la force sur le sommet où ils se
croient parvenus, ils ont une chose meilleure à faire
pour nous persuader : qu'ils nous montrent de ce
sommet leur front illuminé par des clartés nouvelles,
et nous ne demanderons pas mieux que de monter
avec eux dans la lumière ; leur seul droit, c'est de
nous révéler librement cette lumière de l'avenir et
de nous inviter à les suivre librement sur les hauteurs
où elle brille.

LIVRE TROISIÈME

LE DROIT ET L'INTÉRÊT MAJEUR

I

IDÉAL DE LA THÉORIE UTILITAIRE

Les premiers qui ont entrepris la critique de la doctrine utilitaire ne l'ont guère pu voir que sous les deux aspects qu'elle avait offerts successivement dans la politique de Hobbes, où elle se confond avec la doctrine de la force : anarchie au début et despotisme à la fin, guerre de tous contre tous et domination d'un seul sur tous ; mais de nos jours un mouvement nouveau entraîne la philosophie utilitaire vers des régions supérieures. Comme les autres grandes écoles contemporaines, elle veut s'élever au-dessus de l'anarchie et du despotisme. Par toutes les voies, même les plus opposées, la pensée moderne tend à un libéralisme final. La liberté, d'ailleurs, se voit si souvent menacée dans son progrès, qu'elle n'a point trop de tous les arguments pour se soutenir ;

encore mieux vaudrait-il être libéral en vue de l'intérêt, ou en vue de la puissance, que de méconnaître
le prix de la liberté. Recueillons donc tout d'abord,
puisque les utilitaires nous apprennent à ne rien
perdre, et réduisons en système les principales raisons qu'ils peuvent fournir en faveur de la cause
commune.

Le but proposé par l'école utilitaire à la philosophie du droit et à la science sociale tout entière n'est
autre que le plus grand bonheur de la société humaine. Or, à ne parler même qu'intérêt, la première
condition de cet universel bonheur n'est-elle pas
l'universelle liberté ? Si, par exemple, au lieu de travailleurs esclaves exploités par un maître, une société
se compose de travailleurs libres qui agissent volontairement et de bon cœur, la somme de la peine est
diminuée, la somme du plaisir est accrue : ainsi de
toutes les institutions civiles ou politiques. Qui dit
contrainte dit souffrance ; la contrainte sociale devra
donc être réduite au strict nécessaire, et, comme aucune loi ne peut exister sans une contrainte, toute
loi, envisagée au point de vue utilitaire, sera en elle-
même un mal. Il en est de la législation comme de la
médecine ; sa seule affaire est le choix des maux : que
le législateur prenne garde de surpasser le mal du
délit par le mal du remède. Si toute loi confère un
droit aux uns, elle impose aux autres une obligation ;
si chaque droit est, au point de vue économique, une
acquisition, chaque obligation est un sacrifice. Le
gouvernement s'approche de la perfection, dit Bentham, à mesure que l'acquisition est plus grande et
le sacrifice plus petit ; d'où cette importante consé-

quence, fort bien déduite par l'auteur du *Traité de législation civile et pénale :* il y a toujours une raison contre toute loi, et une raison qui, à défaut d'autre, serait suffisante par elle-même : « c'est qu'elle porte atteinte à la liberté. » Celui qui propose une loi doit donc prouver non seulement qu'il existe une raison spéciale en faveur de cette loi, mais encore que cette raison l'emporte sur « la raison générale contre toute loi » : conseils pratiques d'une sagesse vraiment anglaise et aussi vraiment universelle, que devraient méditer ceux qui mesurent le progrès du droit à l'accroissement des lois et de la réglementation.

Comme la liberté, l'égalité se recommande par des raisons d'intérêt. Puisque la contrainte de la loi est encore aujourd'hui un mal nécessaire, du moins faut-il qu'elle soit parfaitement réciproque. Alors en effet chacun ne sacrifiera de sa liberté au profit des autres qu'une partie absolument égale à celle qu'un autre sacrifie à son profit; le chiffre de la perte et celui du profit se balanceront, et il y aura équilibre entre le doit et l'avoir. Bien plus, il y aura profit : tous faisant le même sacrifice pour moi, je serai ainsi respecté et protégé par tous, j'aurai à mon service la force de tous. Le plus grand intérêt est donc la plus grande égalité des libertés.

Libres et égaux, comment les individus ne reconnaîtraient-ils pas l'utilité supérieure de l'action en commun dans ce que Bentham appelait « la grande entreprise sociale » ? Au lieu de chercher directement et exclusivement leur bonheur propre, ils chercheront le bonheur de l'humanité, trésor où chacun trouve d'autant plus à puiser que tous y ont apporté davantage. L'individu recevra ainsi de la société plus qu'il n'aura donné lui-même. De là une universelle sympathie, un universel empressement à se rendre service, un universel échange de toutes les joies : le plus haut intérêt est la plus haute fraternité.

Telle est l'évolution libérale que la philosophie utilitaire, après avoir pris à ses débuts la forme anarchique et despotique, ne pouvait manquer d'accomplir tôt ou tard : l'histoire des écoles anglaises contemporaines n'a fait que développer sous nos yeux ce que d'avance renfermait la logique intérieure du système.

Reste à examiner si l'idéal des utilitaires est réalisable en fait par le seul jeu des intérêts, sans aucun appel à ces « principes mystiques » qu'on nomme droits ou devoirs, et que Bentham flétrissait d'un nom qui exprime à ses yeux le dernier degré de folie : « ascétisme ».

II

L'IDÉAL DE L'UTILITARISME EST-IL RÉALISABLE PAR LE SEUL
JEU DES INTÉRÊTS — LES DROITS DES INDIVIDUS SERONT-
ILS GARANTIS CONTRE L'ÉTAT

Le problème des voies et moyens ne semblait pas
offrir de difficulté insurmontable aux premiers utilitaires. Nourris d'Adam Smith et des économistes de
son école, ils croyaient que, même dans la société
présente, les intérêts bien entendus sont pour tous
identiques, et qu'il n'est pas besoin de désintéressement ni de sacrifice pour subordonner l'utilité particulière à l'utilité générale. Les progrès mêmes de
l'économie politique ont dissipé cette illusion. Comment méconnaître en effet, devant les événements de
chaque jour, que l'harmonie des intérêts est seulement une harmonie finale, que l'équilibre des forces
sociales est un simple objet d'espérance, et que, loin
d'avoir atteint ce moment de calme où, par la lente
influence d'une gravitation tout intime, les eaux agi-
tées auront repris leur niveau, nous nous trouvons au
plus fort de la tourmente économique et politique?
Bentham a beau nous dire : « Les hommes sont asso-

ciés et non rivaux ; » ils sont associés, sans doute,
mais, tant qu'un lien plus fort que l'intérêt ne les a
pas unis, ils sont rivaux avant tout. Aussi les économistes n'ont pas tardé à découvrir, sous les harmonies qu'ils avaient d'abord uniquement aperçues, de
secrètes oppositions, qu'ont rendues manifestes (en
les exagérant parfois) Malthus, Ricardo, Stuart Mill
lui-même. Tout n'est pas pour le mieux dans le
monde économique : si tout y est régulier et nécessaire, il ne s'ensuit pas que cette nécessité soit toujours bienfaisante et que la volonté humaine n'ait
point à corriger sans cesse les effets de la nécessité
économique. La famine et la peste ont des lois
régulières ; en sont-elles moins la peste et la famine? Le principe de Malthus, qui, pour la société
de jeunes réformateurs dont Stuart Mill, les deux
Austin et Grote faisaient partie vers 1828, « était un
drapeau et un signe de ralliement tout aussi bien
qu'aucune des idées propres de Bentham, » est-il
autre chose que l'expression un peu outrée et le
résumé sensible de tous les antagonismes constatés
par l'économie sociale? Antagonisme, ce pas trop
rapide de la population que s'efforcerait en vain d'atteindre la marche trop lente des subsistances ; —
antagonisme, cette rente du sol qui s'accroîtrait pour
les possesseurs, selon le principe de Ricardo, à mesure que diminuent pour eux et augmentent pour les
autres les difficultés de la culture ; — antagonisme,
cette lutte entre le travail du passé, accumulé dans le
capital, et le travail du présent, qui subit et repousse
tour à tour une loi d'airain finalement souveraine. Le
vrai nom de la concurrence des intérêts, c'est celui

que Darwin applique au règne animal, que Ba-
gehot et Spencer ont transporté au règne humain :
struggle for life, lutte pour la vie. Dans l'état actuel
de nos sociétés, non seulement vous ne pouvez
posséder ce que je possède, mais ce que je possède,
selon Stuart Mill, vous empêche vous-même de posséder. Un des théorèmes les plus désolants qu'on
rencontre dans les *Principes d'économie politique* de
Stuart Mill, c'est celui où, contrairement aux théories
courantes sur le luxe, il s'efforce de démontrer par des
raisons mathématiques que le travail employé à produire le superflu des uns prive inévitablement les autres du nécessaire, et que, le nécessaire même étant
en quantité insuffisante, la nourriture prise par un
homme se trouve ainsi prise à un autre homme. Cette
thèse fût-elle exagérée, il demeure vrai que l'économie sociale, séparée du droit naturel, produit le
découragement plutôt qu'elle n'excite l'espérance ;
n'avons-nous pas vu plusieurs philosophes de l'Allemagne fonder leur pessimisme sur les mêmes lois
économiques dont s'enchante l'optimisme anglais ?

C'est qu'en définitive l'économie politique étudie
seulement ces harmonies extérieures et lointaines des
intérêts qui n'empêchent pas leur opposition intime
et immédiate. Les réformateurs utilitaires et benthamistes croient-ils, parce qu'ils auront montré que le
capital est une source de travail et que l'intérêt du
pauvre est ainsi avec celui du riche dans un rapport
général de solidarité, avoir fait cesser tout conflit
entre le riche et le pauvre ? Solidaires aussi sont les
plateaux d'une balance, mais l'un s'abaisse quand
l'autre s'élève. Quelque étroite que soit la coopéra-

tion entre les riches et les pauvres, la richesse est
toujours la richesse, la pauvreté est toujours la pauvreté ; l'une est en haut, l'autre est en bas ; l'une
jouit, l'autre souffre.

Aussi Stuart Mill, ne pouvant se résoudre à admettre avec Adam Smith l'harmonie naturelle et
actuelle des intérêts, s'adresse à une ressource déjà
connue et mise en œuvre avec enthousiasme par
Owen, « l'organisation sociale, » c'est-à-dire l'identi-
fication des intérêts de tous par des moyens artificiels. « Pour se rapprocher le plus possible de l'idéal,
dit-il, la théorie utilitaire exige en premier lieu que
les lois et l'organisation sociale mettent autant que
possible le bonheur ou, pour parler plus pratiquement, l'intérêt de chacun en harmonie avec l'intérêt
de tous. Austin avait les mêmes vues : il regardait,
non sans raison, toutes les institutions existantes,
tous les arrangements so⬛⬛x de notre temps, comme
« étant d'une flexibilité indéfinie ». Quant à Spencer,
nous avons vu de quelle façon séduisante il décrit
l'identité finale des intérêts dans la société à venir :
il présente à nos yeux cet âge d'or qui, selon Bacon,
est devant nous, non derrière nous. Par malheur,
nous sommes encore dans l'âge de fer ou, si l'on
aime mieux, dans l'âge d'argent : est-ce le droit de
l'âge d'or ou celui des temps actuels que doit constituer présentement la science sociale ? A-t-elle affaire
à « l'homme définitif » de Spencer ou à l'homme
« provisoire » d'Austin, et la question n'est-elle pas
de savoir si le principe de l'intérêt, à lui seul, suffira
pour transformer l'un dans l'autre ? Le socialisme
nouveau auquel tend l'école utilitaire, vrai en grande

partie, ne peut cependant accomplir tout d'un coup
son prodige de la fusion des intérêts ; comment
donc agiront en attendant et les sociétés et les individus ? — Difficulté finale, qui se subdivise à son tour
en deux questions : en premier lieu, si l'utilité est la
seule et unique mesure du droit, quelle garantie,
dans l'État utilitaire, les droits de l'individu trouve-
ront-ils contre l'État lui-même ? En second lieu, par
quel moyen les utilitaires obtiendront-ils que chaque
individu respecte le droit des autres ?

La personne humaine ne pouvait avoir en soi,
selon l'école utilitaire, ce caractère sacré sur lequel
d'autres écoles voulurent fonder des droits inviola-
bles ; elle valait seulement comme un moyen, un
instrument, un chiffre du bonheur total. De cette différence entre les principes des écoles sont nées leurs
conceptions du droit divergentes. Les partisans du
droit naturel ne se figurent un droit que comme un
pouvoir imposant à autrui un devoir absolu de
respect : ce caractère absolument respectable est
incompatible avec l'essentielle relativité de l'utile.
Aussi, quoique les utilitaires anglais opposent leur
« individualisme moderne » au « communisme imité
de l'antique », leur jurisprudence et leur politique ne
confèrent vraiment à l'individu aucun titre qui ne soit
conditionnel, temporaire, subordonné aux vicissitudes de l'intérêt commun. Dans l'école des droits de
l'homme, à tort ou à raison, le moi se pose devant
autrui comme inviolable en droit ; dans l'école utilitaire, le moi peut bien se montrer fort résistant en
fait, mais théoriquement on le plie aux exigences
de l'intérêt général ; peut-être même est-ce parce

12

que l'individu se sent peu garanti par les principes
qu'il tient tant aux garanties de fait ; nous avons vu
les partisans du droit idéal, au contraire, quand ils
sont opprimés dans la réalité, chercher un dernier
abri dans ces droits moraux que n'osent nier ceux
mêmes qui les violent. Maintenant, ne peut-on
éprouver quelque inquiétude pour le sort final réservé à l'individualité humaine par des sociétés strictement utilitaires qui, en se disant individualistes, ne
laisseraient au droit de chacun d'autre protection
que l'intérêt de tous ? La plus grande utilité, au sein
de la société réelle, n'exigerait-elle jamais une in-
fraction momentanée aux lois idéales de la société
parfaite ? Bien plus, supposons toutes les nations
réunies en une seule et formant une république universelle ; il n'est pas évident que l'intérêt de la génération présente serait toujours d'accord avec celui
des générations à venir. Comment donc une utilité
tout idéale pourrait-elle alors prévaloir sur l'utilité
réelle ? L'essence de l'utilité, comme celle des faits,
est non d'être conçue, mais d'exister, non d'être possible, mais d'être actuelle ; si elle n'est plus qu'un
idéal, elle n'est plus rien.

On peut donc se demander jusqu'à quel point, en
attendant la société idéale, seraient garantis et stables, dans un État étroitement utilitaire, les droits
d'un individu, d'une classe, d'une fraction de la société. Avec quel sérieux Bentham examine ce qu'il
faudrait faire, s'il venait à être démontré que la
réduction de tous les catholiques anglais en esclavage par les protestants, et de tous les protestants
irlandais par les catholiques, assure « le plus grand

bonheur du plus grand nombre d'hommes possible » !
La conclusion est inévitable : « il faudrait immédiatement les réduire en esclavage. » Bentham s'em-
presse d'ajouter, il est vrai, que l'hypothèse est
inadmissible, que le malheur des esclaves produirait
un excédent de peine, que cet excédent compense-
rait le surplus de bonheur, etc. — Mais supposez
qu'au lieu de réduire tous les catholiques ou tous les
protestants en esclavage, il ne s'agisse que d'y réduire quelques hommes, ou même simplement de
supprimer secrètement un seul homme, — le genre
humain ne pourrait-il, tout compte fait, avoir plus
de profit que de perte, et seriez-vous bien sûr de pouvoir démontrer, chiffres en main, votre droit de vivre?
De même, Bentham soutient au nom de l'utilité la
liberté de conscience, mais ce droit, sauvegardé dans
l'État idéal, pourrait ne pas être en sûreté dans un
État réel qui serait franchement et exclusivement
utilitaire. Pour le croyant, par exemple, il y a
deux utilités, celle de la terre et celle du ciel, et la
seconde est plus importante que la première : si ceux
qui admettent une religion sont les plus nombreux
et subordonnent tout dans un État à l'intérêt religieux, en vain Bentham et Grote pèseront les plaisirs
et les peines comme ils le font dans leur livre sur
la Religion naturelle ; qu'est-ce que le salut d'un
jour comparé au salut éternel, et comment réfuter
l'utilitarisme de l'autre monde par des calculs d'utilité terrestre? Ce n'est peut-être pas sans raison que
le souverain imaginé par Hobbes fait à son gré la
vérité religieuse : il décrète que Dieu est, et Dieu est;
il décrète qu'il n'y a plus de Dieu, et Dieu n'est plus.

La jurisprudence purement utilitaire, quel que
soit le libéralisme de ses partisans modernes, ten-
drait à faire de l'individu, comme dans les sociétés
antiques, le simple serviteur de l'intérêt général.
Cette tendance s'est manifestée à la fin dans les
questions sociales proprement dites, où les recherches de l'école utilitaire ont été d'ailleurs si fécondes.
Stuart Mill, dans son importante théorie de la propriété, oscille entre l'idée d'un droit inhérent à la
liberté même et l'idée d'un droit dérivé uniquement
de l'intérêt social : cette oscillation peut servir à rendre
sensible une certaine ambiguïté inhérente au principe
de l'utile. Stuart Mill accorde d'abord à l'individu un
droit de propriété exclusive sur les produits de son
travail personnel. La part qui revient au travail de
l'individu, dit-il, « doit être respectée *absolument* ».
Si l'État prive l'individu d'un de ses biens, « le
droit à une compensation est *inaliénable* ». Ailleurs,
Stuart Mill parle de « droits sacrés », de « droits moraux », qui appartiennent aux hommes « en tant
que créatures humaines » ; ce sont les termes de cette
déclaration des droits de l'homme si vivement attaquée par Bentham. C'est sur le même principe de
droit proprement dit, joint d'ailleurs à des considérations d'intérêt, que Stuart Mill fonde sa critique
de la propriété foncière, qui se distingue essentiellement, selon lui, des autres sortes de propriété.
« Les principes précédemment posés, dit-il, ne sauraient s'appliquer à ce qui n'est pas le produit du
travail, la matière première de la terre ; » aucun
homme n'a fait la terre ; elle est donc l'héritage
primitif de tout le genre humain, *the original inhe-*

ritance of all mankind. C'est pourquoi la propriété foncière ne peut plus être « absolue » chez l'individu, comme l'est une complète création de son travail; des raisons d'utilité générale peuvent seules justifier la possession individuelle et exclusive du sol : « si la propriété privée de la terre n'est pas *utile*, elle est *injuste*... » — « Il est en quelque façon injuste qu'un homme soit venu au monde pour trouver les dons de la nature accaparés d'avance, sans qu'il reste de place pour le nouveau venu. » La propriété foncière a de plus un caractère spécial où Stuart Mill voyait une violation du droit commun, de l'égalité dans la liberté : elle est et ne peut pas ne pas être un monopole naturel [1]. On connaît les dernières conclusions de Stuart Mill dans son *Programme of the land*

[1]. Il y a des choses, dit Stuart Mill, qui ne peuvent devenir articles de commerce sans devenir nécessairement articles de monopole, les chemins de fer par exemple : si la ligne de Londres à Edimbourg élevait ses prix d'une manière exagérée, pourrait-on construire une nouvelle ligne de Londres à Edimbourg pour lui faire concurrence, et le monopole n'est-il pas ici inévitable? Aussi l'Etat a-t-il un droit reconnu de limiter les profits et d'imposer une borne légale au prix du transport par voie ferrée. « La terre, selon Stuart Mill, fait partie des monopoles naturels : la demande pour les terrains, en tout pays prospère, s'élève constamment, tandis que la quantité de terrains à vendre n'est susceptible que d'un accroissement très faible; de là provient la *rente*, ce surplus de revenu qui ne correspond pas à un travail du propriétaire ou à un emploi de capital par ce propriétaire, mais simplement à une augmentation spontanée de la valeur des terres sous l'influence de raisons sociales. » Du principe de Ricardo, Stuart Mill crut pouvoir tirer cette conséquence, qu'une part de la rente revient de droit à la société, et que la société en est réellement propriétaire. — Mais, peut-on répondre, la rente existe aussi sur d'autres propriétés que la terre.

tenure reform association : si l'État doit laisser intact le revenu du travail et du capital, il a, selon Mill, le droit et le devoir d'atteindre le prix du monopole naturel ou la rente du sol proprement dite par l'établissement d'une taxe spéciale sur la propriété foncière, taxe qui restituerait à la société la part légitime de la société même dans la propriété de l'individu. Par là, Stuart Mill s'efforçait de prendre une position intermédiaire entre les communistes, qui nient toute propriété individuelle, et les économistes, qui considèrent comme absolue la propriété individuelle du sol. Ainsi se manifeste chez lui cette double tendance que nous avons déjà remarquée : tantôt il invoque des raisons de droit pur pour rendre à chacun ce qui lui appartient, à l'individu ce que l'individu a créé par son travail individuel, à la société ce que la société a créé par son travail collectif et par son développement; tantôt, au contraire, il semble qu'au nom de l'utilité publique il va entièrement détruire la propriété ou la rendre en quelque sorte taillable et corvéable à merci. « Le droit des propriétaires à la propriété du sol, dit-il, est complètement subordonné à la *police* de l'État; l'État a la liberté de traiter avec la propriété territoriale selon ce qui est exigé par les *intérêts* généraux de la société, et même, s'il le faut, d'en agir avec la propriété tout entière comme cela a lieu pour une partie toutes les fois qu'un bill est promulgué pour la construction d'un chemin de fer ou d'une nouvelle rade. » Si la tendance utilitaire était seule, rien n'empêcherait Stuart Mill d'aboutir au communisme pur; le droit inaliénable de propriété qu'il reconnaît cependant ne pourrait se fonder, semble-t-il, que sur des raisons toutes morales et juridiques.

Même opinion mixte et quelque peu ambiguë de Stuart Mill dans le problème du droit à l'assistance, qui suit naturellement celui de la propriété. Stuart Mill admet ce droit, reconnu par l'acte d'Élisabeth, qui établit la taxe des pauvres. La société, dit-il, est composée principalement de ceux qui vivent du travail des mains, et, si ces travailleurs prêtent leur force physique pour protéger les gens qui jouissent du superflu, ils ont le droit de ne les protéger « qu'à la condition que les taxes pourvoient aux dépenses d'utilité publique; or, parmi les choses d'*utilité*, la subsistance du peuple est assurément la première. » Ici, comme on le voit, c'est la méthode utilitaire qui fournit les principes de la question; mais Stuart Mill semble revenir à la considération de droit quand il ajoute : « Comme personne n'est *responsable* de sa naissance, il n'est point de sacrifice pécuniaire trop grand pour ceux qui possèdent plus que le nécessaire, lorsqu'il s'agit d'assurer à tous ceux qui existent les moyens de vivre. » Toutefois, ce droit à l'assistance ne saurait être absolu et inconditionnel; Stuart Mill le limite et le subordonne à un devoir corrélatif des individus. Il faut tenir compte, dit-il, dès lois de la population établies par Malthus; si tout membre de la grande famille humaine a droit à une place au banquet que les efforts collectifs de son espèce ont préparé, il n'en résulte pas pour chacun « le droit d'inviter à ce banquet, sans le consentement de ses frères, des convives surnuméraires. » S'il en est qui agissent de la sorte, c'est sur la part qui leur

revient que doit être prise, selon Stuart Mill, celle
des nouveaux venus. « Il y a une moitié de la vérité
du côté des doctrines socialistes, conclut Stuart Mill,
et une moitié du côté opposé. Ces deux moitiés se
rejoindront un jour. » Comment? Stuart Mill ne le
dit pas.

Eliminez les considérations que Stuart Mill emprunte, ce semble, à des doctrines différentes de l'utilitarisme, tenez-vous strictement à sa définition primitive du droit : « un pouvoir que la société est
intéressée à accorder aux individus, » vous recon-
naîtrez que le principe de l'utilitarisme est identique
dans le fond à celui du communisme, que c'est non
pas seulement la propriété du sol, mais tout droit de
propriété sur un objet quelconque qui se trouve
logiquement remis à l'État, que l'organisation même
de la famille, où Stuart Mill voudrait cependant
avec raison plus de liberté, risque d'être à la merci
de la communauté, et qu'enfin une société qui pourrait seule nous octroyer nos droits en vue de son
intérêt pourrait aussi, au nom de ce même intérêt,
nous les reprendre. Si la liberté, la conscience, la
naissance et la vie même des individus se trouvaient
entièrement subordonnées au plus grand bonheur du
plus grand nombre, si la vérité comme la justice
perdaient tout titre à un respect intrinsèque, quelle
prérogative personnelle pourrait échapper au sort
commun de tous les droits? Dans un État rigoureusement et étroitement utilitaire, tant que l'idéal
de la société définitive ne serait pas réalisé, tout serait provisoire pour l'individu; la société présente
ne lui concéderait que des droits sujets à caution,

dont quelque concours particulier de circonstances pourrait toujours exiger le sacrifice ; il posséderait provisoirement, il serait libre provisoirement.

N'y a-t-il pas au moins un *idéal* de droit supérieur à cet intérêt collectif, un idéal de droit fondé sur quelque caractère immanent à l'individu même ? C'est ce que nous aurons à chercher plus tard. En ce moment, nous ne faisons que déduire les tendances logiques de l'utilitarisme *exclusif*, souvent méconnues par les utilitaires mêmes, sans d'ailleurs prétendre apprécier la valeur absolue et finale de la doctrine.

III

LES DROITS DE L'INDIVIDU SERONT-ILS GARANTIS CONTRE LES AUTRES INDIVIDUS DANS L'UTILITARISME

Nous avons vu à l'œuvre la philosophie du pur intérêt dans cette sphère de l'État où, comme disait Platon, la justice et l'injustice peuvent se dessiner en traits dont la grandeur frappe mieux les regards. Après avoir examiné de quelle façon une société exclusivement utilitaire pourrait agir au besoin envers l'individu, il nous reste à chercher comment agirait l'individu lui-même dès qu'entre son intérêt et celui des autres il y aurait conflit. Ici se pose devant l'école utilitaire le problème fondamental du droit naturel, sous la forme de cette inévitable alternative : ou la règle de l'intérêt particulier ou celle de l'intérêt universel ; entre l'égoïsme et le désintéressement, il faut choisir.

Stuart Mill et ses partisans sont des esprits trop généreux pour qu'on puisse douter de leur choix. « La philosophie utilitaire, dit Stuart Mill, exige que l'individu placé entre son bien et celui des autres se montre aussi strictement impartial que le serait un spectateur bienveillant et désintéressé. » Clifford ne se contente même pas de l'*altruisme* positiviste, qui est encore une simple sympathie pour l'*individu*, il veut un amour du tout, un dévouement à la communauté sociale, et il donne à ce dévouement le nom de *piété sociale*. Ainsi s'introduit dans la doctrine même de l'intérêt le désintéressement dont on avait d'abord rejeté l'idée. Où Bentham ne voyait qu'une dépense infructueuse, on reconnaît une dépense nécessaire : pour épargner le bien de tous, ne faut-il pas que l'individu, le cas échéant, soit prodigue de soi[1] ? En attendant cette organisation d'une société parfaite où l'individu n'aurait plus besoin de se sacrifier, la philosophie utilitaire elle-même « exige » actuellement qu'il se sacrifie ; pourra-t-elle, sans invoquer aucun idéal moral ou métaphysique, justifier cette exigence et, par des raisons tirées du pur intérêt sensible, ériger en devoir pour l'un, en droit pour l'autre, le désintéressement ?

Le premier mobile, le premier ressort auquel se sont adressés les utilitaires pour mettre en mouvement la machine humaine, c'est le plaisir, dont l'intérêt n'est, selon le terme barbare de Bentham, que la *maximisation ;* mais qu'est-ce qui fait la valeur du plaisir et l'élève vraiment au maximum ? C'est qu'on en jouisse. Le plaisir dont je ne jouis pas peut avoir de la valeur pour un autre ; il n'en a point pour moi. Si le plaisir seul donnait aux choses leur prix et aux personnes leur droit, qui m'empêcherait de chercher

---

1. C'est ce qui est encore plus visible dans les beaux travaux de MM. Sidgwick et Stephen Leslie.

mon plaisir aux dépens du vôtre? Le vôtre est-il plus respectable? Qu'il soit sacré pour vous, je l'accorde ; mais ce qui est sacré pour moi, c'est le mien.

Bentham voudra-t-il me commander la dépense de mon plaisir au nom de l'arithmétique morale et par des raisons de quantité? — L'intérêt universel représente sans doute une plus grande somme de plaisir, si je fais abstraction de moi-même; mais, à mon point de vue propre, la chose est différente. Autant j'abandonnerai en faveur d'autrui, autant diminuera mon « avoir ». Si le caissier d'une société contribue à la bonne gestion des affaires, le trésor commun augmente; s'il détourne les fonds à son profit, le trésor commun diminue, mais à coup sûr son trésor particulier y gagne : posez en principe qu'il n'y a d'autre droit que l'intérêt transformé, quel raisonnement mathématique pourra, en cas d'impunité certaine, empêcher le caissier de fuir avec la caisse ?

Bentham dira que la logique, d'accord avec l'arithmétique, défend à tout membre d'une association de séparer son intérêt et l'intérêt des autres. — Et cela est vrai quand il se considère théoriquement comme membre de la société. A ce point de vue, — Clifford et M. Sidgwick ont raison de le dire, — mon intérêt se confond avec le vôtre ; le bien de l'individu en général ne se distingue plus du bien général. Mais je ne suis pas, moi, l'individu en général, je suis tel homme particulier, ayant son intérêt particulier et exclusif. Les logiciens mêmes de l'école utilitaire, fidèles au nominalisme, nous apprennent que les règles universelles sont le pendant des fictions légales et que

« le praticien sage doit toujours se guider d'après
l'analyse du cas particulier ». Ainsi parle Stuart
Mill dans sa *Logique inductive et déductive*. Si donc
l'égoïsme individuel est illogique au point de vue des
« généralités vagues », il peut être parfois seul logique au point de vue des faits positifs. M. Sidgwick
dit que le bonheur est rationnellement désirable pour
autrui comme pour moi ; cela est vrai, mais il s'agit
de savoir s'il est rationnel pour moi de vouloir le
bonheur d'autrui aux dépens du mien. La logique
pure, quelle qu'en soit l'importance en morale (et
nous ne la nions pas), n'est donc point ici suffisante
à elle seule.

Invoquera-t-on enfin le contrat qui relie entre eux
les membres de la société et par lequel Hobbes espérait transformer le droit du plus fort dans le droit
des plus nombreux ? — La théorie du contrat se
trouve encore insuffisante pour toute école qui,
comme celle de Hobbes, ne peut donner aux contrats que l'appui de la force. S'il n'y a de précieux
en soi que l'intérêt, ces mots : « Vous n'avez pas le
droit de violer le contrat, » signifient seulement que
le plus grand intérêt est de ne pas le violer. « Dans
les cas, dit Bentham, où l'engagement devient oné-
reux à l'une des parties, on les tient liées encore par
l'utilité générale des engagements ; » mais que m'importe cette utilité *générale* des contrats si, dans le
cas présent, le contrat que j'ai accepté m'est évidemment nuisible? L'intérêt nous avait rapprochés, l'intérêt nous sépare.

La vraie ressource des utilitaires, c'est de demander la réalisation progressive du droit et de la

société idéale non à une libre abnégation de l'individu, mais à quelque nécessité dont l'individu deviendrait incapable de s'affranchir. On peut en effet, en
s'inspirant de Spencer, pousser leur doctrine plus
loin et plus haut : l'utilitarisme a besoin d'être complété par l'évolutionnisme. Dans ses *Principes de psychologie*, Spencer nous fournit les ressorts du vivant
mécanisme par lequel les penchants égoïstes et « antisociaux », répondant à l'intérêt de l'individu, se trans-
formeront peu à peu en penchants sympathiques et
sociaux, répondant à l'intérêt du milieu social, c'est-
à-dire à la justice. De même que dans le corps de
l'individu, sous les lois de l'action réflexe, un membre
ressent le mal fait à un autre membre, de même dans
l'organisme social, qui est le milieu animé où nous
nous développons, nous recevons fatalement le contre-
coup du tort fait à autrui. Le principe secret de tout
sentiment sympathique, selon Spencer, c'est le sentiment égoïste correspondant dont il a besoin pour
se développer. Voyez comme les gens de bonne santé,
après une sérieuse maladie, deviennent plus tendres
pour les malades ! C'est qu'ils ont acquis les sentiments égoïstes qui, excités par sympathie, se changent en sentiments impersonnels. Ce qu'on nomme
l'amour de la justice n'est peut-être que le résultat
fatal d'un mécanisme analogue : le souci intéressé
de ma « sphère d'activité personnelle » finit par
exciter ma sympathie pour votre sphère semblable
d'activité, et c'est là en effet, selon Spencer, l'origine
psychologique du sentiment du droit. Le développement des sociétés passées et présentes en est
à ses yeux la preuve : à l'un des extrêmes de l'his-

toire nous voyons que le type de nature qui se
soumet le plus facilement à l'esclavage est aussi le
plus prêt à jouer, si l'occasion le sert, le rôle de
tyran ; dans les sociétés intermédiaires, comme la
société anglaise, « la tendance croissante à repousser
l'agression s'accompagne d'une tendance décroissante
à l'agression de la part de ceux qui sont au pouvoir ».
Enfin, à l'autre extrémité, dans la société idéale, la
sympathie sera tellement universelle qu'on ne con-
cevra même plus la possibilité d'une action contraire
à l'intérêt de tous ; le droit et la justice n'auront plus
besoin des codes écrits par la main des hommes : les
codes seront contenus dans les têtes humaines.

En attendant, l'égoïsme et la sympathie sont les
deux facteurs indispensables du progrès : tantôt l'individu, avec sa concentration sur soi, tantôt la société,
avec son mouvement d'expansion, remporte la victoire ; cette oscillation des deux penchants antagonistes, forces attractives et forces répulsives, est le
rythme fondamental dont la formule cachée régit
tous les autres phénomènes rythmiques de nos sociétés, — offre et demande, hausse et baisse des prix,
abondance et disette, naissance et mort, révolutions
et réactions, guerres et paix, — alternatives sans
nombre qui font la vie du corps social, mouvantes
ondulations qui ressemblent à la houle de l'Océan.
Cependant les lois de la mécanique universelle veulent que tout rythme aboutisse à un équilibre final.
L'individu et la société, l'intérêt de chacun et l'intérêt de tous arriveront donc nécessairement à une
mutuelle harmonie. Dans l'espoir de cet avenir, rési-
gnons-nous aux oscillations présentes du rythme ;

le vaisseau sur la mer s'élève et s'abaisse avec la vague, mais la force supérieure qui enfle ses voiles le fait néanmoins avancer. Tantôt le bien et le progrès, tantôt le mal et le recul, qu'importe? La rétrogradation elle-même est un moment nécessaire, quoique transitoire, du progrès ; nous marchons malgré tout vers l'époque de liberté et d'égalité qui réalisera l'équilibre des tendances égoïstes et sympathiques. La même force se manifeste au commencement, au milieu et à la fin ; la nécessité est le but, la nécessité est le moyen : avons-nous besoin d'une autre puissance et d'un autre droit?

Ainsi, par l'intermédiaire des plus hautes doctrines évolutionnistes, nous pouvons, comme sur un même sommet atteint par diverses directions, ramener la philosophie de la puissance supérieure et la philosophie de l'intérêt supérieur à cette unité qu'elles avaient présentée tout d'abord dans le *Léviathan* de Hobbes ; mais Léviathan, cet être gigantesque dont les individus ne sont que des parties presque imperceptibles, n'est plus seulement la société, c'est toute la nature. La science moderne a démontré que l'être qui désire vivre doit s'adapter au milieu, bien plus, qu'il s'y adapte nécessairement ou périt. L'univers est le milieu mobile auquel s'adapte l'humanité ; l'humanité est le milieu auquel s'adapte l'individu ; la morale individuelle et le droit public ne font qu'exprimer les progrès successifs de cet ajustement et posent à l'espèce humaine l'alternative que toutes les autres espèces subissent : avance ou meurs.

La nécessité physiologique et sociale, telle que nous venons de la décrire, est incontestable, et nous som-

mes loin d'en nier les effets. La question est seulement
de savoir si elle sera toujours assez irrésistible pour
faire franchir à l'individu la distance que son intérêt
peut placer entre lui et les autres.

Nous touchons ici à l'objection la plus importante
et la plus originale qu'on ait dirigée contre la doctrine purement utilitaire [1].

Le mécanisme qui doit assurer le triomphe final
des forces sympathiques et par cela même de la justice universelle, de la « piété sociale », peut se résumer scientifiquement en ces deux formules : dans le
présent, antagonisme de l'individu et du milieu social,
ou rythme de l'égoïsme et de la sympathie ; dans l'avenir, adaptation de l'individu au milieu social, ou équilibre de l'égoïsme et de la sympathie. Pour que de
ce fonctionnement résulte le progrès du droit, il
faut qu'au sein de l'humanité les deux facteurs subsistent l'un en face de l'autre, et qu'il y ait même
du côté des forces sympathiques un avantage propre à les faire prédominer ; c'est ce qui a déjà lieu
dans la société présente, c'est ce qui justifie nos
espérances dans la société à venir. Cependant, si le
désintéressement peut aujourd'hui lutter contre l'intérêt, si même il va l'emportant de plus en plus
dans cette lutte, n'est-ce pas parce que nous avons
encore quelque foi dans la vérité d'un certain idéal
moral pour lequel nous travaillons? Or, la philo-

---

1. C'est l'objection développée dans la *Morale anglaise contemporaine* de M. Guyau. Voir la discussion qui en a été faite
par M. Espinas, *Revue philosophique*, 1882, 2ᵉ sem., par M. Ribot (de l'*Hérédité*), et par M. Paulhan, *Revue philosophique*,
1883, 1ᵉʳ sem.

sophie eudémoniste semble détruire l'illusion d'une fraternité vraiment morale comme celle d'un droit moral. Elle nous apprend que la sympathie est seulement une forme plus raffinée de l'action réflexe : j'ai mal à votre poitrine, je suis atteint dans votre liberté, mon égoïsme souffre dans votre égoïsme. Nous croyons agir, nous ne faisons que pâtir ensemble, et l'apparente initiative qui nous conduit vers nos semblables est la même force nécessaire qui nous ramène sans cesse à nous-mêmes. Le don que l'on pense faire à autrui, on ne le fait qu'à soi.

En se complétant par l'évolutionnisme, la doctrine utilitaire devrait, selon nous, avoir soin de représenter l'égoïsme comme aussi *relatif* que la sympathie, et ne pas étendre jusqu'au fond dernier de la conscience l'invincible attachement au moi : ce qui reste sur ce point de Hobbes et de Bentham jusque dans l'évolutionnisme peut devenir, comme nous allons le voir, un facteur dissolvant, d'abord pour la « conscience morale », puis pour la « conscience sociale ».

Si nous étions autre chose qu'un mécanisme soumis aux lois fatales de la jouissance, si nous avions conscience d'une volonté quelconque capable de prendre avec quelque désintéressement sa part des souffrances d'autrui, nous pourrions vraiment mettre tout en commun, principalement les peines, et nous écrier avec le poète anglais : « Hommes, du moins nous sympathisons, et, souffrant de concert, nous rendons nos angoisses sans nombre plus faciles à supporter par la sympathie illimitée de tous avec tous; » mais si, au fond, les êtres humains ne font

que subir en commun une commune influence, poursuivre également le plaisir, recevoir le même choc
d'une même fatalité, ils ne s'aiment véritablement
pas plus entre eux, au sens absolu du mot, que des
instruments qui rendent à l'unisson des accords tantôt
joyeux, tantôt tristes. Qu'importe, dira-t-on, s'il en
résulte dans la société humaine, par le progrès du
temps, une harmonie non moins belle que celle de la
nature? — Beauté de forme, non de fond, qui pourrait bien disparaître peu à peu dès qu'elle voudrait
se regarder elle-même. Si l'illusion se dissipait, il resterait, selon la doctrine purement utilitaire et hédoniste, l'égoïsme conscient de l'un devant l'égoïsme
conscient de l'autre, et, entre les deux, un intervalle
infranchissable. Cette découverte du fond des choses,
en supposant que ce soit là vraiment le fond, chan-
gerait peu à peu l'attitude mutuelle des individus au
sein de la société. Quand l'opposition des jouissances
et des intérêts, qui persiste dans la réalité en attendant la société idéale, aurait révélé à l'homme ce que
sa sympathie lui coûte, quand il aurait compris que
parfois, pour se mettre en harmonie avec le milieu
de l'organisme social, pour vibrer d'accord avec l'ensemble infini de ses semblables dans le présent et
dans l'avenir, il faut que l'instrument se tende au
point de se briser lui-même, cette réflexion de l'intelligence finirait par rendre aux individus, avec la
possession de soi, le calme du sentiment, et, arrêtant
dès le début l'élan spontané du cœur, ouvrirait plus
grand que jamais l'abîme qui séparait les personna-
lités. Or la doctrine utilitaire n'est pas une doctrine
secrète; elle ne cachera pas aux membres de la so-

ciété future la source primordiale de la sympathie
dans l'égoïsme foncier. De là l'objection sérieuse que
nous avons vu adresser à la théorie utilitaire : le progrès des intelligences sera celui de la réflexion et de
l'analyse, et le progrès de la réflexion risquera de
compromettre le mécanisme savant par lequel l'utilitarisme espérait assurer le triomphe de la force sympathique : le jour où nous verrions que nous sommes
dupes, fût-ce de notre cœur, nous ne voudrions plus
l'être, au moins quand l'erreur menacerait de nous
coûter trop cher[1].

Toutefois cette grave objection ne doit pas être
exagérée. Le *sacrifice* proprement dit n'est pas une
chose de chaque jour, — quoique le dévouement soit
pour beaucoup d'hommes le pain quotidien dans la
société et dans la famille.

Il reste vrai qu'il y a des conjonctures où le sacrifice devient nécessaire. M. Stephen Leslie le reconnaît avec plus de franchise que les autres utilitaires,
et il va jusqu'à dire que « le sacrifice de soi est une
énigme : *self sacrifice is an enigma.* » On lui a repondu :
— Que voyez-vous d'étonnant à ce qu'il y ait du mal
et du sacrifice dans l'univers? Qui vous a dit que le
sacrifice ne doive pas exister dans le monde? Est-ce
parce qu'il n'est pas désirable? Mais, derechef, qui
vous assure que le *désirable* soit la loi du monde et
doive y exister? — Ceux qui ont fait à M. Stephen
Leslie cette réplique ont déplacé la question. Il ne
s'agit pas de savoir seulement si le sacrifice est une
énigme dans le monde, mais s'il est une énigme dans

1. Voir la *Morale anglaise contemporaine*, de M. Guyau.

la morale utilitaire et hédoniste. Or, si le *désirable*
est le principe de cette morale, comment peut-elle en
certains cas exiger le sacrifice, qui n'est pas *désirable?*
Dans les grandes et solennelles alternatives, une pensée vraiment *réfléchie* et consciente de l'égoïsme fondamental qui, selon le pur utilitarisme, est essentiel
à l'être, ne pourrait sans inconséquence, après avoir
fait le « calcul des plaisirs », préférer les autres à soi.
Il y a donc bien là ou une « énigme », ou une duperie.

Si la doctrine utilitaire ne poussait pas à l'extrême
son affirmation de l'égoïsme comme loi primitive et
radicale, si elle ne tranchait pas trop négativement le
problème psychologique et métaphysique de la possibilité du désintéressement, elle pourrait échapper
aux conclusions dissolvantes qui lui ont été objectées.
Mais les utilitaires, avec la Rochefoucauld et Helvétius, placent au fond du moi un attachement invincible au moi, dont la sympathie ne serait selon eux
qu'une transformation mécanique et biologique. C'est
là une affirmation prématurée, trop dogmatique, sur
le fond ultime des choses et principalement de la
pensée consciente. On y méconnaît le pouvoir qu'a la
conscience même de concevoir l'objectif, surtout la
conscience d'autrui, et par là, en une certaine mesure, de se désintéresser. L'égoïsme n'est probablement pas plus *radical*, pas plus *absolu* que l'altruisme ; il n'a, lui aussi, qu'une valeur relative et
phénoménale.

C'est cette affirmation trop systématique d'un atomisme moral, d'un *moi* fermé et foncièrement égoïste,
d'une volonté esclave de la jouissance, qui risquerait
de produire, si elle envahissait toutes les pensées, la

décomposition lente de la conscience morale, de
même que celle-ci fut lentement constituée par les
relations sociales et par « l'illusion » spontanée
du désintéressement. La foule pourrait sans doute
être longtemps étrangère à cette analyse et à cette
dissolution philosophique de l'instinct moral; mais,
dans les grandes alternatives, et peut-être aussi dans
une foule de petits dilemmes posés par la vie jour-
nalière, l'esprit benthamiste de calcul et de réflexion,
l'esprit vraiment utilitaire pourrait bien reprendre le
dessus. Si cet esprit, peu à peu, se généralisait par la
« diffusion des lumières » et de la philosophie, il n'y
aurait plus toujours en présence, dans la société, les
deux forces antagonistes dont le rythme nous semblait
tout à l'heure nécessaire au progrès ; car, la tendance
sympathique ne pouvant subsister sans se dissoudre
qu'à la condition de se croire opposée à la tendance
égoïste, si l'un des adversaires s'aperçoit un jour
qu'en certain cas il se bat contre lui-même et contre
son vrai *moi*, il s'empressera de se tourner ailleurs.
Par là se modifierait le problème : l'un des deux termes qui semble opposé à l'autre viendrait, en cas
de besoin, s'y réduire; la lutte serait alors non plus
celle de la sympathie contre l'égoïsme, mais celle de
l'égoïsme contre l'égoïsme. Dans cette hypothèse, le
surplus de force, l'avantage supérieur qui appartenait d'abord au penchant social pourrait passer à la
fin du côté des penchants individuels : chacun, par
le progrès de la réflexion et de la désillusion, recom-
mencerait à se reconnaître comme son vrai centre à
lui-même, à se chercher soi-même en profitant des
autres quand ils l'aideraient, en leur résistant quand

ils le gêneraient, jusqu'à ce que le plus fort ou le cal-
culateur le plus habile l'eût emporté. Or, c'est Spencer
qui nous l'apprend, la lutte des égoïsmes est la « caractéristique de la barbarie », c'est la marque infaillible
à laquelle on reconnaît la prédominance des forces
destructives sur les forces constitutives de la société,
de la dissolution sur l'évolution. L'adaptation de l'individu au milieu, sur laquelle l'hédonisme comptait,
ne serait plus que cet arrangement physique déjà
décrit par Montaigne, quand il comparait les hommes
à des cailloux qui, sous l'influence d'une agitation
prolongée, se tassent d'eux-mêmes, se polissent mutuellement, se disposent en couches hiérarchiques,
la foule des petits en bas, quelques gros par-dessus.
Ajoutons qu'à force de les agiter et de les user l'un
contre l'autre on finirait peut-être par les ramener
à la même grosseur : voilà l'égalité et la fraternité
d'une société régie par des lois purement mécaniques
et purement égoïstes; mais, en poursuivant pendant
un temps indéfini, on verrait le tout se réduire en
poussière : image de la dissolution qui pourrait me-
nacer une société atomistique livrée au seul choc des
égoïsmes, si cet égoïsme devenait parfaitement conscient.

Cette dissolution ne se ferait, il est vrai, que peu à
peu, car l'instinct social, l'altruisme, la *piété* sociale,
tout cela ne peut disparaître en un instant : l'*animal
sociable* dont parle Aristote ne peut tout d'un coup
redevenir insociable. Le cerveau ne se modifie pas
brusquement, et l'instinct de moralité *organique*, devenu inhérent à la constitution cérébrale de l'homme
comme la douceur à celle du mouton, produirait

longtemps ses résultats héréditaires. Les lois de mécanique et de biologie sociale précédemment ex-
posées continueraient donc de produire leurs effets.
Cependant, à la longue, elles pourraient fonctionner
en sens inverse du résultat qu'on espérait obtenir
et modifier même le cerveau humain dans un sens
égoïste [1]. Au lieu du rythme ascendant grâce auquel
une société, attirée par l'idéal moral du droit, élève
peu à peu ses institutions à la hauteur de sa pensée,
on aurait dans l'utilitarisme radical, dans l'atomisme
conscient de soi, le rythme descendant d'une société
qui revient peu à peu de l'illusion du désintéressement, et qui, renonçant à s'élever sans cesse au-
dessus d'elle-même, retombe sur soi; rythme de
décadence plutôt que de progrès, ou peut-être, ce
qui est étrange à dire, de décadence morale dans
le progrès scientifique. Ce dernier progrès lui-même,
qui suppose les spéculations les plus éloignées de la
pratique, pourrait bien aussi s'arrêter, et la préoccupation d'une science purement utilitaire et réaliste, livrée à un « américanisme » sans frein, finirait par rendre la science même immobile; à force
d'attacher, selon le précepte de Bacon, des poids de
plomb à la pensée, on lui ferait perdre ses ailes.
Cette chute aurait-elle un terme, et ce rythme d'affaissement aboutirait-il à un équilibre final? Peut-
être, mais ce ne serait probablement pas celui que
nous voulions atteindre : harmonie des intérêts par
la sympathie de tous avec tous. Si quelque chose de

1. L'auteur de la *Morale anglaise contemporaine* a montré
l'influence dissolvante exercée sur l'instinct même par la
conscience qu'il est un instinct.

régulier sortait de cette longue agitation humaine,
ce serait seulement ce que Bentham demandait :
« régularisation de l'égoïsme; » encore est-il douteux qu'une règle vraiment stable pût sortir d'un
jeu de sentiments qui consisterait à rejeter systématiquement toute règle supérieure au calcul des plaisirs.

Il faut, disions-nous, que l'espèce humaine, comme
les autres, avance ou meure; mais qui nous assure
qu'en effet l'humanité, si elle ne réalisait jamais que
l'idée encore inférieure de l'intérêt et de la « comptabilité » benthamiste, ne devrait pas un jour, semblable à ces espèces qui n'ont mérité qu'une existence
provisoire, disparaître de l'univers? Si nous voulons
vivre, ce que nous devons réaliser en nous et autour
de nous, n'est-ce point un idéal supérieur et pour
ainsi dire plus digne d'éternité? — Cet idéal, on ne
peut le justifier qu'en laissant ouverte cette question :
le fond dernier des choses et de la conscience est-il
« la gravitation sur *soi* », ou la volonté renferme-t-elle
aussi la gravitation vers le *tout*? Y a-t-il, sous l'*atomisme* même, une certaine unité foncière entre les
êtres, un certain *monisme?*

Ainsi se pose de nouveau, et d'une manière inévitable, la dernière question de laquelle tout dépend
au fond, à laquelle tout revient aboutir. Pour que la
société conforme au droit, qui, selon l'école utilitaire, doit combler la distance entre les individus
soit réalisée par eux, il faut qu'ils la désirent; mais,
pour qu'ils la désirent, il faut qu'elle apparaisse
comme vraiment désirable et aussi comme le plus

essentiel objet des désirs de l'humanité, comme le
plus conforme au contenu fondamental de la conscience et de la nature ; ces caractères sont-ils ceux
de la société utilitaire, principalement telle que se
la représentait l'utilitarisme conséquent de Bentham ?

Depuis l'époque où Mill avait lu pour la première
fois Bentham, nous savons quel était le but de sa
vie : « réformer le monde. » Un jour, il lui arriva de
se poser à lui-même directement cette question :
« Suppose que tous les objets voulus par toi se réalisent, que tous les changements désirés par toi dans
les institutions et dans les opinions soient entièrement accomplis en cet instant même, éprouveras-tu
une grande joie? seras-tu heureux? — Non, me
répondit nettement une voix intérieure à laquelle
je ne pouvais résister. Je me sentis défaillir : toutes
les fondations sur lesquelles ma vie était construite
s'écroulèrent. » En proie dès lors à un long découragement, il se demandait s'il pouvait continuer à
vivre, si même il était tenu de vivre. « Il n'est pas
possible, répondais-je, que j'y puisse résister plus
d'un an. Pourtant, avant que la moitié de ce temps
fût écoulée, un rayon de soleil brilla dans mes ténèbres. » Il est un art dont l'effet le plus précieux, et
par lequel il surpasse peut-être tous les autres, est
d'exciter l'enthousiasme « en faisant monter encore
le ton de nos sentiments les plus élevés » ; dans l'admiration désintéressée des chefs-d'œuvre de la musique, Stuart Mill trouva déjà quelque adoucissement
à son dégoût de l'existence ; mais ce qui mit fin à sa
longue crise pessimiste, ce fut une émotion toute
morale. Lisant par hasard les *Mémoires* de Marmon-

tel, il arrive à ce passage où l'auteur raconte avec simplicité l'inspiration vraiment héroïque qu'il eut au lit de mort de son père. « Une image vivante de cette scène, dit Stuart Mill, passa devant moi, je fus ému jusqu'aux larmes ; dès ce moment. le poids qui m'accablait fut allégé. » Dès ce moment aussi se modifièrent ses idées sur le bonheur que doit réaliser la société humaine : les plaisirs de la vie, quand on les cueille en passant, suffisent bien pour la rendre agréable ; mais essayez avec Bentham d'en faire le but principal de l'existence, ils ne supportent pas l'examen. « Demandez-vous si vous êtes heureux, et vous cessez de l'être. Pour être heureux, il n'est qu'un seul moyen : prendre pour but de la vie non le bonheur, mais quelque fin étrangère au bonheur. » Le jour où ces réflexions avaient comme renouvelé son esprit, Stuart Mill avait dépassé, ce semble, la doctrine purement benthamiste de la distance qui sépare le désintéressement de l'intérêt et l'idéalisme du réalisme. Au lieu d'accuser de ses découragements ce qu'il y avait d'excessif ou d'incomplet dans l'utilitarisme d'Helvétius et de Bentham, il accuse ce qu'il appelle excellemment « la force dissolvante de l'analyse ». La réflexion, dit-il, tue le sentiment. — Oui, la réflexion détruit les sentiments faux et les faux systèmes ; mais là où est la vérité on peut porter sans crainte la lumière : plus on l'éclaire et la regarde en face, plus elle apparaît ce qu'elle est, belle et digne d'être aimée. Un amour de la justice qui aurait besoin des ténèbres de la conscience, un amour plus apparent que réel de l'humanité, égoïsme déguisé, sympathie instable que suffirait à mettre en doute la clarté intérieure, serait-ce là le véritable et idéal amour? Serait-ce la vraie « piété sociale »?

La question que Stuart Mill s'adressait à lui-même, on pourrait l'appliquer à l'humanité entière : supposez qu'elle ait atteint ce bonheur sans idéal, cette balance arithmétique, cet équilibre tout mécanique avec le milieu extérieur et avec la nature même où les partisans de l'égoïsme fondamental, depuis Hobbes et Helvétius jusqu'à Bentham, placent la perfection humaine, éprouvera-t-elle une grande joie et sera-t-elle vraiment heureuse? Représentons-nous l'humanité entièrement absorbée par le calcul des jouissances et entièrement satisfaite dans cette recherche même, réalisant ainsi en sa plénitude tout ce que peut contenir l'idée pure de l'intérêt, et trouvant enfin la paix dans l'équilibre des égoïsmes réconciliés. Sommes-nous alors en présence de « l'humanité définitive », qui ne ferait plus qu'un avec la nature entière, et le règne du droit idéal est-il réalisé? — Il ne semble pas que le plus haut idéal soit ainsi atteint et qu'on puisse arrêter là l'essor de nos désirs : nous pouvons toujours dépasser par la pensée cette humanité purement benthamiste et réaliste; bien plus, la nature même demeure toujours inférieure à notre propre conscience. Dans la cité parfaite des benthamistes, serions-nous vraiment libres? Nous n'aurions encore, semble-t-il, qu'une liberté extérieure, qui ne nous donnerait pas la conscience d'une dignité intime. Serions-nous vraiment égaux? L'égalité matérielle des « parts de jouissance » dans la répartition sociale ne remplace point entièrement l'égalité de droit idéal et de respect entre les personnes. Serions-nous vraiment

frères dans la cité de Bentham? Nous pourrions agir
comme si nous nous aimions; nous ne pourrions réellement nous aimer : l'être qui poursuit le plaisir sous
des lois toutes mécaniques et arithmétiques, n'ayant
pas de volonté à lui, ne saurait avoir de vraie et
absolue bienveillance pour les autres; n'ayant aucune
possession de soi, il ne pourrait faire le don de soi.

Selon la science moderne, la seule nécessité de la
nature suffit à faire sortir de la chaleur solaire les
forces minérales, de celles-ci les forces vitales, de
celles-ci les forces humaines, de celles-ci la société,
qui en dernière analyse n'est qu'une transformation
du soleil; si cette conception a sa grandeur et sa vérité, s'il est beau que le rayonnement de la lumière,
grâce aux lois simples et fécondes du mouvement,
soit devenu le rayonnement de la pensée, il serait
plus beau encore, au lieu de cette existence et de
cette splendeur empruntées toutes au dehors, que la
pensée et l'amour de l'idéal, mettant en chacun de
nous un foyer d'action personnelle, nous permissent
de vouloir par notre propre initiative, de briller par
notre propre éclat, d'aimer par notre propre élan.
Que les benthamistes parviennent à nous démontrer
leur arithmétique des plaisirs, qu'ils persuadent à
l'humanité qu'en épuisant l'idée de l'intérêt elle a
épuisé sa propre et essentielle puissance, atteint la
plénitude de sa nature, réalisé la justice même : le
dégoût de l'existence pourra bien alors envahir les
esprits; la société entière, contrainte de renoncer à
cet idéal supérieur qu'elle ne peut s'empêcher de
vouloir, sentira peser sur elle une maladie morale
fréquente dans les pays trop exclusivement préoccu-

pas des intérêts matériels, cette tristesse misanthropique qui, rendant insupportable la vue de l'égoïsme humain comme loi radicale et inéluctable, entraîne l'esprit à chercher quelque chose de meilleur qui semble partout lui échapper.

La vraie félicité que l'homme poursuit est moins exclusivement dépendante de la nature extérieure que ne semblent le croire Hobbes, Helvétius et Bentham : elle a son principe en nous. Le rythme incessant de la vie, qui entraîne la société entière, est aussi plus intime à l'individu : c'est l'effort sans cesse renouvelé par lequel, nous trouvant toujours au-dessous de nous-mêmes, nous nous élevons toujours plus haut que nous. Si le bonheur a parmi ses conditions, comme dit Spencer, « l'ajustement de l'être à son milieu extérieur », une condition plus essentielle encore est l'ajustement de l'être à ce milieu intérieur qui est sa propre pensée concevant l'idéal; si toute joie vient de l'harmonie et de l'équilibre, l'harmonie par excellence est celle de l'être avec soi et par cela même avec les autres; l'équilibre vraiment final est l'union de la volonté avec l'idée la plus haute à laquelle elle aspire. Or cette idée n'est pas la notion atomistique du pur intérêt; elle est au contraire l'idée en quelque sorte *monistique* du désintéressement. La perfection sociale digne de ce nom serait une harmonie non plus fatale, mais volontaire, de l'homme avec l'humanité à venir dont il porte en soi la pensée, et dès à présent avec l'humanité réelle au milieu de laquelle son activité se développe.

En résumé, le défaut de l'utilitarisme exclusif, qui

le rend incomplet et par cela même insuffisant, surtout quand on ne le complète pas par l'évolutionnisme, c'est qu'il sacrifie trop le point de vue intellectuel et volontaire au point de vue purement sensible
et mécanique : il considère trop exclusivement le plaisir, la douleur et leurs lois mécaniques : il ne fait pas
assez de place à l'intelligence, cette faculté en quelque
sorte désintéressée par sa nature même, qui est d'être
générale et universelle ; il ne fait pas non plus assez
de place à l'idée de spontanéité et de liberté, qui,
alors même qu'elle n'exprimerait pas une réalité immédiate, exprime du moins un idéal dont nous pouvons nous rapprocher. Enfin il ne fait pas non plus
une part suffisante au sentiment du beau. La force à
laquelle l'utilitarisme fait appel est presque uniquement l'instinct sensible qui nous fait chercher le plaisir et fuir la douleur : or, nous avons encore ce qu'on
pourrait appeler l'instinct intellectuel et aussi l'instinct moral, sans compter l'instinct esthétique. L'instinct intellectuel peut prendre deux formes et se
subdiviser en deux espèces : 1° l'instinct logique et
scientifique ; 2° l'instinct métaphysique. Le premier
consiste uniquement dans la recherche des lois logiques, qui maintiennent l'accord de la pensée avec
soi, et des lois scientifiques, qui relient les phénomènes de la nature. L'homme est un animal logique
et scientifique, si bien que le plaisir brut ne satisfait
pas entièrement sa nature : il veut aussi une satisfaction logique et scientifique pour son intelligence.
Les récents utilitaires eux-mêmes ont fini par faire
une place à cet instinct, sur lequel Littré fondait la
justice et le sentiment de l'égalité ; nous avons vu

M. Henri Sidgwick et Clifford recourir à l'intelligence qui *généralise*, qui abstrait, qui induit, qui identifie les individus dans une même idée générale et générique. Mais ce premier instinct intellectuel est encore insuffisant pour faire sortir vraiment l'homme de soi. Le second instinct intellectuel, l'instinct métaphysique, en nous faisant concevoir et désirer l'univers, le tout, le fond et le terme des choses, a seul le pouvoir de nous désintéresser. Grâce à cet instinct, nous concevons et rêvons une liberté idéale qui serait précisément l'affranchissement du moi, le désintéressement en vue de l'universel; l'instinct métaphysique devient ainsi l'instinct moral. Celui-ci, à son tour, est très voisin de l'instinct esthétique : ce n'est pas sans raison que les anciens identifiaient le bien et le beau. En ne faisant pas une part suffisante à ces instincts idéalistes, les utilitaires exclusifs et réalistes se sont fait une idée insuffisante de la félicité même. Aussi la philosophie utilitaire du droit nous laisse-t-elle en présence d'un idéal de vrai désintéressement qu'elle déclare impossible, que nous ne pouvons cependant ne pas désirer et dont elle-même finit par avoir besoin pour résoudre les conflits d'égoïsmes : le bonheur échappe en définitive aux calculateurs qui ne veulent poursuivre que leur bonheur.

Ainsi reparaît ce passage difficile auquel se trouvent amenés tous les systèmes qui cherchent le fondement de l'ordre social dans la seule force ou le seul intérêt. Il arrivera toujours un moment d'alternative intérieure où le moi se verra arrêté devant autrui, devant l'humanité entière; c'est l'équivalent, dans l'ordre social et juridique, de cet autre passage

14

qu'on rencontre dans l'ordre métaphysique et que la langue abstraite de la philosophie nomme la transition du moi au non-moi, du personnel à l'impersonnel. Tant que les systèmes ne sont pas venus jusque-là, ils se soutiennent; nous avons vu la philosophie de la puissance arriver au bord de cette espèce de vide, et la philosophie du pur intérêt à son tour est devant ce dernier pas : elle n'a pu démontrer que vous et moi nous soyons un par l'intérêt, et pourtant, d'une manière ou d'une autre, il faut que nous soyons un dans la justice. Quelques perfectionnements que l'organisation sociale reçoive de la jurisprudence et de la politique utilitaires, nous resterons toujours dépendants de besoins qui peuvent à la fin se contredire et éclater en conflits ; nous resterons matériellement distincts les uns des autres, nous serons souvent opposés, nous serons parfois ennemis. Je ne pourrais être vraiment identifié à vous que par moi-même, par un acte d'intelligence et de volonté qui serait la traduction de ce pouvoir qu'a ma conscience de sortir d'elle-même, en concevant une certaine unité qui embrasse votre conscience et celle de tous. Aussi, dans les grandes alternatives morales et juridiques, sera-t-on toujours obligé de demander à un idéal supérieur, à un idéal à la fois psychologique et cosmologique, la solution que l'école utilitaire cherche dans les développements successifs de la fatalité physique ou biologique. Pour supprimer l'intervalle laissé par les intérêts, il faudrait qu'il y eût, sous une forme ou l'autre, en moi et en vous, un pouvoir quelconque de désintéressement fondé sur une idée et sur sa force de réalisation. Si, de l'autre côté de

ce vide où finit ma personnalité et où la vôtre commence, de ce vide entre deux atomes, il n'y a encore
que la tyrannie du besoin décrite par Helvétius, si
votre nature n'est qu'égoïsme, qu'y aura-t-il en vous
qui puisse à mon égard vous conférer un droit, et
comment répondre à la question que faisait Hobbes :
je ne vois pas pourquoi je suivrais votre bon plaisir
plutôt que le mien? L'école utilitaire et atomistique
de Hobbes, d'Helvétius et de Bentham aura donc
beau perfectionner le calcul de l'intérêt, elle n'en fera
pas une règle de vrai désintéressement, un idéal de
droit moral, tant qu'elle considérera trop exclusive-
ment-la sensibilité aux dépens de l'intelligence et de
la volonté. Sans doute, en me désintéressant, je me
fais encore un intérêt de votre intérêt propre : on
peut l'accorder à Bentham ; mais c'est qu'alors votre
bien devient intellectuellement, esthétiquement et volontairement mon bien. Je ne crois pas alors vouloir
votre bien uniquement parce que le mécanisme de
l'organisation sociale en a fait le mien ; mais votre
bien, semble-t-il, devient le mien parce que je l'aime
et le veux, sous l'action d'une idée d'universalité qui
satisfait mon instinct métaphysique, esthétique et
moral. Cet intérêt supérieur que l'être capable de
concevoir l'univers se fait à lui-même en vue d'autrui
peut seul mettre un terme à toutes ces collisions, soit
entre individus, soit entre nations, dont les purs utilitaires voudraient hâter la fin en faisant sortir du
seul jeu des égoïsmes la sympathie et la justice.

L'utilitarisme et surtout l'évolutionnisme sont vrais,
mais incomplets ; ils sont vrais au point de vue purement empirique et scientifique ; ils sont incomplets au

point de vue métaphysique, qui est une spéculation
sur le fond de notre être. Il n'est pas certain que le fond
des choses et de l'homme soit égoïsme et opposition
d'atomes; nous avons tout au moins l'*idée* d'un désintéressement qui, étant la volonté de l'*universel*, serait
aussi la vraie délivrance du *moi* s'identifiant au *tout*,
la vraie « liberté morale ». Peuples ou hommes, même
dans la société la plus perfectionnée, l'égoïsme personnel nous ramènera toujours à certaines heures les
uns en face des autres, comme des adversaires prêts
à la lutte; mais si, dans l'imminence d'un choc inévitable, nous pouvons demander à nos intelligences
et à nos volontés ce que nulle sympathie purement
fatale et ce que nulle contrainte sociale ou physique
n'avait pu encore produire à elle seule; si nous pouvons élever par la pensée au-dessus de nous tous,
comme une règle proposée à l'humanité entière,
l'idéal d'un droit universel ou, selon l'expression
chère aux Anglais, d'une « loyauté » supérieure à
l'intérêt personnel et à la force, alors vous me ten-
drez la main, je vous tendrai la mienne : c'est intellectuellement et volontairement, par le moyen d'une
idée et de la plus haute idée *sociale*, que nous nous
serons unis [1].

1. Sur la possibilité de concilier ainsi le naturalisme évolutionniste avec l'idéalisme, voir notre *Critique des systèmes
de morale contemporaine*, livre Ier, et notre *Science sociale contemporaine*, conclusion.

LIVRE QUATRIÈME

LE DROIT ET L'IDÉE DE LIBERTÉ
THÉORIE DU DROIT IDÉAL

L'antiquité s'était figuré d'après le même type le monde humain et le monde physique. Ce dernier lui apparaissait comme une sphère close par une voûte de cristal, où tous les astres, tous les corps ont un centre unique, la terre ; de même, l'État était une sphère fermée où tout se subordonnait à une puissance unique. Selon cette conception absolutiste, l'individu ne pouvait avoir sa valeur et son droit que dans l'État, la législation et la politique n'étaient guère que des systèmes de centralisation. Peu à peu s'est substituée à l'idée antique une idée plus libérale, et la conception moderne de l'ordre social n'est pas sans analogie avec la conception moderne de l'ordre astronomique. Brisant le ciel de cristal dont Aristote enveloppait le monde, la science a fait de l'univers une sphère infinie dont la circonférence n'est nulle part, et en même temps, au lieu d'un centre unique, elle a placé le centre partout, car chaque objet gravite vers les autres et tous les autres

gravitent vers lui; l'action régulatrice, autrefois con-
centrée dans la terre immobile, se dissémine à l'infini
et réside à la fois avec l'être et le mouvement dans
tous les objets; le monde stellaire est en quelque
sorte décentralisé. Il en est de même dans le monde
moral et social : les limites reculent à l'infini, et les
sociétés particulières tendent à se perdre dans la société universelle; le vrai droit n'est plus seulement la
volonté d'un prince ni l'intérêt d'un pays, il est le
droit de l'homme; par cela même, le centre du droit
est partout, et chaque individu peut être considéré
tour à tour comme fin ou moyen, comme obéissant
ou commandant, comme sujet ou législateur de la
« république universelle ».

Nous l'avons vu, c'est en France surtout, — grâce
aux tendances spontanées ou réfléchies de l'esprit
national et de la philosophie nationale, — que cette
doctrine est arrivée à sa forme la plus haute et qu'on
a tenté de l'appliquer. Or elle a pour fondement philosophique un principe simple au premier abord,
mais en réalité difficile à justifier : la liberté morale
considérée comme absolument inviolable. Ce principe est aujourd'hui battu en brèche de toutes parts;
il est donc essentiel de le soumettre à une analyse
attentive. On ne saurait négliger ici cette recherche
des principes sans laquelle le droit et la politique
appliqués risquent de s'égarer. « Quand j'ai eu découvert mes principes, disait Montesquieu, tout le
reste est venu à moi. »

I

CRITIQUE DE L'IDÉE TRADITIONNELLE DU DROIT FONDÉ SUR LE LIBRE ARBITRE

Les philosophes du droit pur et abstrait, principalement en France, s'en sont tenus trop souvent, dans leurs théories, à des expressions vagues et générales sur la « dignité », sur le « respect de la personne humaine », au lieu de déterminer nettement ces trois points : valeur de la liberté, relation de la liberté avec sa fin, nature intime de la liberté.

En premier lieu, il eût fallu marquer avec plus d'exactitude le fondement et le degré de cette dignité qu'on attribue aux êtres libres ; est-elle limitée ou infinie, subordonnée ou indépendante, relative ou absolue ? En d'autres termes, pour quelle raison précise la liberté est-elle grande, noble, inviolable ? A-t-elle sa valeur en elle-même ou l'emprunte-t-elle à un principe supérieur ? Victor Cousin, et généralement les spiritualistes français, ont subordonné la liberté au devoir, à la « loi morale », à la « loi de la raison », à une règle fournie par l'intelligence ;

mais alors comment ont-ils pu soutenir en même
temps que le libre arbitre est en lui-même sacré et
respectable? Comment la liberté peut-elle être ainsi
tout ensemble inviolable et subordonnée à une fin ?
Cette relation de la liberté à sa fin n'était guère expli
quée dans l'école de Victor Cousin. En effet, on ne la
concevait plus à la manière de Kant et de Fichte,
selon lesquels la fin de la liberté est la liberté même :
on ne disait pas avec eux, au sens propre des mots,
que « l'humanité est *fin en soi* », ou avec Proudhon
et les partisans de la morale indépendante, que la
justice est humaine, rien qu'humaine, que le principe
du droit est l'homme même et non quelque être supérieur ou quelque loi supérieure. La liberté demeu-
rait donc un simple *moyen* pour l'accomplissement
de notre destinée ; or il ne semble pas que ce qui est
seulement un moyen puisse fonder le droit absolu
dont on nous parle. Dans le fait, on a toujours vu
Victor Cousin et les doctrinaires maintenir avec
Royer-Collard et Guizot ce qu'ils appelaient « la souveraineté de la raison », les « droits de la raison »,
et en déduire dans la politique des conséquences fa-
vorables à l'aristocratie, ce droit des plus raisonnables et des plus sages, ou de ceux qu'on préjuge tels.
Le compromis de la monarchie constitutionnelle, mélange de principes opposés, était l'expression fidèle
d'une métaphysique en quelque sorte constitutionnelle elle-même, démocratique par le principe de
l'inviolabilité de la liberté, aristocratique par la subordination de la liberté à une loi supérieure.

Si la valeur de la liberté et sa relation avec sa fin
demeurèrent ainsi dans le vague pour l'école spiri-

tualiste, c'est que le même vague subsistait sur la nature intime de la liberté. Par la liberté morale, la plupart des spiritualistes français n'ont entendu autre chose que le libre arbitre traditionnel, et ce libre arbitre, on ne l'a jamais sérieusement distingué de la liberté d'indifférence ; car il se ramène à la puissance de vouloir dans un seul et même instant, toutes circonstances égales d'ailleurs, une chose ou son contraire, le plus grand bien ou le moindre, le bien ou le mal. En admettant l'existence de ce pouvoir si contesté, avait-on du moins trouvé pour le droit un fondement solide ? Nullement. Cette faculté attribuée à l'homme de vouloir une chose quand il pourrait vouloir l'opposé n'est qu'une force à double effet, comme la force de la vapeur, qui peut faire aller une locomotive aussi bien en arrière qu'en avant ; mais la locomotive est-elle plus sacrée et plus inviolable parce qu'on y peut renverser la vapeur et appliquer la force motrice à deux fins ? Ne semble-t-il pas au contraire que cette possibilité même de deux directions, dont l'une peut être fort dangereuse, autorise et nécessite une surveillance assidue de la machine ? Il ne servirait à rien de répondre que, si la machine est sans droit, c'est que le mouvement en avant ou en arrière vient en réalité du mécanicien. Supposez que la volonté du mécanicien puisse aussi se renverser avec la même facilité que la vapeur et ait la faculté de vouloir les contraires ; supposez, ce qui revient au même, que la locomotive puisse elle-même changer sa direction, on ne voit pas comment déduire de là son inviolabilité. Il y a plus, une telle machine serait si dangereuse pour la société humaine qu'on s'empres-

serait de la soumettre par tous les moyens à une
règle fixe. Non moins périlleuse serait une volonté
capable de tout vouloir et de se déterminer d'une
manière imprévue entre tous les contraires : auprès
d'elle, personne ne serait en sûreté. Ne prononce-t-on
pas l'interdiction et la séquestration contre les fous,
dont les décisions sont ainsi arbitraires et impossi-
bles à prévoir? Ne rétablit-on pas le centre de gravité
dans la *balance folle* qui tombe à droite et à gauche ?
Ce que beaucoup de philosophes se sont figuré comme
la liberté de la volonté semble au contraire la folie
de la volonté. En présence de cette liberté prétendue,
de cette liberté fantasque, nous nous empresserions
d'abord de nous garer, puis de la détourner de notre
chemin comme on détourne un chariot emporté par
un cheval sans frein. Le droit ne peut trouver son
fondement métaphysique et moral dans la liberté
d'indifférence.

On s'est efforcé d'ordinaire, dans l'école spiritualiste, d'établir une distinction entre cette liberté d'indifférence et sans motifs, trop évidemment étrangère
au droit comme au devoir, et le libre arbitre ou pouvoir de choisir entre les divers motifs d'action, sur
lequel Victor Cousin et ses successeurs établissent le
devoir et le droit.

La liberté d'indifférence, dit-on, est le pouvoir de
choisir sans motifs, tandis que le libre arbitre est le pouvoir de choisir entre plusieurs motifs différents : si je
n'ai aucun motif pour aller à droite plutôt qu'à gauche
dans une promenade et que cependant je me décide
pour l'un des côtés, ce sera la liberté d'indifférence entendue à la façon de Reid, liberté évidemment chimé-

rique; mais, si j'ai des motifs d'intérêt pour dire le contraire de ce que je pense et des motifs de devoir pour dire la vérité, le choix entre la sincérité ou le mensonge sera un choix entre deux actes diversement motivés, et non entre deux actes sans motifs. — Ainsi raisonnent tous les partisans du libre arbitre entendu comme un choix entre des motifs contraires. Par malheur cette conception se résout encore, quand on l'examine de plus près, en une liberté d'indétermination incapable de fonder le droit. En effet, pour qu'une balance s'incline sans poids, il n'est pas nécessaire qu'il n'y ait aucun poids dans les plateaux; il suffit ou que les poids se fassent équilibre et que cependant la balance s'incline, ou qu'il y ait un poids plus fort et que cependant la balance penche du côté le plus faible. Dans les deux cas, on aura le droit de dire : Voici une balance qui s'incline en l'absence de tout poids ou même contre tout poids, une balance indéterminée et indifférente aux poids. Telle serait la volonté dans le choix entre les contraires [1].

1. Supposons en effet que les deux motifs ou tendances contraires soient des forces équivalentes, ils s'annulent, et le choix de la volonté, qui a lieu cependant, est indéterminé ou sans motif; s'ils ne sont pas équivalents et que je choisisse l'acte dont les motifs et mobiles ont en moi le moins de force, le moins de tension motrice, j'agis non seulement sans motif, mais contre tout motif; enfin, si je me détermine dans la direction des tendances les plus puissantes au sein de ma conscience, il y a alors motif, mais aussi on ne voit pas comment j'aurais pu, avec la même disposition intérieure, avec le même caractère et dans les mêmes circonstances, prendre une détermination diamétralement opposée. M'attribuer ce pouvoir, c'est toujours placer en moi le hasard d'Epicure, la liberté d'indifférence qui se détermine à tâtons avec un bandeau sur les yeux, sans savoir la raison effective de son acte. Cette

Admettons cependant qu'un égal pouvoir de détermination entre les contraires nous soit accordé, comment fonder là-dessus le droit? Nous voilà revenus après ce détour en face des mêmes objections que tout à l'heure : qu'y a-t-il dans l'idée d'indétermination, totale ou partielle, qui commande le respect et motive l'inviolabilité? Qu'y a-t-il aussi de sacré dans la multiplicité ou la diversité possible soit des pensées, soit des décisions? Un pendule qui oscille est-il pour cela plus respectable? Une hache à deux tranchants est-elle plus inviolable que si elle en avait un seul? Un revolver à six coups confère-t-il plus de droits qu'un pistolet à un coup? Parce que je pourrais à mon gré, faisant tourner ma pensée ou ma volonté en tous sens, vous ravir vos biens ou ne pas vous les ravir, prendre votre vie ou ne pas la prendre, évoquer un motif ou le motif contraire, auriez-vous pour moi plus de respect? — Plus de crainte, je l'accorde; mais quant au respect, comment le motiver par cette étrange raison : « Voici un homme tout aussi capable, s'il le veut, de faire un scélérat qu'un citoyen honnête, d'*évoquer* à son gré des motifs de scéléra-

raison, en réalité, ce sera quelque force étrangère à la volonté, quelque concours fortuit de circonstances, en définitive une nécessité cachée. Dira-t-on, avec quelques philosophes, comme Jules Lequier et M. Renouvier, que c'est moi qui produis librement la force de mes motifs et de mes mobiles, moi qui leur confère des puissances variables et changeantes au sein de la délibération, et qui dirige ainsi librement ma pensée ou ma sensibilité? C'est reculer le problème et placer l'alternative entre deux motifs, non plus entre deux actes. Dès lors, on choisit sans motif entre deux motifs. L'indétermination, par un cercle vicieux, est reportée dans l'intelligence même et dans la passion. (Voir *la Liberté et le déterminisme*, nouvelle édition, 2ᵉ partie, livre I.)

tesse comme d'honnêteté? » Cette parfaite capacité pour la scélératesse comme pour l'honnêteté, ce caractère également propre à tout motif ou à toute décision, d'où peuvent jaillir les actions les plus opposées, cette puissance ambiguë et indéterminée en soi (tout au moins sur certains points), qui fait sortir du néant les motifs ou les décisions contraires et qui les fait commencer absolument par un *fiat* incompréhensible, ne contient en elle-même rien qui détermine le respect plutôt qu'un autre sentiment. Indifférente en son fond, alors même qu'elle se crée des motifs différents les uns des autres, cette volonté laisse ma propre volonté indifférente à son égard tant qu'elle n'agit pas; quand elle agite, je profite de l'action si elle favorise mes intérêts, j'essaye de l'empêcher si elle les contrarie; mais en aucun cas ne s'applique l'idée morale du droit. Droit et arbitraire, droit et commencement absolu s'excluent. Ce n'est pas cette parole royale : « Tel est notre bon plaisir, » qui peut rendre inviolable celui dont elle émane; de ce principe : « J'ai l'égal pouvoir de faire une chose ou son contraire, ou encore d'affirmer une chose ou son contraire, » nous ne voyons pas comment tirer cette conclusion : Mon pouvoir de faire une chose ou son contraire est un droit, et il faut le respecter.

On dira : — Ce libre arbitre, ce pouvoir absolu de réaliser les contraires fonde le droit chez l'être où il réside, parce qu'il le distingue de tous les autres êtres, par exemple des choses ou des animaux, lesquels ne peuvent agir que d'une façon déterminée par les circonstances; le libre arbitre, étant supérieur à

tout, rend l'homme lui-même supérieur à tout le
reste. — Mais pourquoi, demanderons-nous à notre
tour, cette sorte de liberté serait-elle supérieure à
tout? Encore une fois, pourquoi l'indétermination,
quel que soit le point où elle réside, délibération ou
décision, jugement, passion ou acte, constitue-t-elle
un avantage sur la détermination? Si le pouvoir
absolu de faire commencer les contraires est ce qu'il
y a de plus haut et est supérieur à toutes choses, on
pourra dire que ce pouvoir absolu et créateur est le
bien même en son essence, car, s'il avait un bien
supérieur à lui, il ne serait plus absolu ni suprême.
Dès lors, quoi qu'il fasse, il sera toujours le bien, il
sera toujours bon, et tous ses actes, étant également
le produit d'un même pouvoir absolu, seront bons,
seront justes, seront conformes au droit. Si au contraire on dit que le pouvoir absolu de réaliser les
contraires a une loi à suivre et que, selon le choix
qu'il fait, il mérite ou démérite, cela supposera quelque chose de supérieur à ce pouvoir, un bien plus
haut, une loi extérieure s'imposant à lui; dès lors, il
n'est plus le principe suprême; ce sera cette loi
supérieure qui fondera le droit, et non la puissance
des contraires. — En outre, cette puissance n'entraî-
nera pas, comme il le semblait au premier abord, la
responsabilité qu'on veut fonder, le mérite ou le démérite qu'on veut établir. En effet, le mérite et la
responsabilité supposent l'imputabilité, et celle-ci suppose un certain lien entre les actions et le *moi* qui les
produit : si une action ou son motif sort du fond
indéterminé et obscur de l'être alors que l'action
opposée aurait pu aussi bien en sortir, comme un coup

de foudre imprévu sort de la nue, si l'action commence
absolument, sans être rattachée *de tous points* au moi,
sans avoir une relation adéquate avec ses précé-
dents, quel lien y aura-t-il entre l'être et son action?
Comment faire retomber sur l'être même le mérite
d'une action qui est en quelque sorte détachée de lui,
qui ne dérive pas certainement de son caractère,
qui est comme un accident absolu, un *clinamen*, et
non comme une marque essentielle de sa physionomie? Le libre arbitre, en tant que pouvoir soit de
juger, soit de faire une chose ou son contraire, est
impossible à distinguer du hasard, et c'est ce qu'Épicure avait fort bien vu; mais le hasard ne fonde pas
l'imputabilité ni le mérite.

Ce n'est pas tout. Si le libre arbitre résidant dans
la puissance des contraires est ce qu'il y a de supérieur à toutes choses, la vertu, qui diminue cette
puissance, ne vaudra pas mieux que le vice, qui produit une diminution analogue : un homme vertueux
ne s'enlève-t-il pas à lui-même le pouvoir de *choisir*
entre le bien et le mal? Ne devient-il pas incapable
de commettre un meurtre, un vol, une infamie? Il
accroît donc dans sa volonté la part de la détermination aux dépens de l'indétermination; dès lors,
il diminue sa liberté absolue de réaliser les contraires, et si cette liberté est le bien, le droit, l'objet
du suprême respect, la vertu qui l'amoindrit est
un vice. La liberté sort de cette indétermination
et de ce mystère où elle se voilait d'abord comme
une divinité cachée dans le tabernacle; elle prend
une forme déterminée et une figure; elle prend un
caractère, des traits précis et en quelque sorte hu-

mains; ce n'est plus une divinité, elle est déchue de
l'absolu pour tomber dans le relatif. Elle n'est plus
supérieure à l'intelligence et, comme disait Platon, à
l'essence : elle prend une essence définissable et des
qualités spécifiques; dès lors, elle n'est plus le libre
arbitre absolu.

On le voit, le libre arbitre, qui peut également
agir contre la raison ou pour la raison, ne semble
pas nous conférer une inviolabilité plus grande que
si nous étions nécessairement déterminés au meilleur
ou au plus utile. Quand on veut faire de ce libre
arbitre la fin la plus haute à poursuivre, on place la
fin suprême et le droit qui en dérive dans l'indétermination; quand on se contente d'en faire un moyen,
on donne gain de cause, volontairement ou involon-
tairement, à la doctrine théocratique qui se défie de
la liberté, instrument de mal comme de bien, origine
du péché et de la contagion du péché, — doctrine
qui ne peut manquer d'aboutir à la suppression du
droit *humain*, car le libre arbitre de l'homme n'est
plus respectable qu'autant qu'il est conforme à la loi
de Dieu.

Outre que la liberté réduite au libre arbitre ne
semble guère propre à fonder un droit vraiment
absolu de l'homme au respect de l'homme, elle demeure en elle-même exposée à toutes les objections
des esprits scientifiques et positifs. Comment admettre un libre arbitre en contradiction avec les lois de
la science et de la nature, où se présuppose et se
vérifie progressivement un déterminisme universel?
Un tel libre arbitre, mystère de la raison, serait en
même temps le scandale de la nature. Au point de

vue même de la pure psychologie, comment constater qu'au moment même où nous prenons une
résolution nous pourrions prendre la résolution contraire, puisqu'en fait l'expérience nous montre seulement une action accomplie et non deux [1]? Le sentiment intérieur qu'invoquent les spiritualistes ne
peut-il s'expliquer par une illusion d'optique intérieure? Comment surtout établir le paradoxe psychologique de l'égalité du libre arbitre chez tous les
hommes? Si c'est là, comme le croient Victor Cousin
et ses successeurs, le vrai fondement de l'égalité
sociale, cette dernière n'est-elle pas grandement compromise aux yeux de l'expérience, qui nous montre
tant de degrés dans l'énergie de la volonté humaine,
dans la possession de soi, dans la liberté morale, et
par cela même tant d'inégalité de fait entre les per-
sonnalités prétendues égales? Réduite à des généralités
aussi vagues sur la liberté et la dignité, la doctrine spiritualiste ne pourrait satisfaire les esprits rigoureux.

Telles sont les principales difficultés auxquelles
cette doctrine est exposée et que nous avons dû nous
borner à indiquer. Elles se résument dans le dilemme
suivant. Si le libre arbitre constitue par lui-même le
droit, abstraction faite du bien, comme le libre arbitre est indéterminé de sa nature et susceptible de
tous les contraires, l'homme se trouve avoir le droit
en tout et le droit à tout, quoi qu'il fasse, et il n'y a
pas de raison pour limiter son libre arbitre par le respect d'autrui : je suis absolument libre de réaliser les
contraires, vous êtes absolument libre de réaliser les

1. Voir *La liberté et le déterminisme*, 2ᵉ édit.

contraires; pourquoi imposerais-je une limite à mon
action dans l'intérêt de la vôtre? Absolus tous les
deux et égaux dans notre pouvoir intime, limités et
inégaux dans notre force extérieure, nous en vien-
drons à la lutte comme deux rois absolus qui se trouvent rivaux, et en fait c'est le droit du plus fort qui
triomphera. Si au contraire le libre arbitre n'est pas
respectable dans son indétermination, mais dans la
détermination qu'il se donne, il n'est plus respectable
que par un certain bien qui est sa fin en même temps
que la fin des autres hommes. C'est alors cette fin
seule qui est absolument sacrée et respectable, seule
elle est le droit; le libre arbitre de l'homme ne
pourra plus être respecté pour lui-même, mais seulement dans la mesure où il concourra à la réalisation du bien; comment donc soutenir encore que
l'homme a des droits « en tant qu'homme et en tant
qu'être libre »? On ne peut plus dire qu'il ait par
lui-même aucun droit; le libre arbitre n'étant qu'un
moyen qui souvent se retourne contre sa fin, il est
possible et légitime de le ramener à cette fin par
toutes les voies, comme l'enseignent les écoles catholiques et autoritaires : la fin justifiera les moyens.
On pourra et l'on devra contraindre au besoin la liberté pour son propre bien et pour le bien des autres,
sans qu'elle puisse revendiquer cette prérogative d'un
respect absolu que le spiritualisme lui concède sous
le nom de droit.

En un mot, ou le libre arbitre est indétermination
pure et, à ce titre, absolument respectable, mais
alors toute action est bonne et juste, il n'y a plus de
moralité ni de droit; où le libre arbitre a une loi su-

périeure à lui qui doit déterminer sa direction; mais alors il peut choisir le mal, et il n'est pas absolument respectable.

Ainsi l'idée qu'on se fait généralement de la liberté dans l'école spiritualiste semble plutôt propre à supprimer le droit que cette école admet, plutôt qu'à l'établir. D'autre part, le fatalisme absolu des positivistes n'est guère conciliable avec l'idée des « droits de l'homme ». Nous avons vu combien Auguste Comte s'est montré logique en rejetant tout ensemble l'idée de droit et l'idée de cause. Si en effet un être est fatalement déterminé par des forces qui lui sont étrangères, sans aucune activité et causalité personnelle, sans qu'il soit lui-même en une certaine mesure une force et un facteur de sa propre destinée, cet être ne fait que monter ou descendre passivement dans le milieu moral, plus ou moins haut, plus ou moins bas, par une loi analogue au principe d'Archimède, comme un corps qui monte ou descend dans le milieu atmosphérique selon la force expansive qui le soulève; on ne voit pas alors ce qu'il aurait en lui-même qui pût lui donner une valeur propre, lui attribuer une « dignité », lui conférer un droit personnel. Que la volonté humaine soit telle, elle perdra le prix intrinsèque qu'on lui prête d'ordinaire : le problème social redeviendra un calcul complexe de forces ou d'intérêts, et la conception du droit sera réduite de tous points à une pure « illusion » métaphysique ou théologique.

Ainsi l'étude des fondements du droit nous amène finalement en face d'une sorte d'antinomie : d'un côté, on ne voit pas comment un être sans aucune

espèce de liberté morale aurait des droits proprement
dits; d'un autre côté, on ne voit pas comment la
liberté, du moins telle qu'on l'entend d'ordinaire
dans l'école spiritualiste, pourrait conférer des droits.
Si donc la philosophie du « droit moral » veut, dans
ce qu'elle a de plausible, se soutenir contre les doctrines adverses, il faut qu'elle explique avec plus de
précision ce qu'elle entend par liberté, il faut qu'elle
en cherche une notion qui soit distincte et de la volonté indifférente et de la nécessité fatale.

Nous sommes ainsi amenés à examiner trois questions intimement liées : 1º Le droit fondé sur la liberté morale est-il une *réalité* et un droit vraiment
« naturel »? 2º S'il n'est pas une réalité, est-il du
moins un *idéal?* 3º S'il est un idéal, est-il *réalisable?*
— Nous nous demanderons ensuite si la doctrine du
droit idéal, une fois rectifiée et prise en un sens à la
fois plus scientifique et plus métaphysique, ne pourrait pas se concilier avec ce que renferment de vrai
les doctrines de la puissance supérieure et de l'intérêt
supérieur.

II

LE CÔTÉ VRAI DU NATURALISME
CRITIQUE DU DROIT CONÇU COMME NATUREL

Le spiritualisme traditionnel, qui a tant de fois invoqué le sens commun, se fait en réalité du droit une
idée peu commune, paradoxale même sur plus d'un
point. Fondant ce qu'il nomme le droit *naturel* sur « le
respect absolu de la volonté libre », il élève par là
la personne humaine à un rang qu'aucune autre doctrine ne lui confère et que précisément il ne parvient
pas à justifier au nom de cette *nature* qu'il invoque.

Les jurisconsultes disaient autrefois du souverain,
— roi, empereur ou dieu : « Il est la loi vivante; »
selon le spiritualisme, ils devraient dire maintenant
de l'homme et de tout homme : « Il est le droit
vivant. » Le spiritualisme s'inspire ici de Kant; celui-
ci, d'autre part, ne faisait que commenter Rousseau
et la révolution française en disant : « L'homme est
une *fin en soi*. » — Il faut bien en effet, disent les
spiritualistes, que l'homme ait ce haut rang dans la
nature, car à ce prix seulement pourra se réaliser son
« inviolabilité » : un être n'est inviolable que si sa

nature s'oppose à ce que, par ruse ou par violence, on le fasse servir d'instrument à un but étranger. Par cela même, l'homme sera vraiment objet de « respect »; car le respect est le sentiment produit par l'idée d'un être qui, ne pouvant être assujetti à une fin plus haute, doit, en vertu de sa *nature* même, demeurer maître de soi. Les philosophes et les législateurs de la révolution française ont entrevu plus ou moins clairement ces caractères du droit « *naturel* » avec les conséquences qui en dérivent; c'est pourquoi ils enseignaient que le droit naturel est « inaliénable et imprescriptible ». Un droit naturel qu'on pourrait aliéner ou annuler au profit de quelque principe plus élevé n'eût été à leurs yeux qu'un droit provisoire et conditionnel, une permission ou une tolérance, en définitive une grâce. Ce mot même de tolérance, Mirabeau voulait le chasser de la langue du droit et s'indignait (non sans raison) qu'on parlât sans cesse de « tolérance religieuse », car la faveur accordée aujourd'hui peut être retirée demain. Un droit toléré est une idée aussi contradictoire que celle des « libertés octroyées », avec laquelle d'ailleurs il se confond : la charte de la conscience et de la nature doit être non le don d'un souverain, mais la propriété naturelle de tout homme.

Comme on le voit, le droit naturel, avec tous les attributs que les spiritualistes lui confèrent, n'est rien moins qu'une chose sans équivalent dans la nature même, par conséquent inestimable et sans prix. Dans la balance symbolique de la justice, supposez d'un côté un individu avec ce que l'école spiritualiste regarde comme un de ses droits naturels les plus évidents, celui de ne pas être mis à mort quand il n'a commis aucun crime : si c'est là un droit véritable au point de vue de la *nature* non pas seulement une tolérance ou un privilège d'emprunt, vous aurez beau accumuler, dans le plateau opposé de la balance, des forces et des intérêts, les forces et les intérêts de deux hommes, de cent hommes, de quarante millions d'hommes, tant que vous n'aurez pas introduit dans le second plateau l'idée d'un autre droit naturel égal au premier, quel que soit le poids de vos intérêts et de vos forces, la balance de la justice demeurera immobile, inébranlable, fixée par le droit naturel d'un seul contre les forces et les intérêts de tous. Rien de ce qui s'évalue mathématiquement ne peut donc devenir équivalent à l'idée que la philosophie issue de la Révolution se fait d'un droit qui, s'il résidait quelque part, serait supérieur à toute quantité et absolu, droit qu'elle nomme cependant *naturel*. Si nous pouvions être sûrs d'avoir naturellement en nous des droits de ce genre, nous serions sûrs par cela même de porter en notre conscience une puissance incommensurable avec toutes les autres, qui ne trouverait son contrepoids que dans un autre droit naturellement égal à elle-même.

Ainsi entendu, le droit est-il une *réalité* ou un idéal, et mérite-t-il vraiment le nom de droit *naturel* qu'on lui donne? — Bien des raisons s'y opposent. Élever la *nature* actuelle de l'homme au-dessus de toute comparaison possible avec des forces ou des intérêts, si grands qu'ils soient, c'est ne lui attribuer rien moins qu'une sorte d'infinité actuelle; or l'infinité est en nous une idée, non une réalité d'expé-

rience, observable dans l'ordre de la nature. Accorder
à l'homme, au nom de sa *nature*, une indépendance
et une inviolabilité sans condition tant que sa volonté
n'empiète pas sur celle des autres, c'est, à tort ou à
raison, lui conférer un caractère absolu ; mais l'absolu
est encore en nous une idée, non une réalité naturelle.
De plus, pour avoir un droit naturel véritable, il faudrait que l'homme fût non seulement une *fin*, mais
encore, comme le voyait fort bien Auguste Comte, une
cause capable de spontanéité ; or, ces idées de fin et
de cause sont ce qu'il y a de plus difficile à établir
dans l'ordre de la nature ; elles ressemblent à cette
ligne de l'horizon que l'enfant se flatte d'atteindre
et qui fuit devant lui à mesure qu'il s'élance vers
elle. — La cause vraiment douée d'initiative, dit-on,
c'est le libre arbitre : voilà ce qui donne naturellement à l'homme, selon le mot de Pascal, « la dignité
de la causalité » : — Mais, nous l'avons montré dans
le chapitre précédent, le libre arbitre se ramène
psychologiquement et *naturellement* à un jeu de
motifs où l'indétermination n'est qu'apparente, où le
déterminisme est réel. Comme le hasard, l'indétermination est un mot dont nous couvrons notre ignorance du déterminisme naturel. Quant à la liberté
entendue en un sens plus large, comme l'indépendance de l'être dans son action, où la saisir sur le
fait ? où la constater comme *réalité ?* Est-elle autre
chose encore qu'une idée, un *idéal ?* Le *moi* lui-même,
l'individualité, la personnalité, dernier fondement du
du droit naturel selon les spiritualistes, est-ce autre
chose *expérimentalement* qu'une simple forme de la
conscience, un aspect sous lequel nous nous appa-

raissons, une idée qui accompagne constamment toutes nos idées, et où elles viennent se réunir, comme les rayons de certains miroirs, en un foyer purement virtuel? L'individualité absolument simple, absolument identique à elle-même, est insaisissable dans la *nature*. Ici encore, l'absolu échappe à nos prises en tant que *réalité;* nous le concevons par la pensée, nous ne pouvons le saisir par l'expérience. — Voilà le côté solide du naturalisme et les sérieuses objections qu'il peut faire de son point de vue à la réalité d'un droit à la fois absolu et naturel.

La philosophie spiritualiste a donc eu tort, selon nous, de poser immédiatement le droit comme une chose naturelle, actuelle, et en quelque sorte comme un fait d'expérience intérieure. Qu'il n'existe rien dans l'homme au delà des purs phénomènes et de leur succession selon les lois de la nature, c'est sans doute ce que le naturalisme ne saurait positivement démontrer, puisqu'il s'agit là d'objets situés hors des limites de l'expérience positive ; mais qu'il y ait quelque chose au delà, le spiritualisme ne le *démontre* pas davantage, et en tout cas, si cet au delà existe, il ne fait plus partie de l'ordre *naturel* proprement dit, qui est soumis aux lois du mécanisme. La porte reste ici ouverte aux hypothèses métaphysiques ; seulement, comme on ne saurait confondre des hypothèses avec des faits, une méthode exacte exige qu'on attribue à chaque chose son vrai caractère. Nous devons donc dire que le droit *naturel* absolu, entraînant un respect absolu, se fonde véritablement sur des attributs *idéaux* de l'humanité qui sont tout hypothétiques au point de

vue de la science, sur de pures idées auxquelles
s'élève la pensée humaine, mais dont il lui est
impossible de vérifier la réalité positive. Et toutes
ces idées, au fond, comme les formes géométriques
qui se ramènent à des figures élémentaires, ne sont
que les diverses formes d'une seule, l'idéal de la
liberté morale, sans laquelle il n'y aurait ni *moi*
véritable, ni individualité, ni causalité vraie, ni infini, ni absolu, conséquemment pas d'inviolabilité
absolue, pas de droit proprement dit. Or la liberté
est si peu la *nature* qu'elle en semble l'opposé ; la
moralité kantienne implique un mode d'existence et
d'activité métaphysique qui ne semble plus le mode
vraiment *naturel*, physique ou psychique. Le *droit
absolu*, par conséquent, ne peut être lui-même *naturel* ni fondé sur la nature observable de l'homme,
sur ses caractères scientifiquement déterminables. Au
point de vue de la pure nature et de la pure science
positive, on pourra invoquer des combinaisons de
forces et d'intérêts, des transformations d'instincts
égoïstes ou altruistes, des évolutions d'organisme
individuel ou social, mais rien d'inviolable en soi et
par soi.

Est-ce à dire qu'il faille, dans la philosophie du
droit, accepter simplement un naturalisme exclusif,
qui nie tout droit véritable, même comme droit idéal
et métaphysique ? Nous venons de voir, sans doute,
que ce système exprime une partie de la vérité ; mais
est-il pour cela la vérité tout entière ? Il fournit le
terrain ferme et *scientifique* sur lequel doit reposer
l'édifice *philosophique ;* mais l'édifice lui-même ne
peut-il monter vers des régions supérieures ?

LE CÔTÉ VRAI DE L'IDÉALISME
LE DROIT COMME IDÉAL

Le naturalisme exclusivement matérialiste croit en avoir fini avec les idées de liberté, de personnalité, de droit, d'inviolabilité, dès qu'il a montré, par des raisons plus ou moins analogues aux précédentes, qu'elles n'expriment pas des faits observables ni des lois naturelles ; pourtant, si ces choses n'ont pas d'existence comme réalités dans la nature, elles ont du moins tout d'abord une existence comme idées dans notre esprit ; or est-ce là un mode d'existence qui n'ait aucune valeur et dont il ne faille tenir aucun compte ? — Non, les idées sont des pensées, et les pensées ne sont point un élément sans importance dont il soit permis de faire abstraction, surtout quand ces pensées sont celles qui dominent et gouvernent l'humanité. Pour un matérialisme brut, tout ce qui n'est pas une *réalité* est par cela même une chimère ; mais, objecterons-nous, ce qui n'est pas une réalité peut être un *idéal*. Stérile est la chimère, comme ces monstres qui, alors même qu'ils ont pu naître, ne peuvent du

moins enfanter à leur tour; fécond est l'idéal, comme
ces conceptions créatrices du poète, de l'artiste, du
philosophe, qui peuvent faire surgir un monde nouveau d'idées, de sentiments, de volontés. La chimère
est irréalisable, l idéal est progressivement réalisable;
l'une est contre la nature, l'autre est selon la nature;
l'une est le faux, l'autre est le vrai. Le domaine des
idées est la part légitime de l'idéalisme, qui n'exclut
nullement le naturalisme bien entendu, mais l'achève
et le complète, de même que la pensée n'exclut pas
la matière, mais l'éclaire, la pénètre et la transforme.
Il faut donc élever un certain idéalisme sur les fondements mêmes du naturalisme et chercher à les unir;
on ne sortira pas pour cela du naturalisme vrai : étudier les idées, c'est analyser les formes de la pensée
humaine, déterminer ses directions essentielles, découvrir les lois de son évolution; or la pensée, elle aussi,
fait partie de la nature, quoiqu'elle la dépasse ou
plutôt la devance en concevant une nature supérieure.

La science sociale et politique, plus encore que
toute autre, doit tenir compte de l'idéal et dans ses
principes et dans ses applications. La science sociale
en effet tend à la pratique, et il n'y a point de pratique sans idéal; un être intelligent ne peut rien faire
sans se demander ce qu'il y a de meilleur à faire.
En outre, la valeur de la pratique dépend de l'élévation de l'idée. Là est le côté vrai, là sont la grandeur
et la force de la jurisprudence et de la politique
françaises, considérées dans leurs principes, sinon
dans leurs applications; notre nation a toujours eu
l'ambition de réaliser le meilleur, elle a toujours
voulu conformer ses lois et sa politique aux idées les

plus hautes que la pensée puisse concevoir; tout en
reconnaissant les excès de cette tendance, nous ne
sommes point de ceux qui, avec M. Taine, lui en font
un reproche. Une législation civile, une constitution
politique doivent sans doute être faites pour la réalité, mais elles doivent être faites en même temps
pour l'idéal; c'est ce qu'oublient les naturalistes
exclusifs et l'école historique, dans leurs critiques en
partie justes de la méthode suivie par notre nation.
La considération de l'idéal est aussi indispensable au
jurisconsulte et au politique que l'étude de la géométrie pure au mécanicien, quoiqu'il n'y ait dans la
nature ni cercle parfait, ni triangle parfait, ni même
une seule ligne réellement droite. Dès lors, la vraie
méthode nous impose l'examen de cette question : —
Si le droit et la liberté ne sont point une réalité d'expérience ou une déduction des *faits*, ne sont-ils pas
du moins un idéal légitime? En d'autres termes, la
perfection de la société n'est-elle pas que tout le bien
qui peut se réaliser en elle soit réalisé volontairement
par ses membres, et ne faut-il pas pour cela laisser
à chaque volonté cette *indépendance extérieure et
intérieure* qui constitue le *droit*?

Parlons d'abord de la liberté extérieure. Il est certain que le bien réalisé volontairement par l'individu
et sans contrainte venue d'autrui est, sous tous les
rapports, supérieur au bien contraint. Les raisons en
sont nombreuses. D'abord il a plus d'*intensité :* c'est
une puissance qu'aucune résistance ne vient affaiblir,
comme un fleuve dont le lit et les bords, au lieu d'opposer un obstacle à son cours, contribueraient à
pousser les eaux en avant par une pente irrésistible.

Il est aussi plus *durable* : ne sont-ce pas les obstacles
qu'un élan rencontre qui s'opposent à sa durée,
comme la résistance de l'air au mouvement d'un pro-
jectile ? Toute contrainte n'a qu'un caractère temporaire et provisoire : elle s'use à la longue, parce qu'elle
agit du dehors, tandis que la volonté agit du dedans;
c'est ce qui fait l'impuissance finale de tout despotisme. On cherche dans l'ordre social, comme on l'a
cherché dans l'ordre physique, le mouvement perpétuel ; mais ce qui est une chimère pour nos mécanismes sans vie, la vie le réalise : le mouvement
perpétuel est dans cette puissance dont Rousseau fit le
principe idéal de toute association humaine et le moteur de tout progrès humain, la volonté ; car la volonté convaincue, persuadée, éprise de son objet,
persiste tant qu'elle dure dans le mouvement où elle
trouve sa pleine satisfaction. — A l'intensité et à la
durée s'ajoute un troisième caractère, la *variété* des
effets, c'est-à-dire la richesse et la fécondité. La contrainte extérieure est une force uniforme appliquée
toujours au même point ; la volonté au contraire se
multiplie et se diversifie, parce qu'elle est perfectible
et croît en tous sens. — Ce n'est pas tout ; si le bien
volontaire est supérieur aux autres en *quantité*, il ne
l'est pas moins en *qualité*, parce qu'il est seul conscient, senti, aimé. Un bien dont nous n'aurions pas
conscience n'existerait pas *pour nous* et serait inférieur sous ce rapport ; or la liberté laissée à la volonté
crée la conscience ; la contrainte au contraire, en
s'exerçant sur le corps, tend à faire prédominer la
nature sur la pensée. Aussi la philosophie française
a-t-elle eu raison de se représenter la *loi*, formule du

bien général, comme devant être l'expression de la
conscience générale. Une nation digne de ce nom est
une union volontaire de consciences, non un assem-
blage forcé d'êtres aveugles et passifs. — Ajoutons
que le bien volontaire et voulu par tous est aussi le
seul qui soit *aimé* de tous. Aime-t-on ce qu'on subit
malgré soi ? aime-t-on la violence qui enchaîne les
membres sans enchaîner le cœur ? Enfin le bien volontaire rend seul heureux : on n'est heureux que
quand on jouit de ce qu'on aime. Le *bonheur* n'est
point une chose passivement subie qui puisse venir
du dehors et entrer en nous malgré nous, comme
une liqueur versée dans un vase : si le vase est
amer, il rend amère la plus douce liqueur. Faire
le bonheur d'un homme ou d'un peuple malgré lui
est une contradiction et une chimère, trop souvent
reproduite dans l'antiquité et de nos jours par les
autoritaires et les théologiens, par tous ceux qui
veulent être nos sauveurs malgré nous. Au point de
vue même du naturalisme, le mécanisme le plus parfait est celui qui a en soi un moteur toujours présent,
qui a le moins besoin de la continuelle intervention
de l'ouvrier, qui même peut s'en passer à jamais, se
diriger, se réparer et se refaire, s'adapter spontanément au milieu et se perfectionner par son intime
énergie. Tel est l'idéal que doit poursuivre la société
humaine. Aussi les naturalistes doivent-ils le reconnaître comme les idéalistes, tout bien que la société
impose par contrainte est un bien mort, tout bien
qui jaillit du sein de l'individu est un bien vivant. La
véritable *évolution*, chez des êtres intelligents, doit
avoir lieu *par l'intérieur*, non par des moyens exté-

rieurs qui la réduiraient à n'être que superficielle et apparente. L'homme qui vaut le plus, comme la société qui vaut le plus, est celui qui porte en soi, autant qu'il est possible, le principe de sa valeur propre et de sa propre évolution.

Après avoir ainsi établi la supériorité du bien accompli *sans contrainte*, nous avons un second pas à faire, une seconde prémisse à poser. Suffit-il que la volonté soit indépendante *extérieurement* et exempte de toute pression étrangère? Ne faut-il pas encore, pour se rapprocher de son idéal, qu'elle soit indépendante *intérieurement?* Or l'intime et complète indépendance de la volonté serait ce qu'on nomme la *liberté*. La philosophie spiritualiste a fondé en dernière analyse son idée du droit sur cette liberté intérieure et morale, dont la liberté extérieure n'est à ses yeux que la manifestation et la garantie. Mais, ici encore, s'est-elle fait une juste notion de l'idéal?

Nous croyons qu'il faut l'accorder d'abord aux partisans de la liberté; si la volonté humaine atteignait à « la liberté morale » ou du moins s'en rapprochait le plus possible, l'individu aurait en soi une valeur plus *personnelle* et plus haute : on pourrait justement lui attribuer sa perfection intérieure et sa bienveillance pour autrui, en un mot le bien dont il serait l'auteur. La perfection reçue des autres est la perfection des autres, qui seuls en ont le mérite. La beauté d'une œuvre d'art appartient à l'artiste, et c'est dans la pensée de l'artiste que réside la beauté véritable, dont l'autre n'est que l'image inanimée. Toute œuvre n'a qu'une valeur de forme, l'ouvrier seul a une valeur de fond. C'est par un abus de langage que nous ap-

pelons bonnes les choses matérielles soumises à des
lois entièrement fatales : un cristal est symétrique,
régulier, ordonné ; il n'est pas *bon*. C'est donc la volonté qui peut donner aux choses le caractère du bien
proprement dit, je veux dire du bien moral. Auparavant, il y a de l'agréable, il y a du vrai, du beau
formel peut-être, mais non bonté propre. C'est ce
qui fait l'absurdité des systèmes autoritaires qui
admettent un *bien moral* imposé par autorité, chose
contradictoire.

Mais il importe de concevoir avec exactitude cet
idéal de liberté qui, s'il se réalisait, serait l'accomplissement de la nature humaine et comme la consécration de notre droit au respect et à l'amour. Or,
nous l'avons vu, les partisans d'une liberté d'indifférence qui agit sans motifs, ou (ce qui revient au
même) d'un libre arbitre vulgaire qui agit contrairement aux motifs ou se crée arbitrairement des
motifs, ne peuvent fonder là-dessus une théorie du
droit capable de satisfaire les esprits scientifiques :
ce libre arbitre indéterminé, outre qu'on n'en peut
constater la réalité, ne saurait constituer le plus
haut *idéal* de la volonté et conséquemment la plus
haute *valeur* de l'homme, principe de son droit.
D'un autre côté, le matérialisme et le fatalisme
absolus, en supprimant toute action de l'individu
et en expliquant tout par le dehors sans qu'il reste
aucune part au dedans, suppriment finalement l'activité même et ne laissent plus à l'individu aucune
espèce de valeur propre. Il faut donc se faire de la
liberté idéale une notion qui l'élève à la fois au-
dessus de la fatalité et de l'indétermination. D'une

16

part, selon nous, cette liberté idéale ne consisterait
pas à vouloir également une chose ou son opposé, à
introduire dans le monde et dans l'histoire, avec la
possibilité ambiguë des contraires, un inexplicable
hasard. D'autre part, elle exclurait la complète pas-
sivité de chaque être telle que l'admettent les fatalistes, car elle suppose chez l'être une action propre,
une tendance essentielle qui le constitue, une force
spontanée qui fait sa valeur. Comment donc faut-il
se représenter cette force? Est-il nécessaire de la concevoir comme une sorte de miracle dans la nature
ou plutôt en dehors de la nature? Ne peut-on s'en
faire un idéal qui ne soit pas en contradiction avec
le déterminisme de la nature même? — Sans entrer
ici dans des considérations trop longues, disons seulement que le sens du mot de liberté a été considé-
rablement détourné de son antique étymologie par
les métaphysiciens et les théologiens : *liberté* veut
dire *indépendance*. Or les scolastiques et les psychologues modernes ont fini par restreindre la liberté au
libre arbitre proprement dit, au pouvoir de réaliser
les contraires, qui, en le supposant tel qu'ils l'imaginent, ne serait toujours qu'une forme particulière
et, comme disait Descartes, le plus bas degré de la
liberté. Mais le libre arbitre, apparent ou réel, n'a
de valeur qu'autant qu'il peut être pour nous un
moyen d'augmenter notre indépendance, et c'est toujours en définitive l'indépendance même qui constitue à nos yeux la vraie liberté. Dans son sens négatif, le mot de liberté exprime donc l'*absence de toute
contrainte étrangère à l'être même;* dans son sens
positif, il exprime d'abord la présence d'une force

agissant *par soi,* la plénitude de l'activité spontanée et consciente, la volonté ; la liberté idéale doit donc se définir d'abord la volonté indépendante ou qui ne dépend que de soi.

Reste à savoir en quoi consisterait cette indépendance. — Entendu à la façon vulgaire, le libre arbitre serait indépendant des motifs qui le sollicitent et pourrait agir contre ces motifs ou se créer soudain à lui-même un motif non amené par les lois intellectuelles ; mais le pouvoir de n'être déterminé par aucun motif est-il vraiment ce qui nous importe ? Non, l'indépendance par rapport aux motifs ne peut être qu'apparente et serait d'ailleurs inutile : en fait, il y a toujours un motif caché qui explique la décision, un déterminisme intellectuel ou passionnel, et n'y eût-il aucun motif, une décision arbitraire et inexplicable serait sans valeur morale ou sociale. Qu'est-ce donc qui est vraiment *précieux* ? C'est l'indépendance par rapport aux motifs *inférieurs* et *extérieurs,* aux motifs égoïstes et matériels, car ces motifs expriment, non la direction normale et essentielle de la volonté raisonnable, mais la déviation que les fatalités du dehors lui font subir ; ils sont donc des servitudes. Dès lors, la vraie liberté ne consiste pas essentiellement, en son idéal, à pouvoir mal faire, mais à pouvoir bien faire ; elle n'est pas en son principe la puissance de déchoir, mais la puissance de monter. Le premier de ces pouvoirs n'est pas nécessairement et en tout être une condition du second, malgré le préjugé vulgaire qui ne se figure les choses que par contraste ; car il se peut que le mal soit le résultat des contraintes extérieures, des servitudes physiques, besoins, passions, etc., tandis que le bien serait le dégagement de notre propre activité, de notre vraie activité intelligente et aimante. En faisant le mal, la volonté ferait ce qu'elle ne veut réellement pas ; en faisant le bien, elle ferait ce qu'elle veut réellement, ce que veulent les autres volontés, ce que veut l'*univers* : ce serait une délivrance. Ainsi nous pouvons construire la notion d'une liberté idéale, d'une *volonté de l'universel*, qui ne serait ni le déterminisme exclusif ni la liberté vulgaire d'indétermination [1].

C'est cette liberté idéale qui se confond avec le *droit idéal*. En effet, l'être qui aurait des droits dans toute

---

1. Le libre arbitre vulgaire implique, sur un point ou sur l'autre, d'une manière ou d'une autre, l'*indétermination* de la volonté ; la liberté conciliable avec la science serait au contraire une *détermination* de plus en plus grande et de plus en plus sûre, la détermination à des fins de plus en plus élevées (famille, patrie, humanité, univers), à des motifs de plus en plus universels, sur lesquels les motifs bornés et égoïstes pourraient de moins en moins prévaloir. L'homme libre est celui sur qui l'on peut compter de plus en plus, avec une certitude croissante. L'accord du libre arbitre vulgaire avec le déterminisme scientifique est impossible ; au contraire, dans notre théorie, nous maintenons au déterminisme sa place légitime et nous en faisons même, comme on le verra tout à l'heure, un moyen d'affranchissement et de progrès. — Mais, dira-t-on, comment la liberté pourrait-elle se concilier avec une détermination de plus en plus grande vers un point donné ? — Cette objection vient de ce que l'on conçoit la détermination comme essentiellement *passive* et toujours produite par la force du *dehors* ; mais la vraie détermination pourrait être active, produite par la force intelligente du dedans qui se dégagerait des obstacles, prendrait de plus en plus conscience d'elle-même et s'imposerait à tout le reste. Dans ce cas, la volonté serait déterminée par sa seule spontanéité ; or c'est la *détermination par soi* qui constitue l'idéale liberté : ne dépendre que de soi, ce serait être indépendant. D'ailleurs, répétons-le, c'est là un idéal.

la force de ce mot serait l'être qui ne dépendrait que
de soi et par cela même serait capable de disposer
de soi en vue d'autrui. Et c'est bien ainsi que l'entend même le vulgaire; quand nous voulons affirmer notre droit, nous disons : « Je ne dépends que
de moi-même. » Droit, indépendance, liberté, sont
donc des traductions diverses d'une même conception, et comme cette conception existe plus ou moins
vague dans toutes les consciences, il faut reconnaître
qu'elle a une valeur au moins comme suprême objet
et idéal de la pensée humaine.

Elle a même une valeur sous toutes les formes qu'elle
peut prendre, à tous les stades de son développement
possible. La forme idéale de la liberté, c'est le libre
vouloir de l'*universel* par l'*individu*, qui, ne dépen-
dant que de soi, se donnerait cependant à tous ; cet
idéal est évidemment la fin la plus haute et le *suprême
aimable* pour l'homme. Comme moyen de cette fin,
nous nous représentons une puissance encore incomplètement libre et, par cela même, capable des contraires, **capable de deux directions**; l'une égoïste,
l'autre désintéressée. Cette seconde sorte de liberté
n'est pas, par elle-même, essentielle à la première,
puisque nous concevons l'idéal divin comme à la fois
souverainement libre et souverainement incapable de
déchoir; le pouvoir de mal faire n'en est pas moins
pour nous la forme présente et inférieure que prend
la liberté même de bien faire. Comme la volonté de
l'universel, qui est le bien, ne peut venir que de l'être
même et ne peut être introduite par le dehors, il
en résulte que l'évolution spontanée de la liberté,
avec le pouvoir de mal faire joint au pouvoir de

bien faire, nous apparaît comme la forme pratique du droit chez des hommes à la fois faillibles et perfectibles.

Ceci posé, que reste-t-il à savoir? — Il faut examiner si la liberté ainsi entendue, et le droit idéal qui en dérive sont condamnés à n'être qu'un idéal stérile perdu dans les espaces imaginaires, aussi inactif et impuissant sur le monde que les dieux d'Épicure, ou si cet idéal est susceptible d'une réalisation plus ou moins complète. Le problème que nous avons maintenant à résoudre consiste donc à trouver un trait d'union effectif et *observable* entre l'idéalisme et le naturalisme, si bien que l'idéal puisse descendre dans la nature même, la transformer à son image et l'élever jusqu'à lui.

IV

CONCILIATION SCIENTIFIQUE DU NATURALISME
ET DE L'IDÉALISME PAR L'IDÉE-FORCE DU DROIT

Le trait d'union entre le naturalisme et l'idéalisme, le moyen par lequel se réalise l'idéal, c'est selon nous l'*évolution*, qui, étant ici consciente et se proposant à elle-même un but, peut s'appeler *progrès*. Seulement nous nous représentons d'une façon particulière cette évolution. Selon nous, le moteur trop peu remarqué qui l'accomplit est l'influence exercée par l'idée même sur sa propre réalisation. Nous ne prenons pas ici l'*idée* au sens métaphysique de Hegel; nous n'entendons pas par là je ne sais quelle entité insaisissable à l'expérience; nous voulons parler des idées mêmes que conçoit notre intelligence et qui sont nos propres pensées. Toute idée conçue par nous a une action sur nous et *tend à se réaliser par cela même qu'elle est conçue* : voilà notre principe. Au fond, penser une chose, c'est déjà la commencer : on ne peut avoir par exemple l'idée d'un mouvement sans produire dans le cerveau ce mouvement même, l'idée d'une mélodie sans la chanter intérieurement.

En outre, parmi les idées, il y en a de supérieures à toutes les autres, qui expriment des *idéaux* : telle est la liberté, tel est le droit. Ces idées sont des types d'action qui indiquent la plus haute direction que puisse prendre la nature humaine, l'achèvement et la perfection de notre nature; ce sont donc des *idées directrices*, des *idées-forces*, moteurs intellectuels et centres efficaces d'attraction. ✗

S'il en est ainsi, nous devons appliquer à la théorie du droit une doctrine philosophique que nous avons longuement exposée ailleurs et en mettre à l'épreuve la fécondité dans l'ordre social [1]. Quand nous agissons sous l'idée directrice de la liberté et avec con-

---

1. *La liberté et le déterminisme*, 2ᵉ partie. La liberté humaine, abstraction faite des hypothèses métaphysiques dont nous parlerons plus loin, consiste pratiquement et scientifiquement dans le pouvoir de nous modifier par l'idée même que nous avons de ce pouvoir et de nos modifications possibles. Si, par exemple, au moment où la passion m'entraîne dans une direction détermi-née, je conçois le pouvoir de modifier cette direction pour at-teindre une fin meilleure, cette idée de ma puissance est en moi le commencement d'une puissance réelle; c'est une force opposée par l'idée aux autres forces, et capable, par sa réflexion sur elle-même qui en accroît l'intensité, de contrebalancer les autres motifs à son profit ou au profit d'un motif supérieur. C'est là tout ce que l'expérience psychologique et physiologi-que découvre en nous, c'est là le seul libre arbitre que con-naisse la science *positive* et dont l'existence soit un fait d'*ob-servation* incontestable. Supposez que la statue consciente de Condillac, en acquérant l'*idée* et le *désir* d'une modification ou d'un perfectionnement possible dans ses traits et ses formes, acquière par cela même le *pouvoir* de les modifier; elle réa-lisera progressivement son propre idéal en le pensant et en l'aimant. Ce pouvoir de se modifier soi-même croît, première-ment en raison de la persuasion où l'on est de son existence, secondement en raison de la connaissance que nous avons de nos modifications possibles et de leurs moyens de réalisation. En d'autres termes, nous sommes d'autant plus puissants que

fiance dans la possibilité de sa réalisation, nous en voyons effectivement une image se réaliser de plus en plus en nous, en vertu du déterminisme même. Les lois naturelles de la sympathie, qui s'exercent entre les divers individus, faisant passer d'un visage à l'autre les larmes ou le rire, la crainte ou l'espérance, s'exercent aussi au sein d'un même individu ; l'idée et le désir, par contagion, envahissent toutes les parties de l'être et se les assimilent. Comme si l'homme devenait semblable, selon la pensée platonicienne, à l'objet de sa contemplation et de son amour, nous nous rapprochons de la liberté en la pensant et en la désirant, — approximation indéfinie, évolution sans limites qui fait la vie morale. Or, de même que nous acquérons sur nous une *puissance* d'autant plus grande que nous avons plus de foi dans notre puissance, et une foi plus rationnelle, de même nous acquérons pratiquement une *valeur* d'autant plus haute que nous sommes mieux et plus rationnellement persuadés de notre propre valeur ; nous nous rapprochons donc en même temps de l'idéal du *droit* et de l'idéal de la *liberté*. Ce sont deux évolutions parallèles qui s'accomplissent également sous l'influence de l'idée. Se persuader qu'on ne peut avoir ni indépendance personnelle ni droit moral, c'est s'enlever le ressort intérieur, c'est se rendre vraiment esclave et se dépouiller soi-même de son droit ; se persuader qu'on a une activité capable d'une certaine initiative, c'est développer en

nous nous représentons mieux et notre puissance intérieure et nos moyens d'action extérieure ; c'est donc, à ce point de vue, la science, la pensée, l'idée, qui nous confère la puissance.

soi une énergie qui peut toujours s'accroître, et avec cette *énergie* croît la *dignité*, car la dignité est la valeur appartenant en propre à un être, la valeur supérieure dérivant de l'énergie personnelle.

Il y avait quelque chose de trop matériel et de trop grossier à croire, avec la philosophie traditionnelle, que le droit se fonde uniquement sur quelque *réalité* déjà présente et sensible, qu'on pourrait constater comme un *fait* empirique. Pourquoi une *fin* idéale et *intelligible* qu'on se propose ne serait-elle pas aussi un fondement *intelligible* du droit? La *liberté idéale*, conçue comme une puissance idéale de désintéressement en vue de l'*universel*, est précisément une fin intelligible, et une fin pour tous comme pour chacun; cet idéal me comprend moi-même dans ce qu'il embrasse, comme il vous comprend vous-même; c'est un foyer virtuel où tendent également et où viendraient également converger toutes les volontés. Or, même à ce point de vue du pur idéal, la puissance capable de concevoir l'universel et de vouloir *universellement* devient aussi universellement respectable par son *but* normal, alors même qu'elle ne le poursuivrait pas toujours réellement [1]. Donc une *idée*, une pure idée peut déjà nous conférer quelque chose de sa valeur dès que nous la concevons, et si la valeur de cette idée n'est pas particulière, si elle enveloppe une conception d'universel, la valeur de la volonté qu'elle règle ou dirige deviendra elle-même d'un tout autre genre que les intérêts égoïstes ou les forces égoïstes. Encore une fois, l'idéal comme tel

1. Nous reviendrons plus loin sur ce point.

est déjà un élément de dignité supérieure pour l'être
qui le *conçoit*, qui l'*aime*, qui l'*espère*. Dès que nous
avons conçu et aimé la liberté idéale et désintéressée,
dès que nous avons espéré la réaliser en nous-mêmes,
nous ne voulons plus être traités comme une *chose*,
mais comme une pensée vivante et pensant l'univers,
comme une *conscience*, comme une *raison*, comme
une *volonté* capable de vouloir pour les autres en
même temps que pour soi, capable en un mot de vouloir pour l'univers. On a beau nous dire que nous
n'avons peut-être pas en fait cette liberté : en fait
nous la concevons et nous nous en rapprochons, cela
nous suffit déjà au point de vue purement philosophique, comme s'il suffisait au prisonnier d'avoir
entrevu le libre ciel et une voie d'affranchissement
possible pour en garder le souvenir ineffaçable, pour
se voir délivré d'avance, et que le seul espoir de la
liberté fût déjà par lui-même inviolable à autrui.
Tout en effet dépend de l'objet qu'on espère : quand
cet objet est ce qu'il y a de plus divin, c'est-à-dire au
fond de plus humain, de plus social, et qu'il n'exclut pas de soi l'objet des autres volontés, l'*espérance*
même devient divine et impose le *respect* à tout membre de la société humaine. On a dit que la douleur
est sacrée; il vaudrait peut-être encore mieux dire :
l'espérance est sacrée.

Voilà ce qui donne même à la seule idée du droit,
dans la pratique, une si forte influence : un individu
ou un peuple qui n'est pas prêt à soutenir son droit
idéal identique au droit de tous, à affirmer obstiné-
ment en face du fait brutal son idée et son espoir, à
maintenir ainsi sa volonté et sa dignité en maintenant

la dignité de son objet universel, cet individu ou ce peuple abandonne tout ensemble son droit moral et sa force morale; il se trahit lui-même.

Cet idéalisme est également méconnu et du spiritualisme vulgaire et du naturalisme exclusif : les deux doctrines se rencontrent dans un certain dédain de ce qui est pure idée. L'école spiritualiste ne conçoit l'idéal que comme une réalité immédiate et une chose toute faite dans un monde transcendant. L'école naturaliste et historique, d'autre part, veut nous faire dépendre entièrement de notre passé et du cours fatal des phénomènes. M. Taine, par exemple, déclare qu'en fait de constitutions et de législations « nos préférences seraient vaines : d'avance la nature et l'histoire ont choisi pour nous; c'est à nous de nous accommoder à elles, car elles ne s'accommoderont pas à nous; la forme sociale et politique dans laquelle un peuple peut entrer et rester n'est pas livrée à son arbitraire, mais déterminée par son caractère et son passé [1]. » On nous parle sans cesse du passé dans l'école historique, et on oublie l'avenir. Or c'est relativement à l'avenir que nous nous concevons capables d'*action* croissante et par cela même capables de *valeur* croissante. Le droit est précisément une idée tournée vers l'avenir : il est pour ainsi dire le respect de l'avenir dans le présent même, sans compter qu'il est aussi, peut-être, le respect de ce qui est supérieur aux considérations de temps. Que dirait-on d'un homme qui, ayant à choisir entre une vie juste et une vie injuste, s'appliquerait ce

[1]. *L'Ancien Régime*, préface.

raisonnement : « La nature a d'avance choisi pour
moi ; la forme de vie dans laquelle je puis entrer
est déterminée par mon caractère et mon passé ;
j'ai été injuste jusqu'à ce jour ; par conséquent, je
dois rester d'accord avec mon caractère historique » ?
Dans cet argument renouvelé du « sophisme pares-
seux », on néglige l'élément essentiel du problème,
que nous avons tout à l'heure rétabli ; on oublie que
l'*idée* même agit pour transformer la *nature*, pour
produire l'*avenir*, que l'histoire ne se fait pas sans
nous, mais par nous, et que c'est elle en définitive
qui s'accommodera à nous-mêmes. La bonne jurisprudence et la bonne politique sont comme la bonne
guerre : les victoires ne viennent point toutes seules
et, si les Turcs étaient aussi fatalistes qu'on le prétend, ils n'auraient point vaincu à Plevna. Les paroles
de M. Taine sont le commentaire du mot célèbre :
« Les constitutions ne se font pas, elles poussent ; » et
on pourrait lui répondre ce qu'on a répondu à Burke
et à Krause : les hommes ne les ont pas trouvées
toutes poussées en s'éveillant un beau matin d'été ;
elles ne ressemblent pas aux arbres qui, une fois
plantés, croissent toujours, tandis que les hommes
dorment, car elles sont l'œuvre des hommes eux-
mêmes. De plus, le germe fécond est ici, non une
force extérieure, mais une idée intérieure, qui, en se
concevant, se développe et se donne vie.

Aussi les naturalistes devront-ils, selon nous, s'accorder à la fin avec les idéalistes pour reconnaître
que tout individu et tout peuple ne saurait être trop
persuadé de sa puissance de *progrès* vers l'idéal, du
trésor de *force* vive qu'il porte en lui pour susciter

l'avenir, et par conséquent de la *valeur* croissante
qu'il peut ainsi lui-même se donner.

Outre ce premier point, les naturalistes nous en
concéderont encore un second : c'est que, si cette
énergie perfectible qui fait le prix des hommes et des
nations a des limites, ces limites du moins ne nous
sont pas connues et peuvent indéfiniment se reculer
dans la pratique : qui pourrait indiquer d'avance les
bornes de l'activité humaine et lui défendre d'aller
plus loin? En conséquence, nul ne peut fixer à un
homme ou à un ensemble d'hommes un prix matériel déterminé et pour ainsi dire une *valeur limite*.
D'autre part, il est bon que ces bornes soient aussi
éloignées en fait qu'il est possible. Les naturalistes
devront donc convenir que ce qu'il y a de plus conforme à l'idéal de notre nature comme à l'idéal du
droit, c'est d'amasser en nous et d'emmagasiner la
plus grande somme possible d'énergie personnelle,
d'avenir latent, que l'ordre social devra servir non
à comprimer, mais à dégager.

Nous faisons ainsi *commencer* la théorie du droit,
comme la morale, par une pure idée, dont nous
analysons scientifiquement les conséquences et les
moyens de réalisation, sauf à en faire plus tard la
critique métaphysique; et l'idée mère du droit est,
selon nous, la même que celle de la morale : c'est
l'idéal d'une volonté libre et désintéressée, c'est-à-dire
*capable d'indépendance progressive par rapport à tous
les mobiles inférieurs et bornés*. Le géomètre présuppose la notion de l'étendue, le physicien celle de la matière; de même, le sociologiste doit présupposer comme
fin de la science sociale l'idéal de la liberté à la fois

personnelle et impersonnelle, telle que nous l'avons
définie. Nous possédons ainsi, comme premières bases
de notre doctrine, deux choses qui ont une valeur positive et scientifique, deux choses que nul système ne
peut nous refuser et ne peut nier : une *idée* et un *fait*,
l'idée de la liberté et ce fait que la liberté tend à se
réaliser en nous et à y réaliser progressivement le droit.
Comme l'idée elle-même est un fait, nous pouvons dire
(indépendamment des considérations métaphysiques
auxquelles nous nous élèverons tout à l'heure) que
nous prenons pour point de départ scientifique deux
faits également positifs et susceptibles de vérification
expérimentale, une pensée et une action. De plus, nous
avons un trait d'union réel entre la pensée et l'action :
à savoir le *progrès*, par lequel la pensée transforme
l'action même, et qui constitue ce que nous pouvons
appeler la liberté pratique ou progressive.

Marquons maintenant en quelques mots, sans sortir
encore du domaine purement scientifique et expérimental, les principaux stades de cette évolution de la
liberté, qui a son parallèle dans l'évolution du droit :
on verra ainsi par quels degrés le sentiment du droit
se développe en fait dans la conscience humaine.

L'homme se représente d'abord l'*indépendance* de
sa volonté comme s'exerçant à l'égard de *tel* motif
spécial, de telle fin spéciale, par exemple la crainte
ou la convoitise; et en effet, grâce à l'idée même de
notre indépendance, qui suspend notre décision et
nous fait concevoir deux contraires comme possibles,
nous devenons réellement capables d'opposer un mobile à un autre, de triompher d'un premier motif au

moyen d'un second, ou de plusieurs au moyen de
tous. En cette influence de l'idée consiste le seul *libre
arbitre* possible, qui n'exclut pas le *déterminisme* dont
il est une forme, mais qui le rend plus flexible, plus
apte à la réalisation d'eff ts contraires, par conséquent plus progressif. Ainsi entendu, le libre arbitre
est le premier moyen par lequel nous nous donnons
à nous-mêmes conscience de notre indépendance
naissante, de notre droit naissant. L'enfant veut affirmer son droit en faisant exactement le contraire de
ce qu'on lui commande, afin de se donner le spectacle du pouvoir qu'il possède ou croit posséder sur
les contraires, de son pouvoir législatif et exécutif.
— En second lieu, nous pouvons nous montrer indépendants de *tous* les motifs à la fois (au moins en
apparence) et agir indifféremment sans raison visible ;
seulement, alors même que nous paraissons ainsi
vouloir sans raison, il y a toujours une dernière raison qui subsiste et entraîne le reste par un déterminisme caché, à savoir l'idée même que nous pouvons
agir sans raison. Chacun connaît ces jouets de physique qui, une fois couchés horizontalement, se re-
dressent eux-mêmes sans cause visible : une balle de
plomb cachée dans leur pied et plus lourde que tout
le reste suffit à les entraîner et à déterminer leur position. Ainsi se produit l'apparente *liberté d'indifférence*, l'indétermination apparente, le caprice, qui
n'est encore qu'une forme du déterminisme. Là aussi,
l'homme croit trouver un second moyen d'affirmer
son droit : *Sic volo, sic jubeo, sit pro ratione volun-
tas;* c'est une sorte de despotisme arbitraire auquel
les enfants se plaisent, parce qu'ils y trouvent un

procédé facile pour manifester leur autonomie, pour
se donner à eux-mêmes l'illusion d'une sorte de droit
absolu et royal. — En troisième lieu, nous pouvons
agir indépendamment de tout motif *particulier* et de
toute fin *bornée* ou matérielle, nous pouvons placer
notre but au delà de toutes limites, vouloir universellement, vouloir le bien de l'humanité entière et du
monde entier; en cela consiste la *moralité*, qui, encore une fois, n'est pas l'absence de tout motif, mais
la prépondérance du motif universel et désintéressé.
Cette prépondérance marque le retour de la volonté
à soi, la possession complète et virile de la volonté
par elle-même, par conséquent sa vraie *liberté*. Là
aussi nous trouvons la plus haute conscience du
droit; c'est le point où notre indépendance personnelle nous apparaît comme liée à l'indépendance de
tous les autres êtres, où notre droit nous apparaît
comme ayant son complément et même sa condition
rationnelle d'existence dans le droit de tous. Le
droit, en un certain sens, est l'amour supérieur de
soi, mais en tant que cet amour est compatible avec
l'égal amour des autres pour eux-mêmes; il est
l'instinct supérieur de conservation et surtout de développement, mais il est aussi l'instinct de désintéressement, parce que, dans cette haute région, les
vrais intérêts moraux se confondent et la dignité de
l'un appelle la dignité de tous. Telles sont les trois
principales phases par lesquelles nous obtenons, dans
la pratique et dans l'ordre scientifique, une approximation croissante de la liberté idéale [1].

1. A notre avis, la seule liberté *pratique* compatible avec la
science est cette puissance intérieure de développement qui

En même temps, cette évolution intérieure que nous venons de décrire nous offre, mieux que tout le reste, les caractères nécessaires pour *réaliser* l'idée du droit. D'abord, droit implique *pouvoir* indépendant, puissance d'user de ce qui est et de créer ce qui n'est pas, dans tous les cas puissance de faire, d'agir, de travailler, de se développer. Avoir un droit, c'est avoir un droit à quelque chose; l'idée du droit, nous l'avons vu, appelle celle de l'avenir : on pourrait presque définir le droit l'accès à l'avenir. Conséquemment, le droit suppose la *progressivité*. Or nous

peut toujours aller en avant et se rapprocher de l'idéal, non par des moyens miraculeux, mais par des moyens naturels et intellectuels, formant eux-mêmes un déterminisme. Quel est dans la pratique l'homme physiquement libre? Celui qui peut avancer sans cesse, qui a l'espace ouvert devant lui sans qu'aucun lien puisse le fixer définitivement en un point immobile. Quel est dans la pratique l'homme moralement libre? Celui dont la volonté peut toujours se développer et franchir successivement tous les motifs, tous les mobiles, toutes les fins particulières. Dans cette conception se rapprochent et s'unissent le naturalisme et l'idéalisme. En effet, notre tendance à la liberté agit au sein de la nature et de la société, non plus dans un monde de « noumènes », comme celui de Kant; comme tendance psychologique, elle n'est pas transcendante, mais immanente, alors même que son objet paraîtrait en un sens transcendant. Elle n'est pas essentiellement distincte de l'intelligence même, de la réflexion, qui est sa forme et sa manifestation consciente; elle agit par l'idée, elle est elle-même une idée en voie de développement, enfin, trouvant son moteur dans la conscience de soi, elle est ainsi son moteur à elle-même. Tout se développe, et le monde entier évolue; comprendre cette loi universelle, aider avec réflexion à ce qu'elle se réalise autour de nous, en nous, par nous, voilà notre privilège. C'est ce pouvoir de développer avec réflexion toutes nos facultés, de devenir tout ce que nous pouvons être, de remplir peu à peu notre idéal d'indépendance individuelle et d'union avec l'universalité des êtres, qui constitue notre liberté pratique et progressive.

venons de voir que la liberté pratique est un pouvoir
éminemment progressif; nous la concevons en effet
comme une puissance qui ne s'épuise pas dans ses
actes, qui peut toujours plus qu'elle ne fait et contient plus qu'elle ne donne. Tel un génie fécond et
inépuisable ajoute sans cesse à ses premières œuvres
des œuvres nouvelles, plus grandes, plus fortes, plus
voisines de lui-même, et cependant toujours impuissantes à exprimer l'infinité de son idéal. De là le
droit[1]. Si je n'avais qu'une valeur *déterminée* et pouvant par approximation s'estimer quantitativement
à tel ou tel *chiffre*, on trouverait aisément des biens
supérieurs à ma personne, au nom desquels tout
serait permis contre moi. Que ferait une volonté
seule contre l'intérêt d'un peuple? Alors même qu'on
ne saurait exprimer par des chiffres exacts dans le
budget social la valeur de l'individu et celle du peuple, on n'en pourrait pas moins affirmer que l'intérêt
du peuple pris en masse représente, sous le rapport
de la quantité, une valeur plus grande que l'individu
isolé. Mais, si nous avons conscience d'une puissance

1. En disant que la liberté et son progrès enveloppent l'idée
d'infini, nous ne prenons pas ce mot d'infini en un sens mé-
taphorique, mais tout au contraire dans un sens vraiment
scientifique. En mathématiques, on appelle infini ce qui est
supérieur à toute quantité donnée; cet infini peut être une
variable; il n'est pas nécessaire qu'il soit quelque chose de
fixe et de déterminé sous tous les rapports. De même, la
liberté pratique peut être une variable toujours en mouvement vers le mieux et pour ainsi dire courant en avant d'une
course éternelle. S'il en était ainsi, la volonté s'appellerait à
juste titre infinie, c'est-à-dire supérieure, en son essence toujours active et mouvante, à toute borne fixe, à toute mesure
immobile et morte comme le nombre. Par cela même aussi,
sa valeur intime serait incommensurable.

d'évolution et de perfectionnement indéfini, si nous croyons porter en nous-mêmes pour la vérité et la justice un *génie*, au sens antique de ce mot, toujours capable d'enfanter des œuvres plus parfaites, notre valeur morale dépassera à nos yeux toute quantité mesurable et matérielle. Ce général romain qui s'imaginait remplacer des chefs-d'œuvre de peinture par quelque équivalent se montrait fermé à l'idée de l'incalculable valeur des œuvres d'art ; que serait-ce s'il s'était imaginé trouver quelque équivalent de l'artiste même et lui attribuer un prix matériel comme à un esclave ?

On le voit d'après tout ce qui précède, les idées de *droit* et de *perfectibilité indéfinie* sont intimement liées, et l'instinct de la révolution française, en ne les séparant point, eut une intuition profonde. Ce qu'on respecte dans l'être doué de volonté et de raison, c'est moins ce qu'il est actuellement que ce qu'il peut être ; c'est le possible débordant l'actuel, l'idéal dominant la réalité. Le présent est gros de l'avenir, disait Leibniz. C'est pour ainsi dire la réserve de volonté et d'intelligence enfermée dans une tête humaine, c'est la progressivité de l'individu, c'est celle de l'espèce même (qui repose en partie sur cette tête) que nous respectons et appelons droit. Dans l'enfant on respecte l'homme, dans l'homme on respecte l'humanité et, pour ainsi dire, le dieu idéal. Jusque dans la mauvaise volonté on respecte la bonne volonté possible [1].

Par là est ennoblie à nos yeux l'humanité entière,

1. C'est un point sur lequel nous reviendrons plus loin.

ou, pour mieux dire, elle est comme divinisée. Il ne
faut donc pas dire, quand on se place au point de vue
purement scientifique: « L'homme a une valeur inestimable parce qu'il est libre, » ce qu'on ne peut démontrer scientifiquement; encore moins « parce qu'il
est librement bon »; mais on peut dire : « L'homme
a déjà une valeur inestimable ou supérieure à toute
quantité donnée, par cela seul qu'il a l'idée de la
liberté et l'idée de la bonté libre, de la fraternité
universelle dont la justice est la condition préliminaire. » En d'autres termes, l'homme a *pratiquement*
des droits par cela seul qu'il est un être conscient
ayant l'*idée du droit.*

V

LES HYPOTHÈSES MÉTAPHYSIQUES
SUR LE FONDEMENT DERNIER DU DROIT

Une dernière question se présente. Nous avons posé en principe deux choses : une liberté tout idéale et un déterminisme réel au point de vue de l'expérience. Ce déterminisme peut, comme nous l'avons montré, se rapprocher sans cesse de son idéal; mais peut-il y atteindre? Dans certaines actions qui semblent dépasser toutes les autres par leur désintéressement ou leur héroïsme, nous est-il donné de toucher le but? — Sur ce sujet, on ne peut faire que des hypothèses; c'est la part laissée à la métaphysique, conçue comme systématisation des données de l'expérience ou comme *cosmologie* universelle ; les questions précédentes étaient d'ordre proprement scientifique. Il y a des raisons pour le doute, il y en a aussi pour la croyance. De quoi s'agit-il en effet? Du fond même des choses. Les choses ont-elles un fond? Si elles en ont un, est-ce quelque nécessité primitive qui occupe ce fond et rive pour ainsi dire l'être à

lui-même? Est-ce au contraire quelque liberté primitive dont la spontanéité ferait jaillir le flot de la vie?
Est-ce la loi fatale d'Héraclite, le clinamen d'Épicure,
la substance de Spinoza, le noumène de Kant, la
volonté absolue de Schopenhauer? Aux métaphysiciens de choisir, et ils ne peuvent choisir qu'en comparant des probabilités, en faisant des inductions
d'après les résultats généraux de la science et les
faits de la conscience.

La théorie du droit nous ramène ainsi finalement
en présence du problème profond qui agita le moyen
âge et qui subsiste dans la philosophie contemporaine : le problème de l'individuation. — Qu'est-ce
qui constitue l'individu et la conscience individuelle?
Où est la racine dernière de ce *moi* conscient auquel
semble inhérent le droit? N'y a-t-il en nous que phénomènes, ou touchons-nous en quelque point à une
réalité plus durable, comme la plante tient au sol et y
puise sa sève? La part du milieu physique ou social
est et sera toujours énorme : organes, tempérament,
hérédité, éducation, que d'influences qui agissent sur
moi! Je suis le point de rencontre et d'intersection
d'une infinité de circonstances, comme un cercle im-
perceptible qui serait coupé en tous sens par une
infinité de grands cercles enchevêtrés; sous l'entre-
croisement de ces lignes, l'œil chercherait en vain à
le saisir. Supposez pourtant qu'il renferme en son
centre vivant une puissance d'expansion qui lui per-
mette de s'agrandir sans cesse et de jeter en tous sens
ses rayons; peut-être un jour redeviendrait-il visible
et faudrait-il reconnaître dans la conscience le vrai
foyer de la vie et du mouvement même.

On n'a pas assez réfléchi aux conséquences morales et juridiques qui résultent du principe directeur de la science moderne : *relativité de la science*, relativité de notre connaissance, d'où l'on a déduit l'existence certaine de *l'inconnu* et l'existence possible de *l'inconnaissable*. A première vue, ce principe semble bien éloigné de l'idée du droit; nous verrons cependant qu'il en exprime le dernier fondement métaphysique.

Mais d'abord, quel est le vrai sens de *l'inconnaissable?* Peut-être est-ce une chimère; peut-être tout est ou pourrait être objet de science positive. Toutefois la connaissance positive a au moins deux *limites :* d'une part l'idée de la matière, du mouvement, de la force et de la vie, d'autre part l'idée de la pensée et de la conscience. Au point de vue même du positivisme le plus radical, la pensée *peut* ne pas être de nature à pénétrer le fond de tout; le cerveau peut ne pas être capable d'exprimer le dernier mot des choses, s'il y a un dernier mot, encore moins la totalité de leur discours éternel, si ce discours est sans mot dernier ou premier. Le cerveau peut ne pas être apte à saisir le sens intime de l'être ou du phénomène, la *réalité objective*. Un vrai positiviste, comme un vrai criticiste et un vrai sceptique, doit donc garder au fond de sa pensée un *que sais-je?* et un *peut-être*. Il doit dire tout au moins : « Les choses ont *peut-être* un fond inconnu, puisque la science proprement dite ne saisit que des relations et des surfaces. » Il ne doit pas affirmer l'adéquation du cerveau à la réalité, l'adéquation de la science à la réalité, mais seulement à la réalité pour nous connaissable. L'expérience même nous apprend que notre cerveau

n'est pas fait de manière à représenter toujours toutes'
choses comme elles sont indépendamment de lui;
l'expérience nous invite donc à concevoir d'une part
une *totalité* de choses objectives, d'autre part une
totalité d'états subjectifs, et alors se pose le problème:
Le tout de la pensée subjective est-il identique et
adéquat au tout de la réalité objective? Par là nous
arrivons à concevoir, d'une .conception indirecte et
comme parabolique, ce qui serait *autre* que le connaissable, le *non-connaissable*, l'*inconnaissable* hypothétique, qu'il vaudrait mieux appeler l'*irréductible*.
En concevant la borne qui peut se trouver profon-
dément attachée à notre esprit et à notre cerveau,
altè terminus hærens, nous concevons par projection
et induction un *au delà* obscur. L'*objet* senti ou pensé
n'est donc pas conçu comme étant certainement tout
entier pénétrable à la science, pénétrable au *sujet*
sentant et pensant.

D'autre part, le sujet n'est *peut-être* pas à son tour
tout entier pénétrable pour lui-même. Qu'est-elle *en
réalité*, cette conscience qui se pense en pensant le
reste, cette conscience sur laquelle on a fait tant d'hypothèses, indivisible pour ceux-ci, divisible et composée pour ceux-là, fermée selon les uns, ouverte et
pénétrable selon les autres, individuelle selon les uns,
capable selon les autres de s'étendre à des sociétés
entières, à des groupes de plus en plus vastes, et de
se fondre ainsi avec d'autres consciences élémentaires
dans une conscience commune et sociale? C'est là un
problème dont la solution n'est pas trouvée et ne le
sera peut-être jamais, car la conscience est *sui gene-
ris*, incomparable. On ne peut pas la faire rentrer

dans un *genre* supérieur, on ne peut pas non plus en
marquer la *différence propre* avec d'autres choses du
même genre : elle échappe aux fonctions essentielles
de la compréhensibilité. Donc, encore une fois, la
conscience ne se *comprend* pas elle-même; donc il y
a au fond de la conscience de l'inconnu et peut-être
de l'irréductible pour la science. quelque chose du
moins qui est *pour la conscience* intellectuellement
obscur, quoique étant de fait *immanent* à son existence même. En un mot, la conscience réfléchie et
distincte n'est pas adéquate à ses propres conditions,
à son propre fond, à son propre contenu, à sa propre
synthèse. Par là le *psychique* vient pour ainsi dire
trouver une limite dans cette continuation de lui-
même qu'on pourrait appeler le *métapsychique;* la
science subjective vient se heurter à un mur, à un je
ne sais quoi d'impénétrable à l'analyse, qui est sans
doute le même que l'impénétrable de la matière ou
le *métaphysique* proprement dit [1]. Ainsi le fond commun ou synthétique de l'objet et du sujet se cache
dans la nuit. Les autres objets eux-mêmes, nous ne
les concevons que comme d'autres *sujets*, plus ou
moins analogues à notre conscience ; nous concevons
d'autres consciences : c'est là pour ainsi dire l'altruisme intellectuel, fondement de tout autre altruisme.

    Maintenant, de quoi avons-nous besoin pour fonder
métaphysiquement le droit? D'un principe qui ait

---

1. Les mots de *métaphysique* et de *métapsychique* que nous
venons d'employer ne doivent pas faire illusion : ils ne dési-
gnent pas quelque chose d'extérieur au physique et surtout au
psychique, quelque chose de vraiment transcendant: ils dési-
gnent ce qui leur est le plus *immanent*, ce qui les constitue
comme réalité, alors même que la science ne pourrait le saisir.

rationnellement pour conséquence une certaine *abs-tention* envers la volonté consciente d'autrui, tant que cette volonté n'empiétera pas elle-même sur la nôtre. Cette abstention sera une *limite* imposée à l'expansion indéfinie de notre égoïsme, c'est-à-dire de notre force matérielle et de nos intérêts sensibles. Or le principe de la relativité de nos connaissances, qui a pour corollaire l'idée problématique de l'irréductible, immanent à l'être et à la pensée, en un mot de la réalité ultime, est rationnellement un principe *limitatif* de l'action comme de la pensée : en limitant le dogmatisme intellectuel, il limite aussi le dogmatisme pratique : il refrène chez l'individu l'attachement *absolu* de la volonté aux biens sensibles, comme il refrène l'orgueil de la connaissance physique et mécanique. Le frein est encore plus fort quand il s'agit de l'égoïsme d'un individu en face d'un autre individu : le moi n'étant plus seul en cause, le principe d'abstention prend plus d'importance. L'idée de l'irréductible que la pensée place alors dans la conscience d'autrui comme en nous n'est au fond, pour notre pensée, qu'une idée *négative* et *limitative* : elle est la pensée concevant sa propre limite possible ; mais cette limite aboutit cependant à l'affirmation *d'autres* consciences limitant la nôtre : elle nous fait sortir du *moi*. Elle est par cela même suffisante pour justifier métaphysiquement la limitation pratique et morale de notre volonté devant la volonté d'autrui, de notre conscience devant la conscience d'autrui. Faire de son égoïsme et de son moi un absolu, c'est dogmatiser en action comme en pensée, c'est agir comme si l'on possédait la formule absolue

de l'être; c'est dire : le monde mécaniquement connaissable est *tout*, la force est tout, l'intérêt est tout.
L'injustice est du dogmatisme pratique et de l'absolutisme, λόγῳ καὶ ἔργῳ. La justice, au contraire, est
une limitation mutuelle des volontés et des consciences en vertu d'une même idée également limitative pour tous ; je veux dire l'idée de la limitation
même qui est 1° inhérente à notre science physique,
et ouvre ainsi l'accès à la spéculation *cosmologique*,
2° inhérente à notre conscience limitée par d'autres consciences, et ouvre ainsi l'accès à la spéculation *psychologique*[1]. Eriger le mécanisme des forces
ou des intérêts en loi *unique*, c'est affirmer que le
mécanisme, comme tel, est l'*unique* réalité; or c'est
ce que jamais on n'a démontré et ce qu'on ne pourra
démontrer jamais; il restera toujours de l'*inexplicable* mécaniquement, ne fût-ce que le mouvement
même, ne fût-ce que la sensation, élément de la conscience. Jointe à toutes les autres considérations,
l'idée de cet irréductible qui constitue notre conscience, en *restreignant* notre connaissance sensible,
nous impose aussi rationnellement la *restriction* de nos
mobiles sensibles, et cela en vue d'autrui, en vue du
tout. Le *solipsisme*, comme disent les Anglais, est aussi
inadmissible en morale qu'en métaphysique, bien
qu'il soit peut-être irréfutable dans les deux sphères.

Il peut sembler étrange de fonder le droit sur un
principe de doute et pour ainsi dire sur un *problème*.
Mais d'abord nous verrons que ce fondement métaphysique n'exclut en aucune manière tous les autres

1. Voir, pour le développement de ce point de vue, notre
Critique des systèmes de morale contemporains.

fondements positifs et scientifiques; seulement il les empêche de s'ériger en *absolus*, et par cela même il empêche la justice et le droit de s'absorber *en entier* dans la force ou dans l'intérêt, en un mot dans le mécanisme et dans l'organisme, qui ne sont peut être pas le tout de la nature. Or, ce *non plus ultrà* est nécessaire pour fonder un droit véritable et cependant immanent, infranchissable à l'égoïsme, un droit que la force et l'intérêt, à eux seuls, ne sauraient fonder. De plus, ce problème se pose à propos d'une réalité indéniable, savoir notre conscience même, qui, enveloppant tout, ne peut être enveloppée et comprise dans autre chose ou, en un seul mot, comprise. Enfin on peut maintenir à l'état problématique, mais cependant irréductible à tout le reste, cet idéal universel des consciences dont Kant a fait « la catégorie de l'idéal ». Mais Kant a paru quelquefois représenter comme *transcendant* ce qui en définitive est *immanent* par excellence et *constitutif* de la conscience même ; de plus, Kant a voulu déduire de là une loi *impérative* et *formaliste*; nous ne le suivons plus sur ce terrain de la *Critique de la raison pratique*, et nous en rejetons le côté transcendant, supranaturel; mais nous conservons ce qui peut être retenu de la *Critique de la raison pure*, c'est-à-dire une simple idée, la plus haute de toutes, la plus obscure, la plus énigmatique, celle du fond impénétrable de la conscience, que toute notre science analytique ne peut atteindre. On dira que c'est là simplement un *x*, un point d'interrogation; — soit; mais ce point d'interrogation qui porte sur le *moi*, le *toi* et le *tout*, suffit à faire tomber

le dogmatisme de la force et de l'intérêt; il leur dit :
— Vous n'êtes pas tout, ne vous érigez pas pratiquement en tout. — Et là-dessus peut se fonder le vrai
libéralisme, que la pure notion de la force ou de l'intérêt, exclusivement considérée, avait compromis.

Ainsi donc il y a au sein de l'homme un problème
et une énigme immanente, quel que soit le nom qu'on
lui donne, qu'on l'appelle avec Hamilton et Spencer
l'inconnaissable, avec Schelling et Platon τὸ ὄντως
ὄν, avec Kant le *noumène*, avec Schopenhauer la volonté. Il y a dans la conscience même de l'homme
une perspective sans fond, une inexplicable échappée
sur les autres consciences et, par là, sur l'univers
infini, sur la société universelle. C'est ce qui confère
à la notion du droit son caractère plus que physique.
La science physique n'a pas, pour ainsi dire, percé
l'homme à jour et démonté rouage par rouage la
machine humaine : elle ne pourrait donc, sans inconséquence, traiter l'homme comme une chose absolument transparente et intimement connue. Pourquoi
ne craignons-nous point de briser un automate? C'est
que nous en connaissons tous les ressorts, et nous
savons qu'il ne contient rien de plus. Telle n'est pas
la conscience humaine. Supposez qu'en présence d'un
homme inanimé il nous soit impossible de savoir
avec certitude s'il est mort ou seulement en léthargie,
oserons-nous le mettre immédiatement au tombeau?
Dans la personne consciente, nous ne savons pas *de
science certaine* s'il y a entière absence, ou seulement
léthargie de cette liberté que nous concevons comme
devant être la puissance individuelle par excellence
et en même temps la puissance de vouloir universelle-

ment. Bien plus, la science positive eût-elle fait la complète anatomie de l'être pensant, voulant et aimant, il
resterait encore à savoir ce que c'est que l'*être*, ce que
c'est que la *pensée* ou *conscience*, et de nouveau se
poserait la question : Est-ce au fond fatalité et mécanisme, est-ce vie et liberté? « La profonde douleur,
dit Schopenhauer, que nous éprouvons à la mort de
tout être ami, naît de ce sentiment que dans tout
individu il y a quelque chose d'*inexprimable*, qui n'est
qu'à lui, quelque chose d'*irréparable : Omme indivi-
duum ineffabile.* » Schopenhauer aurait pu ajouter :
Ce mystère naturel que l'homme porte avec lui est le
fondement métaphysique du droit. Scientifiquement,
le droit est une valeur *idéale* prêtée à la conscience
humaine, comme incomparable avec tout ce qui est
mécanisme brut; métaphysiquement, il est peut-être
une valeur *réelle.* Ce simple *peut-être,* cette seule possibilité, cette place réservée au doute motivé et par
cela même à l'induction motivée, suffirait déjà, sans
parler de toutes les autres raisons positives et scientifiques, pour nous retenir au moment d'empiéter sur
la conscience d'autrui. Aussi nous nous arrêtons malgré nous devant notre semblable comme devant je ne
sais quoi d'insondable à notre science, d'incommensurable à notre analyse, et qui, par cela même qu'il
est une conscience, est sacré pour notre conscience.
Est-ce une de ces superstitions qui, selon Gœthe, font
la poésie de la vie; est-ce, au contraire, intuition de
quelque fondamentale vérité? nous ressentons devant
l'être conscient ce que les anciens appelaient une
horreur religieuse, un frisson religieux, *horror* :

Quæ potuit fecisse timet.

Ce sentiment métaphysique, mais naturel, dont les religions ne sont que la traduction grossière et anti-scientifique en termes surnaturels, nous l'éprouvons devant nous-mêmes; nous nous arrêtons pour ainsi dire devant nous, parce que dans notre conscience nous apercevons une sorte d'abîme qui donne le vertige à la science positive. C'est ce sentiment qu'on nomme le *respect* et qui fait partie intégrante du sentiment du *droit*. Aussi, au point de vue esthétique, le droit est parmi ces choses qui éveillent en nous l'impression du sublime, avec ses deux mouvements alternatifs, l'un de concentration mélancolique, l'autre d'expansion et de fierté. L'infinité qui est dans l'homme, tout au moins en idée, nous écrase d'abord, nous relève ensuite : puisqu'elle est dans notre conscience, elle est en *nous* de quelque manière, elle est *nous-mêmes :* l'univers est nous et nous sommes l'univers. Le sentiment du droit personnel est une sorte d'orgueil désintéressé, le sentiment du droit d'autrui est une sorte de crainte désintéressée, qui se résout en un sentiment final de paix et d'aquiescement, premier fondement de la fraternité ou de la société universelle.

La *modestie* métaphysique est ainsi le principe de la *dignité* morale : Socrate avait raison de le croire, nous sommes grands par l'idée de ce que nous ignorons autant et plus que par ce que nous savons. Concevoir une limite, c'est aussi concevoir un au delà; c'est pouvoir se le représenter, sinon le connaître.

Peut-être en effet de ce fond même, qui serait la réalité, pouvons-nous nous faire une conception symbolique, lointaine, détournée, comme le ciel astrono-

mique symbolise le ciel réel et inconnu. L'apparence,
après tout, doit être liée à la réalité, comme les mouvements apparents des astres sont liés à leurs mouvements réels. Il y a une vérité *relative* jusque dans
le système de Ptolémée, quoiqu'il soit moins proche
de la vérité que le système également relatif de Copernic. La métaphysique est à nos yeux une spéculation hypothétique, un prolongement idéal des lignes
que la science même et la conscience personnelle ont
antérieurement tracées, une recherche de leur direction convergente et du foyer où elles viendraient
coïncider. Ce foyer serait le fond même de la nature,
le naturel par excellence, nullement le surnaturel, qui
n'en est que l'ombre projetée dans les nuages. L'in-
destructibilité de l'instinct métaphysique prouve qu'il
y a là quelque chose d'essentiel à notre organisation
mentale : *l'homme est un animal métaphysique*. Si c'est
là une illusion, encore faudrait-il faire voir que c'est
en effet une pure illusion cérébrale et d'où elle vient.
La preuve n'est pas faite ; il n'est pas démontré qu'au
delà ou plutôt au dedans de ce que nous sentons et
connaissons, ou pouvons sentir et connaître, il n'y
ait absolument rien. Tout au moins avons-nous l'idée
de cet *au dedans*, idée indestructible et fascinante qui
nous entraîne toujours à chercher de nouveaux symboles plus ou moins transitoires pour exprimer l'éternel mystère de l'univers et de la conscience. La science
a son terme dans le doute, et ce même doute est le
commencement de l'hypothèse métaphysique sur
l'univers ; — hypothèse qui n'est du reste qu'une induction fondée sur la science même et sur les données de la conscience, à l'exclusion de toute ontologie.

Le doute est ainsi le commencement de la morale proprement dite et du droit proprement dit. La limite de
la science, nous l'avons vu, s'exprime dans la conduite
par la limite de l'activité intelligente et consciente en
face des autres activités intelligentes et conscientes.
De là le droit et la justice. Au delà de cette limite, avec
la spéculation métaphysique et cosmologique, commence cette sorte de spéculation morale qui est, selon
le système qu'on met en pratique, soit l'égoïsme, soit
la charité. L'égoïsme est l'affirmation symbolique de
la division ou opposition radicale des êtres et des
consciences, de l'atomisme moral; la fraternité est
l'affirmation symbolique d'une union radicale : ce
sont deux hypothèses en action sur ce que nous ne
connaissons pas, sur la loi fondamentale de l'univers
et de l'individu; mais la justice, elle, qui ne fait
qu'affirmer pratiquement notre ignorance du fond
des choses et des consciences, est infiniment moins
hypothétique : elle n'est pour ainsi dire que la sincérité d'une pensée en accord avec elle-même dans la
pratique comme dans la théorie [1].

1. M. Espinas, partisan exclusif du naturalisme, a dit : « Pour
les naturalistes, le droit est consécutif à l'action sociale, il est
un fait d'opinion. Il n'y a, selon nous, dans la constitution
personnelle de l'homme (qui naît) rien qui puisse fonder, par
exemple, le droit de vivre, de se nourrir, de posséder, etc.
Nous allons jusque-là... S'il n'y a rien de *transcendant* au
fond de la conscience humaine, un enfant n'a de droits que
pour des *hommes*, et pour des hommes *civilisés*; son aptitude
à être une personne morale dépend de la mesure où le droit
est *reconnu* dans le milieu social où il apparaît. S'il naît fille
dans certaines tribus sauvages, son droit consistera à s'acquitter de tous les travaux pénibles, à manger des racines et
à être battu; s'il naît ailleurs du sexe masculin dans une famille royale, il aura le droit de vie et de mort sur les autres

Quand il s'agit de savoir si l'idée de la liberté et du
droit a une valeur objective et répond absolument
à la réalité, le caractère problématique de la solution
spéculative n'empêche pas une solution *pratique*. Le
nœud que la pensée ne peut dénouer, l'action le
tranche, car l'action ne peut toujours et dans tous
les cas demeurer en suspens comme la pensée. Chacun résout donc pratiquement, à sa manière, la question fondamentale et métaphysique dont nous par-
lions tout à l'heure, et il la résout affirmativement ou
négativement selon le degré de force que les idées
mêmes de liberté et de droit ont acquise en lui.
L'homme en qui ces idées sont intenses et dominantes
réalise en une certaine mesure sa croyance par toutes
ses actions, qui se moulent sur ce type intérieur.
Celui qui, au contraire, n'a qu'une conception faible

membres de la tribu. La société ne se borne pas à *définir*
et à *sauvegarder* le droit; elle le *constitue*, puisque le droit
n'est *pas autre chose* que la valeur *attribuée* à la personne
humaine dans un pays donné. » (Voir les remarquables études
que M. Espinas a consacrées, dans la *Revue philosophique*, à
l'examen de notre *Science sociale contemporaine*, octobre et
novembre 1882, p. 514.) Dans le passage que nous venons de
citer, et qui exprime excellemment le point de vue du pur
naturalisme, M. Espinas ne distingue pas le droit *de fait* (accordé par une société à ses membres) et le droit proprement
dit ou *moral;* il ramène entièrement le second au premier.
Selon lui, nous devrions nous-même « aller aussi loin »; nous
ne le pensons pas, car nous laissons ouverte la question du
fond irréductible de la conscience. Si l'on appelle *transcendant*
ce qui dépasse notre connaissance empirique et phénoménale,
alors il *peut* exister dans la conscience humaine quelque chose
qui soit transcendant en ce sens. Les sensations de la vue sont
transcendantes pour l'oreille, transcendantes aussi pour l'aveugle; les sensations du son, de même, sont transcendantes pour
le sourd. Le transcendant des métaphysiciens n'est, pour ainsi
dire, que le *transintellectuel*. En ce sens, le *transcendant* n'en

et vague de l'indépendance idéale et du droit doute
de leur valeur ou la nie, et sa conduite elle-même
devient comme un doute en action ou une négation
visible de tout idéal universel; en même temps, il
retombe sous la fascination exclusive des idées d'intérêt particulier et de force matérielle; — tant il est
vrai que toute idée est une puissance qui tend à produire son effet à l'extérieur pour s'y exprimer, s'y
incarner, y prendre corps. De quelque point de vue
qu'on l'envisage, scientifiquement ou métaphysiquement, l'idée du droit ne demeure donc pas inerte et
inefficace. Cette idée est celle d'une valeur plus que
physique et *mécanique* attribuée problématiquement
à l'homme; c'est celle d'une valeur *intellectuelle* et
métaphysique, d'une valeur comme être capable de
penser, c'est-à-dire de se penser, de penser autrui et de
penser l'univers. Par cela même un tel être peut sortir
du *moi*, il peut concevoir d'autres consciences et les

serait pas moins toujours *immanent* à nous-mêmes, puisqu'il
nous constituerait. Au reste, l'idée même du transcendant, si
elle a un sens, est immanente et n'agit en nous que comme
telle; par cette idée il ne faut entendre que ce qui nous constitue et constitue les autres êtres. Mais, à vrai dire, tout est
immanent. Répétons donc que la *limitation* et la relativité de
notre connaissance physique laissent subsister tout au moins la
possibilité d'un principe supérieur à cette connaissance, quoique intérieur à la conscience : c'est sur cette limitation qu'est
fondée rationnellement et en dernier ressort l'*abstention* des
actes injustes, dont la science *positive* ne saurait démontrer
entièrement l'*irrationalité*. Il y a *dans* la conscience quelque
chose dont nous ne connaissons pas la nature, à savoir la conscience même et l'individualité; de plus, il y a dans la conscience une *idée* d'universel; cela suffit pour motiver pratiquement l'abstention des actes contraires à la justice, c'est-à-
dire à l'égalité des libertés, actes qui seraient des affirmations
pratiques et dogmatiques de l'égoïsme et du *solipsisme* comme
vérité *dernière*.

aimer. En ce sens, nous pouvons redire avec Pascal
que toute notre *dignité* est dans notre pensée. Cette
idée d'une valeur de la conscience mathématiquement
et mécaniquement impossible à évaluer, d'une valeur
peut-être plus grande que toute quantité matérielle
donnée, est inséparable d'un sentiment spontané de
désir ou d'attrait; par cet attrait intellectuel où nous
avons reconnu la forme intellectuelle du plus haut
« altruisme », l'idée se soumet et se subordonne en
nous, à proportion de son intensité et de sa puissance,
toutes nos autres tendances, comme un souffle supérieur recueille et emporte ce qui flottait au hasard dans
des directions diverses et contradictoires. Les êtres se
classent dans la hiérarchie métaphysique, morale, sociale, selon le degré de prédominance effective qu'a en
eux l'idée de la société universelle des consciences et
de la justice universelle, selon le degré de conformité
que tout leur être présente avec cet idéal de l'être. Et
ce qui est vrai des individus est vrai des nations : elles
ne vivent pas seulement de réalités mesurables, elles
vivent d'idéal. Cet idéal n'est pas une abstraction : il
symbolise plutôt la réalité fondamentale, ou ce qui fait
l'union profonde de toutes les consciences en un même
univers. En un mot, le droit naît quand l'individu conscient, en concevant les *autres*, devient capable de
concevoir le *tout*. L'individu dit d'abord *moi*, puis *toi*,
eux, et finit par dire *tous :* ainsi s'établit le rapport
universel des individualités qui constitue le droit [1].

1. Nous verrons plus loin, dans le livre consacré à l'*Egalité*,
comment, du respect de la liberté intérieure et de la conscience, on passe au respect de la liberté extérieure, même de
la *mauvaise volonté* en tant qu'elle n'est pas *injuste*.

VI

ACCORD DE LA THÉORIE DU DROIT IDÉAL
AVEC CELLES DE LA FORCE ET DE L'INTÉRÊT

Il importe selon nous, dans toute question philosophique ou sociale, de déterminer d'une manière
précise les points sur lesquels peut se faire l'accord
des diverses doctrines, ainsi que ceux où se produisent les divergences et les oppositions. La détermination des parties communes aux théories les plus
contraires n'est-elle pas le meilleur moyen de marquer ce qui est acquis à la science et de compléter
ce qui lui manque encore? Cherchons donc les points
communs aux doctrines naturaliste et idéaliste; nous
verrons que la théorie du droit idéal et des *idées-
forces* laisse aux autres théories leur juste part, les
complète sans les détruire et enfin les concilie dans
un point de vue supérieur.

Le côté vrai des doctrines éprises surtout de la
puissance et du mécanisme, c'est d'abord que le droit
ne doit pas demeurer dans l'ordre purement spirituel,
comme une puissance qui ne serait point de ce monde

et qui n'aurait à sa disposition aucune force physique. Tout droit doit pouvoir se réaliser au dehors
par le moyen d'un véritable mécanisme social et
politique, sorte de corps dont il est l'âme. Trouver
cette protection extérieure du droit est le problème
essentiel de la « mécanique sociale ». Les Français
en ont trop négligé l'étude positive et pratique.
Après avoir proclamé les droits moraux de l'homme,
les théoriciens français ont trop oublié que la réalisation de ces droits dans un système de forces harmoniques, loin de se faire en un jour et par des
coups d'autorité, est l'œuvre de la science la plus
difficile et la plus longue. Ils ont trop oublié aussi
que le droit moral ne doit pas, en renonçant à la
force matérielle, se désarmer lui-même volontairement. En général, nous faisons trop bon marché de
la force. N'avons-nous pas vu en France les individus s'en rapporter sans cesse à l'État du soin de
soutenir matériellement leurs droits, et aliéner à
plusieurs reprises leur liberté extérieure au profit
d'un seul homme? Qu'avions-nous en échange? Une
simple déclaration de droits inaliénables, inscrite en
tête des diverses constitutions : déclaration d'amour
platonique à laquelle le reste de la constitution enle-
vait toute sa vertu, système contradictoire dont le
principe était : — Je veux votre liberté, et dont les
conséquences étaient : — Je vous enchaîne. Pascal
avait, en termes énergiques, posé le vrai problème
du droit lorsqu'il disait : « La justice sans la force
est impuissante, la force sans la justice est tyrannique. Il faut donc mettre ensemble la justice et la
force, et pour cela faire que ce qui est juste soit

fort et que ce qui est fort soit juste. » De notre
temps, les moralistes, les économistes et les politi-
tiques de l'école française ont trop considéré le droit
pur, sans chercher assez le moyen de changer l'idée
abstraite en une force matérielle ; nous sommes sur
ce point idéalistes jusqu'à l'excès, jusqu'à la chimère, et la doctrine même du droit qui a eu le plus
de popularité en France est, dans ses principes premiers, un idéalisme pur, trop vague et trop abstrait.
Aussi un des côtés vrais des théories socialistes,
quelque utopistes qu'elles soient, est d'avoir réclamé,
outre la reconnaissance des droits, le pouvoir effectif
de les exercer. Qui dit droit dit liberté, conséquemment pouvoir, conséquemment force [1].

Mais, s'il est vrai que la force doit accompagner
le droit pour le garantir et en faire un pouvoir effectif, le droit n'est pas pour cela la même chose que la

1. On peut prendre en un bon sens ce qu'écrivait Louis
Blanc en 1839 : « Le droit, considéré d'une manière abstraite,
est le mirage qui, depuis 1789, tient le peuple abusé. Le
droit est la protection métaphysique et morte qui a rem-
placé pour le peuple la protection vivante qu'on lui devait.
Le droit, pompeusement et stérilement proclamé dans les
chartes, n'a servi qu'à masquer ce que l'inauguration d'un
système d'individualisme avait d'injuste et ce que l'abandon
du peuple avait de barbare... Disons-le donc une fois pour
toutes, la liberté consiste non pas seulement dans le *droit*
accordé, mais dans le *pouvoir* donné à l'homme d'exercer, de
développer ses facultés, sous l'empire de la justice et sous la
sauvegarde de la loi. » Guizot lui-même a dit : « Les *libertés*
ne sont rien si elles ne sont pas des *droits*, et les droits eux-
mêmes ne sont rien s'ils ne sont pas des *garanties*. » Seulement les socialistes confondent le *pouvoir* de réaliser *par soi-
même* ce qu'on croit le meilleur et la *réalisation effective*
confiée à l'*État*. Ce qui doit être assuré à l'individu, c'est le
pouvoir, mais non la *réalisation* même.

garantie du droit. Il ne faut ni matérialiser le droit,
ni l'idéaliser à l'excès. Nous avons vu un des plus
frappants exemples de la première tendance dans la
théorie de M. Ihering sur *le Combat pour le droit* [1].
Selon l'auteur, on s'en souvient, non seulement le
droit doit résister à la force par la force en cas de
nécessité, mais la force et le *combat* sont dans son
essence même : « Le combat n'est pas étranger au
droit. La conception du droit n'est pas une conception logique, *c'est une conception pure de la force...*
Le but du droit est la paix, et le moyen du droit pour
assurer la paix est le combat, la guerre, la force. »
On voit par quelle subtilité métaphysique M. Ihering
fait entrer dans le droit comme « élément » cet emploi de la force qui n'est que la dernière ressource
et le pis-aller du droit. De ce qu'une négation peut
servir à détruire une autre négation, il conclut que
la négation fait partie de toute affirmation ; de ce
que « la procédure, qui n'est qu'une nouvelle forme
du combat », peut servir à rétablir le droit lésé, il
conclut que le procès fait partie du droit même ;
voilà le procès et la querelle érigés en système, la
guerre élevée à la hauteur d'une théorie. Le droit,
au lieu de se borner à repousser l'attaque, attaque
lui-même, devient provocateur. N'est-ce pas là confondre l' « essence » du droit avec sa limite et son
imperfection ? Que tous les hommes respectent mutuellement leur liberté, leur conscience, le droit ces-
sera-t-il de régner parce qu'auront cessé le combat
et la force ? L'histoire nous montre au contraire que

---

1. *Der Kampf um's Recht*, traduit en français par M. Mey-
dieu. Paris, 1875.

l'existence du droit est la fin du combat. L'esclavage, violation du droit, a entraîné de longues luttes entre les hommes; mais, depuis que le respect de la personne humaine en a amené l'abolition, le droit règne paisiblement et la force n'a plus ici de raison d'être. De même pour les luttes religieuses : ce n'est pas le droit et la tolérance, c'est l'injustice et l'intolérance qui ont élevé les bûchers de l'Inquisition [1].

L'avenir de lutte indéfinie, de guerre et de procédure qu'une telle théorie nous ouvrirait n'est point le véritable avenir; grâce à la civilisation croissante, la force tend à passer du dehors au dedans et à se concentrer dans l'individu, sous la forme supérieure de l'intelligence. Les idées ne meuvent-elles pas l'humanité encore mieux que tous les moyens extérieurs? Le plus de *force* au dehors, le plus de *science* au dedans, tel est le suprême degré de *puissance* dans une société. La société la plus parfaite est celle où il y a le moins d'action extérieure ou violente des citoyens les uns sur les autres et le plus d'activité intérieure dans chaque citoyen. L'idéal serait l'absorption de toute force coercitive dans la force spontanée, de

---

1. La théorie de M. Ihering n'est que l'exagération malheureuse d'un point de vue de Kant, qui avait fait entrer l'idée de contrainte comme élément dans celle du droit. Mais la force de contraindre qui doit accompagner le droit n'est pas le droit même. Bien plus, le *pouvoir* de contraindre n'est pas nécessairement la contrainte effective ou la force en exercice : c'est seulement la force à disposition, prête à agir en cas de nécessité. Autre chose est le pouvoir, autre chose l'usage. L'usage doit aller diminuant à mesure que le pouvoir augmente. En langage mécanique, la puissance gagne ce que perd la résistance qui lui est faite ou qu'elle est obligée de faire, car cette résistance est de la force perdue.

toutes les résistances externes dans l'initiative intime
des consciences. La puissance intellectuelle, la pensée consciente, remplacerait alors la puissance physique, et il suffirait désormais au droit d'être une
idée pour être par cela même une réalité.

S'il en est ainsi, les écoles naturalistes ne doivent-
elles pas finalement s'accorder avec l'école idéaliste
et ne peut-on prendre leur doctrine en un sens supérieur qui la réconcilie avec la nôtre? Au fond, la
liberté peut être considérée comme la force vive en
son principe même [1]. Or quelle est la chose la plus
précieuse pour la mécanique? La force; partout où
la force est emmagasinée, comme dans le combus-
tible où dort la chaleur, il y a une valeur et un trésor proportionnés à l'intensité de la force même. Eh
bien, dans notre monde, la principale force est
l'homme : l'homme en effet est capable de penser et
de vouloir. La pensée est une force supérieure, même
mécaniquement, à toutes les forces du dehors, qu'elle
s'assimile et tourne à ses propres fins : il n'y a point
de machine comparable à un cerveau humain, car
c'est de ce cerveau que peuvent sortir toutes les autres machines, et il renferme d'avance en lui la
transformation du globe par la science. La pensée, à

1. Qui dit force dit une activité capable de se manifester
au dehors par le mouvement visible, au dedans par ce mouvement invisible qui est la pensée; or l'activité ne se représente psychologiquement que par la volonté et le désir, où
nous saisissons en acte notre propre puissance : si vivre est
agir, agir est vouloir. La liberté ainsi entendue est le fond
de la vie même et de l'être; c'est la vie considérée comme
tendant à se perpétuer et à s'accroître indéfiniment, c'est l'être
considéré dans son effort vers l'infini; en d'autres termes, c'est
la force consciente en action et en progrès.

son tour, n'est que la volonté en exercice, prenant conscience à la fois de sa puissance et des résistances extérieures, calculant et déterminant le rapport de l'une aux autres. Il importe donc avant tout, même pour le développement de la puissance et de la science, d'avoir des forces, c'est-à-dire d'avoir des volontés conscientes, et des volontés aussi énergiques, aussi ardentes, aussi avides du progrès qu'il est possible. Pour cela, le seul moyen est de dégager la volonté consciente de ses entraves matérielles ou morales, de l'abandonner à son élan spontané, à sa nature essentiellement mouvante et progressive, par conséquent à sa naturelle liberté. En ce sens, on peut dire : « Oui, le droit est la puissance, mais la puissance suprême est la liberté. »

Même conciliation possible entre la liberté et l'intérêt supérieur. L'intérêt de l'être, c'est d'être le plus possible, d'être indéfiniment et au delà de toutes les limites, par cela même d'agir et de jouir de plus en plus; mais le maximum de liberté entraîne le maximum d'action consciente et de jouissance : une société utilitaire devrait donc être aussi attentive à ne point laisser s'éteindre le foyer de liberté et de conscience, que les anciens peuples à entretenir jour et nuit le feu qui devait leur fournir chaleur et lumière. C'est ce qu'ont reconnu les Bentham, les Mill, les Grote, les Spencer.

L'amour de l'idéal, si éloigné de l'utile au premier abord, mais sans lequel il n'y a point de vraie liberté d'esprit, est lui-même parmi les plus utiles ressorts de l'intelligence et de la volonté humaine; en fait d'idées, en fait de science en fait d'art, rien de plus nécessaire que le superflu. L'exclusif souci du résultat pratique est l'*américanisme*, qui a pu avoir son heure chez les peuples jeunes du nouveau continent, occupés surtout de vivre, mais qui serait un danger pour l'Angleterre et pour l'Allemagne comme pour la France [1].

Le zèle pour l'idéal ne diffère point au fond du zèle pour la liberté, car c'est par le culte désintéressé des idées qu'a lieu la délivrance de l'esprit; rester terre à terre à la recherche de la puissance matérielle ou de l'intérêt matériel, c'est s'enchaîner soi-même : l'idée seule, a dit Platon, fait croître les ailes de la pensée.

Ainsi, même quand il s'agit d'attribuer à la liberté et à la conscience un rang dans la hiérarchie des forces ou dans celle des intérêts comme dans celle des biens intellectuels et moraux, la liberté est ambitieuse par essence et ne saurait se contenter d'un rang inférieur; elle est au premier rang ou elle n'est pas. C'est que la vraie liberté pratique est au fond la tendance même à dépasser toute limite, tout rang subordonné, toute condition inférieure. Elle est l'éternelle ambition d'un être qui, concevant l'univers, se sent fait pour le progrès.

La doctrine du droit idéal, telle que nous l'avons exposée, est également conciliable avec celle de l'évolution, que l'on considère celle-ci au point de vue dialectique de Hegel, ou qu'on la considère au point

---

1. L'Allemagne elle-même, en effet, a ressenti les atteintes du mal. C'est ce que déplorait récemment, nous l'avons vu, du Bois-Reymond, qui revendiquait avec éloquence les droits de l'idéal. « Il faut avouer, disait-il, que même chez nous *l'américanisme* fait des progrès inquiétants. » (*Loc. cit.*)

de vue biologique de Spencer et de Darwin. Seulement, le déterminisme de la logique et de la dialectique doit faire place en son sein à l'*idée* de la liberté et à son influence telle que nous l'avons établie. En outre, il faut reconnaître que cette idée dépasse toujours les faits, les devance, les juge au lieu d'accepter leurs jugements, les *règle* au lieu d'être leur simple *résumé*, les produit même en partie au lieu d'être leur résultante abstraite. Selon nous, ce n'est pas à l'idée d'adorer le fait; c'est au fait d'adorer l'idée et de la servir. Quant au point de vue biologique, nous acceptons tout ce qu'on a pu dire de positif sur l'organisme social et sur ses lois; nous considérons l'évolution de la vie sociale comme réalisant par le jeu même des forces et des intérêts, auxquels il faut ajouter les idées, une approximation indéfinie du droit. En un mot, nous ne rejetons rien des théories naturalistes ou idéalistes, du moins rien de ce qu'elles ont de *positif;* mais, au-dessus des lois de la force, de l'intérêt, de la vie, de la pensée, nous élevons la notion *problématique* d'une activité qui renfermerait le principe même du mouvement, de la vie, de la pensée, qui serait ainsi la racine de la conscience. D'une part, nous ne laissons pas avec Spencer l'idée de l'*inconnaissable*, ou plutôt l'idée de la *conscience fondamentale*, dans un état d'inertie et d'inutilité, en dehors de toute influence morale et juridique; d'autre part, nous ne faisons pas de cette idée, avec l'auteur de la *Raison pratique*, un *impératif* mystérieux, une loi toute formelle et despotique, par une sorte d'absolutisme moral ou juridique. Nous nous efforçons de maintenir l'harmonie entre la spéculation et l'action, que Kant a compromise. Pour cela, nous *limitons* par une même borne, par une même idée, celle de la *conscience* insaisissable à la *science* objective, la pensée empirique et la conduite empirique ; nous constituons ainsi le droit par l'extension à tous les êtres conscients et agissants de cette même limite nécessaire [1]. Pour le reste des idées morales, nous les ramenons à ce qu'elles sont : c'est-à-dire une hypothèse spéculative ou une hypothèse pratique sur le contenu inconnaissable de la conscience et de l'existence. Et il y a deux hypothèses possibles : 1° le contenu de l'être et de la conscience est *amour de soi;* de là dérive l'utilitarisme exclusif ; 2° le contenu de l'être et de la conscience est *amour du tout :* de là la doctrine de la charité. Mais, à l'*utilitarisme* comme à la *charité,* nous imposons la même limitation spéculative et pratique : 1° restriction de l'affirmation empirique pour les uns, et de l'affirmation métaphysique pour les autres ; 2° restriction de l'activité pour tous ; en un mot, *justice* en pensée et en acte, λόγῳ καὶ ἔργῳ. L'intolérance et l'absolutisme, qu'ils prennent la forme de l'égoïsme ou celle de la charité, font ainsi place au libéralisme du droit, fondé sur une commune limitation des libertés et des consciences, qui est la condition de leur union même dans la société.

Par cette superposition de toutes les doctrines en un seul et même édifice aux assises diversement élevées, nous faisons non de l'éclectisme arbitraire, mais une *synthèse* scientifique et métaphysique, où chaque point de vue de la pensée a sa place déter-

---

1. Voir le chapitre précéden .

minée et démontrée. Les lois de la force viennent se
suspendre aux lois de l'intérêt, celles de l'intérêt aux
lois de la vie et de l'organisme social, celles de la vie
aux lois de la pensée et du déterminisme scientifique,
celles de la pensée et du déterminisme à un idéal de
liberté et de volonté universelle, dont la réalité demeure pour nous un problème et qui pourtant, en
limitant nos égoïsmes par la justice égale pour tous,
rend possible l'expansion ultérieure de la bonté. Dans
l'équation universelle, les naturalistes négligent entièrement l'x inévitable et insoluble, l'x attaché au
fait même d'avoir conscience; nous montrons que
cet x a, pour la pensée et l'action, un rôle restrictif
qu'on peut déterminer, et qu'ensuite sa valeur positive peut être induite hypothétiquement, par le prolongement de la direction constatée dans la série
entière des phénomènes. Nous croyons par là réconcilier le kantisme bien entendu et l'évolutionnisme
bien entendu, qui sont aujourd'hui les deux seules
positions possibles de la pensée. Ces positions ne s'excluent pas à nos yeux et, au contraire, se complètent
mutuellement. L'évolutionnisme est la base de la
pyramide, le sommet est l'idée de la *conscience* mécaniquement inexplicable, — idée admise d'ailleurs
par Spencer lui-même, mais laissée par lui à l'état
mort et confondue avec la conscience de l'absolu.
La vue lointaine de ce sommet exerce sur nous une
influence *directrice* en nous faisant entrevoir la con-
vergence finale de toutes les lignes visibles [1].

1. Pour marquer le mieux possible le caractère de notre
doctrine, — que plusieurs critiques ont interprétée à contre-
sens en s'arrêtant à l'un ou à l'autre de nos points de vue

successifs et en prenant la partie pour le tout, — nous croyons utile de citer ici en note notre réponse à un article de M. Renouvier, qui, par une singulière méprise, nous avait confondu avec les purs et simples partisans du « droit historique », du « fatalisme évolutionniste », de « l'identité hégélienne des contraires », etc.

« Je ne répondrai rien aux objections sur ma méthode : je me propose de montrer ailleurs que je ne suis partisan ni de l'hégélianisme, ni de l'éclectisme, ni de l'identité des contradictoires, ni de l'adage : « Il n'y a point de réfutation, » ni du fatalisme historique, ni du fatalisme des races, etc. Je me borne à dire que ma méthode de synthèse progressive et de gradation entre les doctrines consiste, d'abord à bien déterminer tous les points sur lesquels l'accord peut se faire avant de passer aux divergences, puis à réduire ces divergences au minimum possible par des procédés rigoureusement scientifiques, sans violer aucunement les règles de la logique ni l'axiome de contradiction.

« Conformément à cette méthode, j'ai rapproché les diverses théories du droit, d'abord sur le terrain des *faits*, puis sur celui des *idées* (qui sont, comme les faits, objets de *science*), et enfin sur le terrain des *réalités métaphysiques* (objets de simple conjecture et de croyance). — 1° Le droit absolu, fondé sur une liberté morale absolue, n'est pas un *fait* d'expérience, parce que cette liberté morale elle-même n'est pas un *fait*. 2° Le droit est une *idée*. 3° Cette idée se réalise elle-même dans les faits par son influence dominante sur notre pensée. 4° Il est possible que cette idée corresponde à quelque réalité métaphysique dont elle est le symbole; en tout cas, dans le doute, nous ne devons pas *nier* le droit, soit théoriquement, soit pratiquement, et l'homme est pour nous inviolable à ces divers points de vue. — Telles sont les thèses successives, également admissibles pour les naturalistes et les idéalistes, que j'ai défendues dans mon livre; loin d'être contradictoires, elles me paraissent se soutenir l'une l'autre....

« J'applique à l'idée du droit la doctrine que je soutiens depuis longtemps sur la *puissance efficace des idées*. Les idées existent dans notre esprit, indépendamment même de la réalité actuelle de leurs objets; elles sont des forces qui ont leur influence sur notre conduite et qui tendent à se réaliser par cela même qu'elles sont conçues; elles ont pour ainsi dire, sinon une objectivité transcendante qui est pour nous invérifiable, du moins une puissance d'objectivation immanente qui se vérifie en s'exerçant. J'avais fondé la théorie de la

Liberté et du Déterminisme sur ce fait : que l'idée même de liberté se constitue en se pensant, qu'elle est ainsi une force réelle en même temps qu'un idéal, qu'elle est son propre moyen d'efficacité. Je montre également dans l'idée du droit, ou, si vous aimez mieux, de la liberté égale pour tous, un idéal capable de produire sa réalisation progressive par l'influence qu'il exerce sur notre pensée et sur notre volonté. L'idée est comme un capital qui s'accroît de ses intérêts et des intérêts de ses intérêts. Voilà donc les doctrines contraires rapprochées sur le terrain scientifique, 1° des *faits*, 2° des *idées*, 3° de l'*influence des idées sur les faits*.... Le matérialisme, ne pouvant se flatter d'avoir réduit l'homme à un pur mécanisme dont il connaîtrait tous les rouages, ne saurait sans inconséquence le traiter comme une pure machine ; on peut dire tout au moins au matérialiste : *Dans le doute, abstiens-toi.*

« Vous voyez, monsieur, combien vous vous êtes mépris, non seulement sur mon opinion relative à l'inviolabilité, mais encore et surtout sur ma conception de l'idéal, que, selon vous, je tiendrais pour une espérance « *vaine en soi* et *destinée à demeurer vaine* ». Je le tiens au contraire pour une espérance qui se réalise elle-même tous les jours, et se réalisera de plus en plus. Un espoir destiné à être déçu ne serait pas un espoir véritable ; et, si telle était ma doctrine de l'idéal, on n'aurait pas donné à la philosophie que je professe, par opposition à la philosophie allemande du désespoir, le nom de « philosophie de l'espérance ». Vous m'attribuez donc une doctrine qui est juste l'opposé de la mienne quand vous dites : « Le côté vrai qui est ou paraît être concédé (par l'auteur) à « l'idéalisme, se réduit à ce fait : que l'idéal est une sorte de « fanal humain éclairant à l'avance les résultats qui seront « finalement dus à l'action de la force et des intérêts, causes « efficientes des phénomènes de l'histoire. » Je nie précisément que les seules *causes efficientes* soient exclusivement la force et l'intérêt ; je considère l'idée et l'amour du droit comme la principale cause efficiente, comme la cause dominatrice et directrice ; je nie que les résultats de l'histoire doivent être « dus finalement à la simple action de la force et des inté- « rêts » : ils seront dus aussi à l'action réelle et puissante des idées intérieures qui meuvent et dirigent notre pensée ; je nie enfin que l'idéal soit un simple fanal éclairant d'avance une évolution nécessaire et des résultats qu'il ne saurait changer ; je soutiens, au contraire, et j'essaye de montrer par l'analyse psychologique que les résultats dépendent en partie de cet idéal même, que l'idéal, conçu par des êtres intelligents, intervient comme facteur principal dans l'histoire. Au reste, votre ingénieuse comparaison peut se retourner : un fanal même n'éclaire pas seulement, il dirige ; la vue de ce fanal est une force qui détermine pour sa part le mouvement du navire ; le fanal a beau être immobile, il a souvent plus de puissance dans sa sérénité que tout le tumulte de la mer. Et si ce fanal est notre pensée même, notre pensée directrice, toujours présente, toujours agissante, identique au fond avec notre volonté, pourra-t-on nier son action efficace, et la vision intérieure de l'idéal ne nous rapprochera-t-elle pas indéfiniment de l'idéal même ?

« Vous me renvoyez à la théorie des « impératifs catégo-« riques ». J'avoue que je ne comprends pas ces impératifs de Kant, qui tombent des nues, « vous prennent à la gorge » et s'imposent sans justifier leur propre possibilité. Comme ils ont, au fond, pour principe de cette possibilité, la liberté même que Kant veut en déduire, ils me paraissent rouler dans un cercle vicieux. A l'idéal impératif je préfère, pour la justice et le droit, un idéal *limitatif*, et pour la charité un « idéal *persuasif* », comme je l'ai appelé dans mes études sur Platon. Le devoir est pour moi, de même que le droit, une idée-type qui se réalise en se pensant, fin et moyen d'elle-même, unité pratique de la pensée et de l'action, puisque la pensée même agit alors et produit sa propre objectivation. » (28 mai 1879.)

LIVRE CINQUIÈME

L'ÉGALITÉ D'APRÈS LES ÉCOLES DÉMOCRATIQUES
ET ARISTOCRATIQUES

L'idée d'égalité, tant de fois invoquée au siècle dernier et inscrite en tête de toutes nos constitutions, a eu de notre temps le même sort que l'idée de liberté : attaquée par les écoles aristocratiques, défendue par l'école démocratique, il semble qu'aujourd'hui encore elle manque pour tous de cette clarté qui résulte d'une déduction rigoureuse. L'examen critique de cette idée, inséparable de la notion du droit, offre d'autant plus d'importance et d'intérêt qu'elle est, comme nous l'avons vu, parmi les plus populaires en France et répond à nos instincts les plus vivaces. Cette idée presque nationale de l'égalité, que la philosophie du xviiie siècle avait fini par croire indiscutable, n'en est pas moins devenue au xixe siècle l'objet de nombreuses critiques, qui semblent en partie motivées. Les saint-simoniens et Auguste Comte la rejetèrent comme une erreur [1].

1. « Les saint-simoniens, dit le programme adressé en 1830 à la Chambre des députés par les disciples de Saint-Simon,

Le positivisme voulut « organiser » la société par la « science » ; pour cela, au lieu de proclamer une « fausse égalité » entre les ignorants et les savants, entre les masses et les esprits supérieurs, il crut nécessaire de confier l'autorité la plus haute et le droit de gouverner à un corps de savants officiels chargés de réglementer la science même : théocratie de savants, sorte de sophocratie dont nous retrouverons plus loin le tableau dans les *Dialogues philosophiques* de M. Renan. L'influence des principales théories d'Allemagne n'a fait qu'accroître le mouvement de réaction contre l'idée d'égalité : on le sait, Hegel, Schopenhauer, Mommsen, Strauss, de Sybel soutiennent, à des points de vue divers, le droit des supériorités et la « souveraineté du but » ; Strauss déclare que l'histoire continuera d'être comme par le passé « une bonne aristocrate ». Mais c'est surtout dans l'expérience, non pas seulement dans les spéculations métaphysiques ou théologiques , que la doctrine de l'inégalité cherche de nos jours son principal point d'appui : elle invoque en sa faveur les récentes découvertes de l'histoire naturelle, les idées germaniques sur la différence des races, les idées darwiniennes sur la sélection naturelle et sur

croient à l'inégalité naturelle des hommes et regardent cette inégalité comme la condition indispensable de l'ordre social. » — « De chacun suivant sa capacité, à chacun selon ses œuvres. » Les conséquences de ce système sont une hiérarchie sociale analogue à la hiérarchie théocratique : l'humanité divisée en trois classes, savants, artistes et industriels, dont les membres seront soumis aux premiers industriels, aux premiers artistes, aux premiers savants. C'était revenir à la vieille doctrine aristocratique selon laquelle le droit appartient aux plus sages et aux meilleurs.

l'hérédité. De leur côté, les partisans de l'égalité s'efforcent aussi d'invoquer les faits : la doctrine classique du spiritualisme fonde l'égalité humaine sur le « fait » de l'égalité du libre arbitre chez tous les hommes ; on se rappelle ce que disait Victor Cousin à ce sujet : « La liberté seule est égale à elle-même ; il n'est pas possible de concevoir de différence entre le libre arbitre d'un homme et le libre arbitre d'un autre. » Enfin c'est principalement sur l'idée du droit que les écoles démocratiques s'appuient pour justifier l'égalité : Proudhon, M. Renouvier, Littré, la déduisent par des raisonnements divers du principe même de la justice.

En présence d'une telle diversité d'opinions, il nous semble nécessaire de soumettre à un nouvel examen cette sorte de dogme de l'égalité humaine, dont l'instinct français et la philosophie française avaient fait une des bases du droit nouveau et de la politique nouvelle. Recherchons d'abord quelle est, ici encore, la part du fait et celle du droit, la part de la réalité et celle de l'idéal, et voyons si l'école démocratique les a suffisamment distinguées. Nous examinerons ensuite les objections des écoles aristocratiques qui veulent fonder l'inégalité sur « la primauté de l'idée », sur les « droits de la vérité, de la vertu, de la science », en d'autres termes sur la prérogative des supériorités intellectuelles ou morales.

1

L'ÉGALITÉ SELON L'ÉCOLE DÉMOCRATIQUE — THÉORIES DE LITTRÉ, DE PROUDHON, ETC. — FONDEMENT MORAL DE L'ÉGALITÉ, CONSIDÉRÉE COMME PURE IDÉE

L'égalité humaine est-elle un « fait », comme le soutient d'ordinaire l'école démocratique? Existe-t-il réellement entre les hommes une égalité établie par la *nature*, que la société doit se borner à sauvegarder? — « La nature, dit la Déclaration des droits de l'homme tant de fois invoquée par les écoles démocratiques, la nature a fait les hommes libres et égaux en droits. » — « Les hommes, répète la Constitution du 6 septembre 1791, les hommes *naissent* et demeurent libres et *égaux* en droits. » — N'est-ce point faire trop d'honneur à la nature? Ne nous a-t-elle pas créés esclaves plutôt que libres, et ne naissons-nous pas inégaux? — Par une illusion commune à tout le xviiie siècle sur le prétendu état de nature, on a confondu ici le but à atteindre avec le point de départ, l'avenir avec le présent, l'idéal avec la réalité; nous ne naissons pas libres et égaux, nous naissons pour être libres et égaux. Que la liberté et l'égalité

soient conformes à la vraie nature de l'homme, cela
est incontestable si on admet, avec Aristote, que la
véritable nature d'un être est dans la fin supérieure
à laquelle il aspire, non dans sc actuelle imperfection; que la nature d'un chêne, par exemple, est
d'atteindre la plénitude de son développement et de
se dresser vers le ciel; que la nature d'un animal
est de réaliser toute la beauté de son espèce ; que la
nature d'un homme est d'être une intelligence toute
lumineuse et une volonté tout active. Mais, si la liberté et l'égalité sont la *fin* de la nature, elles ne sont
pas l'*état* de nature. — On a voulu soutenir qu'il y a
du moins une chose égale chez tous les hommes : la
liberté morale; s'agit-il de cette liberté encore incomplète et de toutes parts entravée que vous pos-
sédez et que je possède? Nous ne sommes pas plus
égaux sous ce rapport que sous les autres. L'école
éclectique affirme vainement que le libre arbitre
de l'un est identique au libre arbitre de l'autre;
tel homme est un enfant par rapport à un autre
homme, et l'homme d'aujourd'hui est un enfant par
rapport à l'homme de demain; soutiendra-t-on que le
libre arbitre de l'enfant soit égal à celui de l'homme?
Innombrables sont les degrés de la responsabilité
pratique et conséquemment de la liberté. Nous ne
voulons pas seulement parler de l'usage différent
que les hommes font de leur liberté, mais de la différence qui existe dans la puissance pratique de vouloir, dans la puissance sur soi. Nos libertés ne seraient
égales que si elles étaient absolues et complètes;
mais, en fait, la pleine liberté du vouloir n'existe ni
chez vous ni chez moi; cette liberté est pour nous

une pure idée, dont nos actions se rapprochent plus ou moins, une *limite* à laquelle tendent ces *variables*. Si donc on peut admettre que nos libertés sont égales dans leur virtualité et dans leur idéale perfection, elles sont à coup sûr inégales dans leur actualité et dans leur réelle imperfection. L'idée même de liberté, dont nous avons essayé de montrer l'influence libératrice [1], peut être chez moi faible et sans efficacité, tandis que chez vous elle créera par son énergie un pouvoir énergique et fort. Ce n'est donc pas seulement sous le rapport de la force physique, de la beauté physique, de la sensibilité, de l'intelligence, de la moralité que les hommes sont inégaux ; ils le sont dans l'usage de leur liberté et dans le degré de cette liberté. A tous les points de vue, Leibniz avait raison de dire qu'il n'y a pas deux êtres semblables dans la nature, pas même deux gouttes d'eau, mondes peuplés d'animalcules divers et différents en nombre. L'égalité humaine n'est point un fait ; elle est plutôt en opposition avec les faits.

D'où vient donc que des êtres réellement inégaux sous tous les rapports tiennent tant à cette idée d'égalité et veulent la voir réalisée, au moins entre leurs libertés ? De ce que votre liberté vous paraît infiniment précieuse, comme la mienne me le paraît, comment conclure que votre liberté doit être aussi infiniment précieuse et inviolable pour moi, la mienne pour vous ? C'est là le passage difficile, c'est là l'intervalle que nous devons essayer de franchir pour

1. Voyez le livre précédent.

constituer entre nous, malgré toutes les inégalités de fait, une égalité de droit.

Pour franchir ce passage, l'école démocratique fait ordinairement appel à un acte logique qui nous est familier. La logique, peut-on dire, faisant abstraction des personnes, déclare la liberté de l'un égale à celle de l'autre; or deux choses égales peuvent être substituées l'une à l'autre : votre liberté peut donc être substituée à la mienne; elle acquiert ainsi à mes yeux la même valeur logique que la mienne propre, et ainsi s'établit entre nous, du point de vue de la raison, un rapport de réciprocité. « Pourquoi deux agents moraux doivent-ils compter mutuellement sur leurs promesses , et même sur celles qu'ils supposent et ne formulent point ?... Une seule réponse est à faire selon la raison. Les agents compteront sur leurs promesses mutuelles, parce qu'ils sont des personnes semblables ou égales, entre lesquelles cette identité divisée et la substitution mutuelle toujours rationnellement possible établit ce qu'on nomme une relation bilatérale et des rôles pratiquement renversables... Deux personnes se trouvent n'être plus moralement qu'une personne unique , mais à la condition que cette unique se pose double [1]. » Telle est l'espèce d'artifice logique et mathématique par lequel on peut poser abstraitement l'égalité mutuelle des personnes humaines. Il y a là un jeu de symboles analogue à celui des géomètres qui déclarent deux triangles

---

1. Renouvier, *Science de la morale*, p. 78, 79, tome I. MM. Sidgwick, Clifford et Barratt ont fait des raisonnements analogues.

égaux quand on peut les superposer, parce qu'on a
eu soin préalablement d'abstraire, dans la définition
générale des triangles, toute particularité individuelle. Mais dans la réalité, il n'y a point de triangles
égaux, ni de superposition possible, ni de substitution
possible entre deux triangles identiques, puisque cette
identité est toute fictive. De même, c'est par une
sorte de fiction géométrique qu'on pose des libertés
absolument égales et équivalentes. La raison purement logique fournit sans doute ici un élément de
solution, mais non une solution complète, car, entre
moi et *toi*, l'équation purement logique ne suffit à
établir ni l'équation *morale*, ni l'équation *réelle*.

Littré explique la justice et l'égalité de droit
par des considérations mathématiques analogues,
et la ramène à une pure intuition de l'identité.
— « A égale A ou A diffère de B est le dernier
terme auquel tous nos raisonnements aboutissent
comme futur point de départ. Cette intuition est
irréductible; on ne peut pas la dissoudre, l'analyser
en d'autres éléments... Telle est aussi l'origine de
l'idée de justice. Cette idée est une notion purement
intellectuelle. » Il y a là une vue profonde et une
partie de la vérité : il est certain qu'il y a quelque
chose d'*intellectuel* dans la justice, et que l'instinct
même de justice confine à l'instinct logique. Pourtant,
la théorie de Littré porte encore non sur des personnes vivantes, mais sur des définitions abstraites
qui feraient de la nature comme une éternelle rangée
d'équations algébriques. En fait, les hommes ne sont
nullement égaux comme A est égal à A, et ni moi ni
personne nous ne pouvons les concevoir présentement

comme égaux. Que devient donc pratiquement cette
égalité logique des hommes dont parle Littré? Je suis
fort, vous êtes faible; vous êtes intelligent, je ne le
suis pas; pourquoi, au point de vue du droit, vou-
lons-nous cependant rétablir entre nous l'égalité? La
logique et les mathématiques à elles seules constatent ce qui est, mais ne le réparent pas.

Dans la justice sociale, ajoute Littré, la *peine* signifie
compensation, par conséquent égalité. —Oui, mais
cette idée même de compensation dépasse la pure
logique abstraite, où l'on voudrait pourtant nous en-
fermer. Si nous ne pouvons concevoir que A ne *reste*
pas égal à A dans la société humaine, c'est que préalablement nous avons conçu A et A comme égaux :
l'inégalité de ces deux termes impliquerait alors contradiction dans l'esprit qui les a conçus, et nous ne
pouvons nous contredire. Mais quelle contradiction y
a-t-il à constater que tel homme n'égale pas tel
homme? Pourquoi, logiquement, l'égalité serait-elle
meilleure que l'inégalité? pourquoi, logiquement,
une fois l'égalité troublée, serait-il bon de la rétablir
par la compensation et la sanction pénale? Comment, encore une fois, me faire renoncer à mon individualité réelle, à mon *moi*, pour accepter en droit
votre égalité avec moi-même?

Nous trouvons aussi dans Proudhon, au sujet de
l'égalité et de la justice, une théorie curieuse, toute
rationaliste, qui rappelle par plus d'un côté et le pla-
tonisme et le spinozisme, car elle réduit l'égalité
humaine à l'unité d'essence entre les hommes.
« L'homme, en vertu de la raison dont il est doué,
a la faculté de sentir sa propre dignité dans la per-

sonne de son semblable comme dans sa propre personne, de s'affirmer tout à la fois comme individu
et comme espèce [1]. » La raison, en effet, nous fait
concevoir l'homme dans son « essence », qui est
« générale ». « L'essence d'un être paraît surtout
dans la généralité, se conserve par la généralité, se
définit d'autant mieux que la généralité embrasse un
plus grand nombre de cas particuliers. » Cela revient
à dire avec Platon que l'essence de l'homme est l'humanité. « Les individus que séparent leurs différences
peuvent se considérer comme des copies les uns des
autres, se rapportant par l'essence qui leur est commune à une existence unique. Or tout homme tend à
déterminer et à faire prévaloir son essence, qui est
sa dignité même. » Ce dernier principe rappelle les
théorèmes analogues de l'*Éthique*, et ces belles pages
où Spinoza nous montre l'homme identifié par la
raison avec tous les autres hommes, parce que la
raison est toute tournée vers l'essence et que l'essence est universelle.

« Il en résulte, conclut Proudhon, que, l'essence
étant identique et une pour tous les hommes, chacun
de nous se sent tout à la fois comme personne et
comme espèce; que l'injure commise est ressentie
par les tiers et par l'offenseur lui-même comme par
l'offensé; qu'en conséquence la protestation est commune, ce qui est précisément la justice. » Malgré la
vérité relative de cette théorie comme des précédentes,
nous craignons que Proudhon ne soit dupe ici des abstractions ontologiques; en tout cas, il revient par

---

1. *La justice dans la révolution et dans l'Église*, p. 245-248.

un détour aux conceptions religieuses et transcendantes qu'il voulait écarter. Il aboutit lui-même à dire :
« Pour me servir du langage théologique, qui consiste à mettre des réalités surnaturelles là où la science
se borne à mettre des abstractions, quand la justice
fait entendre dans notre âme sa voix impérieuse,
c'est le *Verbe*, *Logos*, âme commune de l'humanité,
incarné en chacun de nous, qui nous appelle et nous
somme de le défendre. » Les conceptions sur lesquelles Proudhon appuie sa doctrine exprimeraient
donc, de son propre aveu, ou des « réalités surnaturelles » quand on les prend au pied de la lettre, ou,
dans le cas contraire, des « abstractions scientifiques ». Par malheur, des abstractions, même scientifiques, ne peuvent justifier entièrement l'égalité et
fonder entièrement le droit réciproque des personnes.
Faire appel à une *essence* commune présente dans les
individus, c'est faire appel à un principe supranaturel dont l'existence n'est pas démontrée, à moins
qu'on ne veuille dire simplement : — Tous les hommes ont des caractères communs qui permettent
de les faire rentrer en une commune définition ; —
alors, au lieu de la réalité surnaturelle, on a une
abstraction scientifique ; mais comme les individus
ne sont point des abstractions, comme une égalité abstraite n'est point une égalité réelle, comme
nous avons en présence, au sein de la société, non
des définitions de l'homme, mais des hommes vivants,
moi et *autrui* constitueront toujours une inégalité invincible au milieu de toutes les équations purement
logiques et mathématiques. Qu'est-ce encore que cette
« existence unique » dont le sentiment, égal chez tous,

constituerait le droit selon Proudhon et fonderait
l'égalité? Qu'il s'agisse d'une existence unique transcendante, comme Dieu, comme le Verbe en qui nous
sommes un selon les chrétiens, ou d'une existence
unique immanente, comme le dieu de Spinoza en qui
nous sommes un et avec qui nous sommes un, il y
faut reconnaître plus franchement un principe en
dehors de l'expérience et une hypothèse indémon-
trable, dont le rôle moral ne peut être que *limitatif*.
S'il ne faut voir là, au contraire, comme Proudhon
semble l'admettre, qu'un pur symbole de « l'abstraction scientifique », ce symbole signifiera seulement
que nous avons, avec une nature commune, une
commune origine et une commune fin; mais cette
communauté n'empêche point la différence et l'inégalité des individus, puisqu'en fait les individus existent et diffèrent : comment donc exiger au nom d'un
symbole abstrait le sacrifice du *moi* réel? — En un
mot, Proudhon se trouve enfermé dans ce dilemme :
ou bien l'universel en qui nous sommes un est un être,
ou il est une pure notion; dans le premier cas, c'est
lui seul qui existe véritablement et qui, selon Proudhon, doit avoir tous les droits; l'individu n'a plus
de valeur propre, et Proudhon revient aux doctrines
mystiques qu'il se proposait d'éviter; dans le second
cas, une notion abstraite et symbolique ne peut établir entre nous qu'une égalité abstraite comme elle,
qui laisse précisément en dehors de soi ce qu'il s'agit
d'unir et de rapprocher : les individus.

En résumé, si nos libertés paraissent égales à un
point de vue général et abstrait, elles ne sont pas
égales en fait, et surtout il y a entre elles cette dis-

tinction capitale que votre liberté n'est pas la mienne
et que la mienne n'est pas la vôtre, que je suis moi
et non pas vous. Vous aurez beau accumuler les abstractions, quand je reviendrai à la réalité, je me
retrouverai toujours là, différent de vous, et à tous
vos raisonnements sur l'égalité je pourrai opposer
un seul mot, mais décisif : *moi*.

Pour que l'égalité soit acceptée comme type de
conduite par des individus réellement inégaux, il faut
donc que, par un moyen ou par l'autre, le *moi* dispa-
raisse, il faut qu'il soit éliminé, comme dans une
équation on élimine une donnée qui la rend insoluble.
Or aucun raisonnement *abstrait*, aucun artifice de
logique rationaliste ou de *mathématique* ne saurait
faire entièrement disparaître cette suprême différence
qui porte sur le vif, cette suprême inégalité qui constitue notre individualité même. Tout ce qu'on peut
faire, c'est de chercher en nous quelque chose qui ne
soit ni une abstraction, ni une entité transcendante,
et qui, tout en nous distinguant d'autrui, nous unisse
pourtant à autrui : selon nous, c'est ce fait que nous
avons *conscience* de nous-mêmes, — une conscience
immanente, — et que cependant nous pouvons aussi
concevoir d'autres *consciences*. Notre conscience peut
se mettre *à la place* des autres: or, c'est là, par excellence, ce qu'on peut nommer l'objectivation intellectuelle, et c'est aussi le premier fondement de l'objectivation morale, de cette justice qui consiste à se
mettre par la pensée et par l'action à la place d'autrui. La conscience nous *individualise* et nous *uni-
versalise*, en se concevant dans le *moi* et en se projetant
dans le *vous*, dans le *tous*.

Quant à l'égalité, en dehors de ce fait que nous avons tous conscience de nous-mêmes, elle n'est à l'origine qu'un *idéal* de la pensée. Elle se déduit de l'union qui doit exister entre nos libertés pour que celles-ci soient moralement aussi grandes qu'il est possible. J'ai l'idée de ma liberté comme puissance de développement sans limites, j'ai l'idée de la vôtre comme puissance semblable de développement; à l'infini, dans leur idéal, je conçois nos deux libertés comme *devant* être égales, car deux libertés qui se veulent réciproquement ont plus d'extension et pour ainsi dire d'infinité que deux libertés qui se repoussent et s'isolent : rester enfermé dans le moi en excluant autrui, ce serait montrer qu'on n'est point encore assez libre intérieurement, assez affranchi de tout égoïsme et de toute nécessité inférieure pour sortir de son individualité, pour se déprendre de soi-même, pour se désintéresser des intérêts matériels dont le conflit s'oppose à l'union des volontés. Si tel est le plus haut idéal, il en résulte cette conséquence, que, pour vouloir en sa plénitude et en sa perfection *ma propre* liberté, je dois vouloir aussi la *vôtre*, et, de plus, je dois la vouloir *égale* à la mienne : aucune inégalité venant de mon fait ne doit entraver votre développement. C'est là pour moi-même une condition de désintéressement et d'affranchissement moral. Il n'y a donc plus seulement *identité abstraite* et fictive entre ma liberté et la vôtre : la vôtre est devenue la *condition* réelle et le complément de la mienne; au fond, vouloir votre liberté, c'est encore vouloir la mienne.

Tel est, en quelques mots, le principe philosophique
sur lequel l'égalité nous paraît reposer. Nous ne
sommes égaux *de fait* qu'en tant que nous avons
chacun la *conscience de soi* et cependant l'idée des
autres consciences comme formant avec la nôtre une
même société, un même monde. Quant à l'égalité
sous d'autres rapports, nous reconnaissons qu'elle est
une simple conception de la pensée, une simple *idée*,
de nature morale, non mathématique ou logique;
seulement nous ajoutons que cette *idée* est elle-même
un fait et un fait directeur, une *force*, une réalité en
ce sens, qui existe d'abord dans la pensée de l'homme,
de là passe dans le désir, de là enfin, quand elle est
assez claire et assez intense, passe dans les actions
et se réalise elle-même. En un mot, c'est une de ces
idées *directrices*, une de ces idées-forces dont nous
avons précédemment indiqué le rôle et qui, dans
l'ordre social, marquent le droit. Droit et direction
sont termes de même famille; en mathématiques,
on dit que la ligne droite est le plus court chemin
vers un point; dans la science sociale, on peut dire
que le droit est la direction normale vers le but
le plus élevé. Vainement on oppose l'inégalité naturelle à cette idéale égalité; c'est celle-ci et non
celle-là qui doit fournir à la conduite sa règle et
sa loi. Quand un ouvrier veut construire les roues
d'une machine, les construit-il sur ce principe que
les rayons d'un cercle sont inégaux? Non, et pourtant ils seront inégaux dans sa roue. Deux consciences, dès qu'elles s'affranchissent des besoins
égoïstes, tendent spontanément à former une société
entre égaux et pour ainsi dire une république à

deux, germe d'une société idéalement égale à l'univers [1].

Que va devenir la notion de l'égalité si nous passons du monde moral au monde matériel, où les hommes se trouvent en rivalité et souvent en conflit l'un avec l'autre?

Si nous étions de purs esprits, l'égalité réciproque des personnes conscientes ne serait en fait jamais violée. Faites par impossible abstraction de nos organes, je ne puis vous empêcher de vouloir intérieurement ce que vous voulez, et vous ne pouvez m'empêcher de vouloir intérieurement ce que je veux. Sous ce rapport, une certaine égalité de nos volontés existe tout à la fois en *fait* et en *droit*. L'ordre établi par la nature même assure à chacun une certaine sphère d'activité consciente où les autres ne peuvent directement pénétrer : c'est le point où la pensée et le mouvement ont leur commune origine, où l'idée se fait force et l'intelligence volonté.

Pourtant nous pouvons encore par l'intention[1] sinon par le fait, franchir cette sphère des consciences et violer l'égalité des libertés; par cela même, nous sortons déjà du droit. Un égoïsme qui voudrait s'élever aux dépens d'autrui, restât-il à l'état d'intention,

---

1. L'animal même a des *droits* au moins virtuels et il est injuste de le faire souffrir sans nécessité; mais l'animal n'est pas posé *égal* à l'homme parce qu'il lui manque l'idée même d'égalité et de société universelle; de plus, il n'y a généralement pas de *réciprocité* à attendre des animaux; nous sommes par rapport à la plupart dans l'état de *guerre* et de concurrence vitale, qui excuse par la *nécessité* nos moyens de conservation personnelle. Sur ce point, voir notre *Critique des systèmes de morale*, conclusion.

serait le premier germe de la violence et la première pensée de la guerre.

De plus, outre l'intention contraire au droit, il peut exister une action indirecte sur la conscience et liberté d'autrui, par cela même une violation indirecte de l'égalité.

Toute volonté humaine, en effet, n'agit que dans l'*espace* et dans le *temps*, elle a besoin d'*instruments*; la conscience que chacun porte en soi se trouve ainsi enveloppée d'un ensemble de conditions et se réalise dans un *organisme* où elle prend corps. Je ne parle pas seulement du corps de chair et d'os dont le développement est la vie; notre corps s'étend plus loin : les économistes disent avec raison qu'un outil ou une arme est un organe nouveau, que le marteau, par exemple, est un poing plus fort, et les tenailles des doigts plus solides. Une conscience, une volonté réduite à elle-même, sans pouvoir produire aucun effet extérieur et sans avoir aucun moyen extérieur à sa disposition, serait une liberté impuissante, une liberté asservie, une conscience supprimée.

La valeur idéale que nous attachons à l'égalité des libertés *intérieures* s'attache donc aussi aux libertés *extérieures*, indispensable milieu où la volonté se développe, atmosphère sans laquelle elle ne saurait vivre. Si l'on retirait à un homme l'air qu'il respire sans toucher à son corps, pourrait-on dire qu'on ne l'a pas tué, sous prétexte qu'on ne l'a pas touché? De même, prétendra-t-on avec les théologiens du moyen âge qu'en enlevant aux hommes la liberté de la parole, du mouvement, de l'action, de l'association, du culte, on ne porte nullement atteinte à l'égalité intérieure de leurs libertés ni même à ce qu'on appelle la liberté des consciences? Ce serait imiter le sophisme des Orientaux qui, lorsque le Coran défend de verser le sang d'un homme, l'étouffent, ou des inquisiteurs qui chargeaient le bras séculier de brûler l'hérétique *sine sanguinis effusione*. Nous avons vu de nos jours reproduire les mêmes sophismes : à en croire de Bonald, on perdrait son temps à réclamer ce 'qu'on a déjà, l'égale liberté pour tous de vouloir et de penser, la liberté de conscience. « Il est, dit-il, un peu plus absurde de réclamer pour l'esprit la liberté de penser, que de réclamer pour le sang la liberté de circuler dans les veines [1]. » Comme si l'on ne pouvait pas empêcher le sang de circuler dans les veines en lui retirant sa nourriture! De Bonald, qui déclare la liberté de penser invincible, ne l'élève si haut dans la théorie que pour mieux la supprimer dans la pratique. A vrai dire, si la liberté de la conscience ne peut être détruite entièrement, elle peut être indéfiniment amoindrie, non seulement dans ses manifestations extérieures, qui en sont comme les symboles, mais jusque dans sa vie intérieure : elle ressemble à ces forces de la nature qui, elles aussi, sont indestructibles, mais qui sont tout ensemble indéfiniment expansibles quand on les laisse en liberté et indéfiniment compressibles quand on les resserre, à l'aide d'une force supérieure, en une prison de plus en plus étroite.

Pour celui qui a fait sincèrement des idées de liberté et d'égalité le principe régulateur de sa con-

---

1. *Réflexions philosophiques sur la tolérance des opinions.* Œuvres, t. IV, p. 133.

duite et limitatif de son égoïsme, tout *produit*, tout *instrument* de la liberté et de la conscience participera à l'inviolabilité de la liberté même. On viole donc l'égalité des droits toutes les fois qu'on agit de manière à ne pas laisser aux autres l'indépendance la plus grande et la plus égale pour tous. Or, comme la liberté d'action ne peut être illimitée sur une terre où l'un gêne nécessairement l'autre, il faut que chacun s'impose, dans son action au dehors, les limites nécessaires pour assurer l'égale liberté d'autrui.

Une idée nouvelle est donc introduite dans la question du droit lorsqu'on passe de l'égalité intérieure à l'égalité extérieure, c'est l'idée de *limite pratique* et *sociale;* le droit appliqué nous apparaît comme une limitation réciproque des libertés dans le monde social. Et cette commune limitation, considérée métaphysiquement, répond à la commune borne qui rend toutes les intelligences relatives, conséquemment toutes les activités sujettes à de communes restrictions.

Maintenant, quels caractères devra offrir cette limitation? En premier lieu, le droit consistant dans la plus grande liberté possible, la restriction mutuelle des libertés dans l'application devra être *aussi minime que possible*. En second lieu, pour être aussi minime que possible, cette restriction devra être absolument *réciproque* et *égale* pour tous. Les abeilles dans leur ruche ont résolu avec une sagesse instinctive un problème analogue à celui du droit appliqué. Il s'agissait d'assurer à chaque abeille une cellule aussi grande que possible et aussi égale que possible à celles des autres abeilles. C'était un pro-

blème de géométrie à résoudre, et la difficulté était
de perdre le moins de terrain possible en barrières et
en murailles de cire. On sait comment les abeilles
ont résolu le problème. La seule forme qui permît
aux cellules égales de s'appliquer l'une contre l'autre
sans aucun intervalle inutile et sans aucune perte de
terrain, c'était la forme de l'hexagone. Soit par instinct, soit plutôt par un mécanisme naturel, les
abeilles ont donné à leurs cellules la forme hexago-
nale. La société humaine est comme cette ruche : il
faut laisser aux libertés comme aux abeilles l'espace
le plus grand et le plus égal possible, et perdre en
barrières et en murs le moins de terrain qu'il se peut.
Toutes les entraves inutiles à la liberté, toutes les
lois oppressives, tous les règlements et privilèges
tyranniques sont des restrictions sans profit qui
laissent de l'espace sans emploi, qui introduisent
des vides de toute sorte entre le domaine de l'un
et le domaine de l'autre. La mauvaise jurisprudence
est comme de la mauvaise géométrie ou de l'archi-
tecture maladroite. S'il faut des barrières, faites-les
du moins aussi peu nombreuses que possible et
faites-les égales pour tous; puis, une fois que vos
lois auront ainsi réglé l'espace réservé à chacun,
laissez les libertés agir par elles-mêmes, chacune à
sa manière, tant qu'elles n'empiéteront pas l'une
sur l'autre; laissez-les prendre leur essor comme
les abeilles, dans l'air et dans la lumière.

II

OBJECTIONS DE L'ÉCOLE THÉOLOGIQUE ET DES ÉCOLES ON-
TOLOGIQUES QUI SUBORDONNENT LA LIBERTÉ AU BIEN
OBJECTIF — ÉGALE LIMITATION DES VOLONTÉS — CRI-
TIQUE DU DOGMATISME MORAL

Examinons maintenant les objections que diverses
écoles font à l'égalité, les unes au nom de la morale
et de la religion, les autres au nom de la science.
La persistance des théories autoritaires et prétendues conservatrices, toujours prêtes à se traduire en
actes dans la politique et à tout bouleverser par la
ruse ou par la force, prouve combien il importe de
soumettre à l'analyse leurs principes fondamentaux.
Nous parlerons d'abord plus spécialement de l'école
théocratique, à laquelle d'ailleurs nos hétérodoxes
contemporains font volontairement ou involontaire-
ment de nombreux emprunts.

I. Vous voulez égaliser la vérité et l'erreur, la
vertu et le vice, répètent beaucoup d'esprits encore
imbus des idées du moyen âge; mais la vérité seule
a des droits, et l'erreur n'en a pas; la vertu seule a
des droits, le vice n'en a pas. La seule liberté qu'on

puisse reconnaître et accorder à tous les hommes,
c'est ce que les catholiques appellent « la liberté du
bien » ; or, si la volonté peut réaliser le bien, elle
peut aussi faire le mal ; c'est l'arbre du bien et du
mal dont parle la Bible ; comment donc la *mauvaise
volonté* aurait-elle des droits égaux à ceux de la *bonne
volonté* ?

Prétendre ainsi que la *vérité* et la *vertu* ont seules
des droits, c'est prononcer en termes abstraits de vagues sentences qui veulent tout dire et ne veulent rien
dire. La vérité considérée en elle-même est une abstraction ontologique, et de même pour le bien ; ce sont là
des choses impersonnelles qui ne se réalisent que dans
l'intelligence et la volonté des personnes. Or chaque
personne croit avoir pour soi la vérité et la raison ;
comment choisir entre ces prétentions opposées ?
Dans la moindre des assemblées, chacun se dit le plus
sage ; il en est de même de la grande assemblée du
genre humain. Beaucoup pensent tout bas ce qu'un
naïf disait un jour tout haut devant Franklin : « Ce
qui m'étonne, c'est qu'il n'y ait jamais que moi qui
aie raison. » La maxime qui identifie le droit et la
sagesse revient donc à celle-ci : « Ceux qui se croient
dans la vérité ont des droits, les autres n'en ont pas ; »
manière détournée de dire : « J'ai tous les droits et
vous n'en avez aucun. » Dans la pratique, ce conflit
d'opinions dogmatiques ne pourra se résoudre que de
deux manières, par la force ou par l'égalité des libertés. Admettez-vous la première solution, la force peut
être l'ignorance, l'erreur, le vice aussi bien et plus
souvent que la vérité et la vertu. Admettez-vous la
solution par la liberté, le seul droit que vous puissiez

avoir sera le droit d'exprimer librement votre opinion pour vous mettre d'accord avec les autres. Vouloir imposer la vérité du dehors est chose impossible : ce fut le rêve irréalisable de toutes les théocraties, auquel le catholicisme n'a pas encore renoncé de nos jours. Seule l'égalité des libertés entre tous les êtres raisonnables fait peu à peu surgir la vérité éternelle au-dessus des opinions changeantes : celui même qui est supérieur par le savoir ne peut convaincre les autres qu'en se mettant à leur niveau et en se faisant leur égal devant le juge commun de l'expérience et de la raison. Le seul droit des plus sages, c'est celui de libre persuasion, comme le droit des plus vertueux est celui de l'exemple. C'est en se montrant que la vertu triomphe. Laissons donc aux utopistes de l'antiquité la prétention de rendre les hommes sages et vertueux malgré eux. L'histoire nous apprend que la conséquence effective de cette doctrine est un despotisme qui, loin de favoriser les progrès de la moralité, de la science, de la religion même, les arrête au contraire. Le système théocratique est toujours allé contre son but : pour soutenir les intérêts de la vérité, il a toujours rendu l'erreur immobile sous le nom d'infaillibilité, comme ces politiques qui substituent le faux au vrai sous le nom de vérité officielle ; pour soutenir les intérêts de la vertu, il a toujours sacrifié la moralité véritable à la violence et à l'égoïsme des prétendus « meilleurs ».

Il ne faut pas craindre de le dire, contrairement aux assertions des théologiens, l'erreur même et le vice ont des droits, et des droits civilement ou politiquement égaux à ceux d'autrui ; au point de vue

purement social et juridique, nous avons le droit de
nous tromper et de déraisonner comme de raisonner,
nous avons le droit de faillir moralement comme de
bien agir ; pour tout dire en un mot, la mauvaise volonté même n'est pas exclue de l'égalité des droits. Au
reste, la mauvaise volonté n'est jamais telle que relativement ; une volonté absolument mauvaise, s'il en
pouvait exister, serait celle qui trouverait son suprême
bien dans le suprême mal ; or on n'aime pas le mal
pour le mal, et le vice consiste seulement, comme disait Socrate, « à renverser l'ordre des biens ». Satan,
cette volonté absolument mauvaise, comme Ahriman,
ce dieu du mal absolu, est un fantôme de l'imagination qui, dès que la pensée veut le saisir, s'évanouit.
En tout cas, Satan n'est point sur la terre, et ce n'est
pas pour lui que sont faites nos législations ; mais,
fût-il présent parmi nous, il participerait lui-même à
l'égalité des droits communs tant qu'il ne violerait
point nos libertés propres, et sa volonté mauvaise,
aussi longtemps qu'elle se renfermerait en soi sans
attenter à autrui, conserverait encore son inviolabilité extérieure. Pour revenir à l'homme, la mauvaise
volonté d'aujourd'hui peut être et sera sans doute la
bonne volonté de demain ; nous ne pouvons donc, en
la concevant, là concevoir comme définitivement et
éternellement mauvaise, nous ne pouvons la damner
dans notre pensée ni lui faire en notre cœur comme
un enfer sans espérance. Elle demeure toujours, en
tant que volonté, sacrée pour nous à l'égal des autres,
et ses *injustices* extérieures tombent seules sous notre
droit de légitime défense, comme y tomberaient elles-
mêmes les injustices commises par une bonne volonté.

Si l'inquisiteur qui vous coupe la langue et vous brûle agit pour votre bien et par bonne intention, acquiert-il des droits plus réels parce que sa volonté est bonne au lieu d'être mauvaise ? Tout ce qui est injuste est immoral, mais tout ce qui est immoral n'est pas injuste : vérité élémentaire que les législateurs et les politiques oublient cependant à chaque instant. Ne puis-je pas manquer à ce que vous nommez les devoirs envers Dieu, manquer aux devoirs envers moi-même, aux devoirs de pure charité envers autrui, sans manquer pour cela aux règles strictes de la justice égale pour tous et également exigible chez tous? Ne puis-je pas être en dehors de mon devoir, surtout de mon devoir religieux, sans être en dehors de mon droit et sans blesser votre droit égal au mien? Comment se fait-il que nos codes renferment encore ou aient si longtemps renfermé soit des privilèges, soit des prescriptions fondées sur de simples croyances religieuses ou morales, telles que celles qui concernent l'observation du dimanche, l'indissolubilité du mariage, l'inscription religieuse imposée même aux libres penseurs, et d'autres encore ?

Au point de vue du droit pur, la liberté extérieure est respectable tant qu'elle ne supprime pas l'égale liberté d'autrui, et la liberté intérieure est pour nous absolument respectable, sans condition et sans réserve : telle est la conclusion générale à laquelle on aboutit quand on a examiné les systèmes qui veulent rabaisser la liberté au rang d'un simple moyen pour ériger en une fin absolue leur idée du vrai, leur idée du juste, leur idée de la religion, en un mot leur conception dogmatique du bien. La *souveraineté du but* est

la négation du droit. La défiance des systèmes théocratiques à l'égard de l'égalité vient du rôle secondaire qu'ils prêtent à la liberté. La liberté idéale, dans
l'échelle des moyens et des fins, doit, pour nous, occuper le degré suprême : elle a sa valeur *en soi*. Un
remède n'est qu'un moyen en vue de la santé, et il
peut être aussi un poison. Il emprunte donc toute sa
valeur au résultat ; il ne subsiste pas dans la santé
même et au contraire doit disparaître dans la santé.
Telle n'est pas la liberté dans son rapport avec « le
bien moral » ; nous la concevons alors comme devant
être à la fois à elle-même son *moyen* et sa *fin* : elle est
moyen, si vous la considérez comme déjà commen-
cée et en voie de développement, elle est fin si vous
la considérez comme développée et dans son achèvement idéal. La « liberté morale, » encore imparfaite
en nous, ressemble à la flamme dont on se sert pour
allumer un foyer de chaleur et de lumière : ce qu'on
veut produire au moyen de cette flamme, ce n'est pas
quelque chose qui en diffère réellement, c'est une
flamme plus grande dans laquelle l'autre subsistera
tout entière ; de même, ce que nous devons produire
par le moyen de la liberté, ce n'est pas une chose qui
soit différente d'elle-même : c'est une liberté plus
grande, plus égale, plus universelle, c'est une liberté
qui vivifie, qui embrasse tout le monde moral et
social.

II. En répondant au dogmatisme théologique, nous
avons implicitement répondu à toutes les écoles dogmatiques qui fondent le droit sur un bien *objectif* et
métaphysique, constituant une *matière* de notre vo-

lonté indépendante de la volonté même, une *fin* supérieure à la volonté. Par cela même, nous pouvons répondre aux objections que plusieurs philosophes, comme MM. Sidgwick et Janet, se plaçant au point de vue de la morale *réaliste, matérielle* et *finaliste*, ont dirigées contre notre théorie du droit [1].

Nous avons dit que la liberté *idéale* et *parfaite*, terme du développement de notre volonté et dont l'idée même est le plus important facteur de l'évolution, ne consisterait pas, *si elle était entièrement réalisée*, dans le pouvoir de faire indifféremment bien ou mal, mais dans la connaissance et l'accomplissement spontané de ce qu'elle saurait être le meilleur. M. Sidgwick demande alors : « Si la vraie liberté n'est pas le pouvoir de faire ce qu'il peut

---

1. M. Sidgwick, d'ailleurs, veut bien nous accorder « d'avoir pleinement démontré que la liberté morale qui confère à chaque individu son droit inaliénable au respect de ses semblables ne peut être le pur pouvoir de choisir sans motifs ou contre le plus fort motif, et qu'un tel pouvoir, en supposant son existence prouvée, ne peut donner aucun titre au respect. » Il résume ensuite avec exactitude la théorie dominante de notre livre : je veux dire la liberté morale conçue comme un idéal d'activité spontanée, toujours progressive, se dégageant peu à peu des motifs inférieurs ou égoïstes et se déterminant à des fins universelles. Il ne nie pas que cet idéal se réalise progressivement « par la force même qu'il exerce (en tant qu'idée existant dans l'esprit de l'homme) sur sa propre réalisation, au moins approximative ». L'idée de liberté devient ainsi, dit-il, « un facteur actuellement important dans l'évolution sociale ». Il n'est pas sans intérêt de comparer, sur ce point fondamental, l'appréciation parallèle du critique allemand, M. Jodle, dans les *Monatshefte :* « A la conception de la liberté que l'auteur développe ici et qu'il a établie plus au long dans un ouvrage publié antérieurement, *La liberté et le déterminisme*, on ne pourra, je crois, que donner plein assentiment. Il entend par liberté l'affranchissement de la prépondérance des motifs in-

vous arriver de préférer, mais le pouvoir de faire le
bien, c'est là une espèce de liberté à laquelle les
théoriciens les plus partisans du despotisme n'ont
jamais désiré apporter de restrictions. » — « Si la
liberté n'est que la puissance du bien, dit à son
tour M. Janet, et si le droit n'est fondé que sur la
liberté, on ne voit pas comment on aurait droit à
une autre liberté qu'à celle du bien... Comment
pourrait-il y avoir égalité de droit entre la volonté
mauvaise et la volonté bonne, celle-là étant infiniment inférieure à celle-ci? Et comment ceux qui
possèdent la volonté bonne, c'est-à-dire la vraie liberté, n'essayeraient-ils pas, par fraternité, de la
communiquer aux autres, au lieu de les laisser en
proie à la volonté mauvaise, qui n'est qu'une liberté
inférieure? » — Comme on le voit, MM. Sidgwick
et Janet confondent d'abord la liberté intérieure ou

férieurs ; c'est pour lui une qualité qui n'existe pas déterminée dans l'homme, mais qui est seulement donnée poten-
tiellement ; c'est une chose qui se développe peu à peu, un
idéal qui, avec le désir de devenir réel, renferme aussi la
possibilité de le devenir et introduit ainsi dans la chaîne
même de la motivation un nouveau facteur. On peut dire
avec lui que cette liberté idéale de l'homme confine au droit
idéal, car un être qui dépendrait seulement de son propre
moi raisonnable est celui dont il serait vrai de dire au plein
sens du mot : il possède des droits. Mais, de même que l'être
réalisant la parfaite liberté morale n'est qu'un être posé idéalement, de même aussi l'être qui pourrait posséder tous les
droits. Dans la pratique, par conséquent, il faudrait qu'on
restât toujours sur le terrain de la réalité, de ce qui est donné
comme fait et exigé par le besoin, sans abandonner à cause
de cela la tendance qui cherche l'idéal. » — Nous croyons utile
de recueillir d'abord ces assentiments venus de critiques
étrangers, parce qu'ils portent sur le point fondamental de la
discussion qui va suivre.

morale avec la liberté extérieure ou politique. Sans
doute la liberté intérieure, en sa perfection idéale,
consisterait, si on veut, dans le pouvoir de faire le
bien ; encore faudrait-il s'entendre sur ce *bien* objectif
et plus ou moins ontologique ; mais la liberté d'action, en face des autres hommes, ne peut consister
que dans le pouvoir de faire « ce que vous préférez »,
pourvu toutefois (ajouterons-nous) *qu'on ne viole pas
l'égale liberté d'autrui*. — D'où vient alors, pourra-
t-on nous dire, cette différence entre les deux libertés,
intérieure et extérieure, et comment passerez-vous
de l'une à l'autre? Vous venez de définir la liberté
intérieure par le pouvoir de se développer et de pro-
gresser, conséquemment de dégager les tendances
supérieures et vraiment humaines des tendances inférieures et animales, la vraie et essentielle volonté
(naturellement tournée vers le bien universel comme
l'aiguille aimantée vers le nord) de la fausse et passagère volonté (qui dévie vers l'égoïsme sous l'action
des circonstances extérieures). Vous ajoutez que la
liberté idéale serait la parfaite bonne volonté, la
volonté du bonheur universel, la volonté aimante,
conséquemment la puissance du bien conçu en son
vrai sens ; comment déduirez-vous de là, dans l'ordre
social, la puissance du mal laissée à l'individu? —
Telle aurait pu être l'objection dans toute sa force.
La réponse nous semble néanmoins bien simple ;
l'objection repose sur une idée inexacte de la liberté
et du bien. 1° C'est précisément parce que la vraie
liberté est la puissance d'aller *spontanément* vers le
bien, vers le tout, vers les fins universelles, et d'y
aller par une direction ou comme par une aimanta-

tion tout *intérieure*, tout intellectuelle, toute morale,
en un mot par une évolution de la *conscience*, que
vous ne pouvez pas produire cette liberté chez l'homme
par une contrainte extérieure et matérielle. Le moyen
irait contre le but. Si vous voulez construire une boussole avec une aiguille non aimantée, que votre doigt
maintiendra de force dans la direction du nord,
vous verrez, dès que vous aurez levé le doigt, l'aiguille tourner à toutes les secousses dans toutes les
directions. Le seul moyen de résoudre le problème
est que l'aiguille soit *intérieurement* orientée et
parfaitement *libre* sur son pivot; après quoi, vous
n'aurez qu'à la laisser faire. Elle pourra encore
dévier sous des influences passagères; mais, l'obstacle disparu, elle reviendra d'elle-même à sa direction normale. De même, le seul moyen de dégager
chez l'homme la bonne volonté et de provoquer dans
sa conscience l'orientation normale, c'est d'agir sur
son intelligence par l'instruction et sur son cœur par
l'exemple. Ce sera l'équivalent des objets qu'on *ai-*
mante par induction. Si au contraire vous employez
la violence, vous faussez la boussole humaine. « Tout
le monde, dit M. Sidgwick, admettra avec M. Fouillée
que *le bien volontaire est supérieur aux autres, parce*
qu'il est seul conscient, senti, aimé; mais la question
reste toujours de savoir si nous devons actuellement
le réaliser en laissant les hommes libres de faire ce
qu'ils veulent. » M. Sidgwick ne s'aperçoit pas qu'il
fournit la réponse avec l'objection même; sa question,
en effet, revient à la suivante : — Puisque le bien est
volontaire, pourquoi ne le fait-on pas accomplir *in-*
volontairement? Puisque les hommes ne peuvent

aimer par force, pourquoi ne les force-t-on pas à aimer? — L'amour est spontané, et la liberté du bien est, comme toute liberté en général, une puissance personnelle et intime qui ne saurait être infusée du dehors; il est donc contradictoire, surtout au point de vue de la « fraternité » invoquée par M. Janet, d'employer la brutalité de la force, qui étouffe la conscience personnelle, pour développer la liberté intérieure et la conscience même.

2° De plus, quel est l'homme qui, à moins de s'ériger en pape infaillible, peut avoir la prétention de posséder la vérité et le bien absolus, de manière à substituer sa conscience et sa volonté à la conscience et aux volontés des autres, par un dogmatisme à la fois théorique et pratique? Enfin, entre les diverses prétentions de ce genre, qui serait juge?

Les objections qui précèdent viennent donc de ce que l'on se représente le « bien moral » comme une *matière* du vouloir entièrement *déterminée* indépendamment du vouloir même, et dont un système quelconque posséderait la formule dogmatique, soit l'*utilitarisme* de M. Sidgwick, soit l'*eudémonisme* péripatéticien de M. Janet. Or c'est précisément sur les systèmes de morale matérielle et de bien objectif, sur les systèmes dogmatiques, que retombe l'objection précédemment examinée. Quand nous disons que la vraie liberté est la volonté tendant à l'universel, nous laissons ouverte la question de savoir à quelle *matière* déterminée s'appliquera la volonté de l'universel, la bonne volonté, à quelle fin objective elle tendra de fait. La détermination de cette matière et de cette fin est une question ultérieure, un problème

d'application morale et sociale, à la solution duquel
devront concourir et la morale pratique, et l'étude des
intérêts, et l'étude des *forces* dans la société. Ce qu'il
importe de rendre possible, c'est la bonne volonté,
c'est-à-dire la volonté tendant au tout ; or nous avons
vu que cette bonne volonté, en son idéal, doit être
spontanée ; elle doit naître de l'intérieur pour se projeter vers l'extérieur : le respect de la *virtualité* du bon
vouloir est donc, à nos yeux, le fondement *moral* du
droit, et ce respect doit être le même à l'égard de
toute volonté, même de celle que nous jugeons, *nous*,
être dans une voie fausse. En enlevant de la volonté,
idéalement considérée, son contenu *matériel* et *extérieur*, pour n'y laisser comme contenu que l'universalité de toutes les volontés, que la société universelle
des volontés et des consciences, c'est-à-dire au fond
des *sujets* conscients et non des *objets*, nous mettons
par cela même le droit à l'abri des systèmes qui prétendent déterminer absolument et infailliblement le
bien objectif, le bonheur objectif, l'utilité objective,
les essences métaphysiques et les intérêts physiques,
etc. Nous ne tombons pas pour cela dans le *formalisme* abstrait des kantiens, qui consiste à faire dépendre la volonté d'une *loi* purement *formelle ;* ce
que nous considérons (et par là nous croyons perfectionner la pensée même de Kant), ce sont les *autres
consciences et volontés*, c'est la société entière des
êtres doués de conscience et de volonté. De même
que ma conscience se pense et pense les autres consciences, je veux la volonté de tous, je veux toutes
les volontés, je veux pour tous comme pour moi ; —
voilà la vraie volonté universelle ; c'est un acte d'union

avec tous, c'est l'association en son principe, c'est la projection de moi en autrui, germe de l'amour d'autrui et de la vraie fraternité. Maintenant, une fois accompli cet acte d'objectivation qui consiste à vouloir agir pour tous, non pas seulement pour moi, il reste sans doute à déterminer *comment* agir *de fait*. Sur ce point, je pourrai me tromper; mais c'est là une question secondaire : pour la moralité et le droit, l'essentiel est que j'aie le pouvoir de penser et de vouloir universellement, le pouvoir de manifester une volonté à la fois consciente de soi et universelle; le reste viendra peu à peu, 1° par le progrès de la science des forces et des intérêts; 2° par le progrès de la morale pratique ; 3° par le progrès de l'entente volontaire avec les autres membres de la société; 4° par le progrès naturel et nécessaire de l'organisation sociale et de l'évolution humaine, etc. En termes concrets, je *veux* être citoyen d'une république universelle des consciences et contribuer à son bonheur : voilà le point de départ ; maintenant, quelles sont les meilleures règles et lois à établir pour réaliser cette république, voilà le problème des voies et moyens, qui doit être résolu librement par chacun en ce qui concerne chacun, et par un libre accord avec les autres en ce qui concerne les autres. Les autres ne peuvent donc intervenir contre ma liberté extérieure que si mes actions extérieures sont contraires à l'égalité des libertés, et encore faut-il dans la société réelle que les conditions de cette égalité soient déterminées par une loi au nom de tous. Il n'y a pas d'autre fondement juridique possible au *libéralisme*, qu'on pourrait d'ailleurs (nous l'avons vu) justifier aussi, mais non

absolument, au point de vue de la pure *puissance*
et de l'*intérêt*. Par là, nous ne tombons ni dans un
formalisme abstrait et *légal*, ni dans le réalisme ontologique ou utilitaire. Soyons libres, égaux et frères :
c'est la traduction de la volonté initiale, qui n'est pas
une loi abstraite et sans aucun contenu, puisqu'elle
contient toutes les volontés et tous les *sujets* conscients ; — cherchons les *moyens* matériels et *objectifs*
de la liberté, de l'égalité, de la fraternité ; c'est la
formule du droit appliqué, sujet à toutes les varia-
tions et à tous les perfectionnements, domaine de la
relativité, conséquemment fermé à tout *absolutisme*,
soit théologique et ontologique, soit utilitaire.

Le caractère des systèmes réalistes et matériels,
c'est précisément d'intervertir l'ordre qui précède et
de mettre la formule du bien objectif avant la formule de la bonne volonté, qui ne porte que sur les
sujets conscients comme formant une société. Les
systèmes dogmatiques posent d'abord une *fin* déterminée objectivement et certainement (à ce qu'ils
croient), une fin ayant une existence indépendante de
notre conscience et de notre volonté, au lieu d'être
un idéal choisi librement par chacun ; c'est un *souverain bien* objectif, un bien *absolu*, un bien *réel* et
matériel, soit que la matière s'en trouve dans le monde
intelligible des essences, soit qu'elle réside dans le
monde sensible des forces et des intérêts. Mais alors
la volonté ne pourra avoir de valeur que quand elle
atteindra *réellement* et *objectivement* ce bien *réel* et
objectif. C'est donc quand on se place au point de
vue de ces systèmes réalistes, et non au point de
vue du nôtre, que la *bonne* volonté se trouve avoir

seule des droits, parce que la bonne volonté n'y pourra
être définie que la volonté du bien réel, la volonté
qui *réussit* à atteindre le bien réel. L'*intention* ne
sera plus le principal, mais l'accessoire ; la conscience personnelle et la liberté du *sujet* ne sera plus
respectable en elle-même, mais comme moyen et
selon son usage. On aura une mesure extérieure en
vue de l'*objet*, une sorte de *mètre* objectif, soit métaphysique, soit sensible, avec lequel on mesurera
les volontés ; et comme chacun prétendra que son
mètre est le seul exact, chaque homme se fera la
mesure de tous les hommes, πάντων μέτρον : d'où
l'alternative de l'anarchie ou du despotisme. C'est
précisément l'écueil des doctrines qui considèrent
exclusivement soit le jeu des forces, soit le jeu des
intérêts sensibles, sans s'élever plus haut ; c'est aussi
l'écueil des doctrines qui considèrent un prétendu
bien objectif et intelligible : Platon et les théologiens se trouvent finalement d'accord avec Hobbes,
Spinoza et les purs utilitaires ; tous sont des *dogma-
tisants*, et le dogmatisme aboutit, dans la vie juridique, soit à l'absolutisme de chaque individu, soit
à l'absolutisme de l'ensemble.

Nous ne pouvons que redire ici ce que nous avons
déjà dit ailleurs [1]. « Il n'y a qu'un moyen d'en finir
avec l'absolutisme pratique : c'est d'en finir avec
l'absolutisme métaphysique, avec le dogmatisme, soit
matérialiste, soit spiritualiste, qui prétend connaître
le bien en soi (plaisir pour les uns, essence intelligible
ou divinité pour les autres). Un scepticisme raisonné

1. Préface des *Systèmes de morale contemporains*.

sur ce point serait bien supérieur au dogmatisme. Ce qu'est le bien *en soi*, je n'en sais rien ; je sais seulement que je cherche le bien et que vous le cherchez, que je le veux et que vous le voulez ; que par conséquent nos volontés peuvent, sous ce rapport, se vouloir mutuellement comme nos consciences se conçoivent mutuellement, voilà le principe ; cherchons donc ensemble à nos risques et périls, sans que l'un prétende imposer à l'autre ses façons de voir quand il y aura divergence. En d'autres termes, puisque nos pensées sont également *limitées* en ce qu'elles ne peuvent atteindre le dernier fond hypothétique de l'être et du bien, exprimons cette limite en limitant nos libertés par l'égale liberté d'autrui ; exprimons la commune limitation de nos intelligences par la limitation réciproque de nos volontés. Voilà le droit, voilà le seul libéralisme véritable, par lequel on se délivre à la fois du dogmatisme métaphysique et du dogmatisme politique. La seule loi absolue, c'est de ne jamais agir comme si l'on possédait certainement l'absolu. Et il y a deux manières d'empiéter sur l'égale *liberté* d'autrui, qui répondent aux deux manières de dépasser les limites vraies de notre pensée et de notre action. La première est l'empiètement de l'égoïsme, la seconde est l'empiètement de la charité. L'égoïste agit, nous l'avons vu, comme s'il savait que l'absolu est son bien ; la charité intolérante et violente agit, de son côté, à votre égard, comme si elle savait que votre bien absolu est tel ou tel, comme si elle possédait dans le creux de sa main la formule positive de la vraie « *bonne* volonté », du vrai « bien universel et absolu ». Ce double empiètement, encore une fois,

est un double renversement des bornes de notre
science, un double oubli du caractère essentiellement
problématique qui appartient à « l'absolu », au
« bien en soi », aux objets de la métaphysique, au
suprême *idéal* de l'intelligence et de la volonté. Étant
problématique, cet idéal ne peut être, comme nous
l'avons montré, que *restrictif* d'une part et *persuasif*
de l'autre. Il *restreint* notre volonté égoïste ou charitable en face de la volonté d'autrui, et la volonté
d'autrui en face de la nôtre : voilà l'égalité, le droit,
la justice. Puis il nous *persuade* de chercher ce qu'il
y a de meilleur pour nous et pour les autres, mais
toujours sous cette condition que les autres seront
d'accord avec nous pour accepter ce qui les concerne
en même temps que nous. Les bornes de deux propriétés sont sacrées : si l'un des propriétaires va chez
l'autre et s'associe à l'autre, ce doit être avec son
consentement. C'est ainsi que, sans invoquer « les
impératifs catégoriques », nous maintenons l'harmonie complète entre la spéculation et la pratique,
entre les vraies restrictions de notre savoir et les
vraies restrictions de notre activité. Toute idée d'un
bien absolu étant un problème, personne n'a le droit,
ni rationnellement ni socialement, d'agir comme s'il
possédait la certitude objective ; il ne peut que s'abstenir à l'égard des autres quand les autres ne sont
pas du même avis, ou agir avec leur concours quand
ils se représentent de la même manière l'idéal insaisissable à la science. C'est ce qui fait que l'attribu-
tion de l'infaillibilité soit à un homme, soit à une
Eglise, est à la fois la plus monstrueuse absurdité et
la plus monstrueuse immoralité. Si le péché capital

symboliquement attribué à Satan est l'*orgueil*, qui s'égale à l'absolu en méconnaissant les limites de l'intelligence, on peut dire que, sur terre, tout pape, tout despote est la plus fidèle image de Satan [1]. »

1. *Critique des systèmes de morale contemporains,* préface

III

OBJECTIONS DE L'ÉCOLE ARISTOCRATIQUE
LA THÉORIE DE M. RENAN

La distance n'est point aussi grande qu'on pourrait le croire entre la théocratie et l'aristocratie des savants : à part la substitution des théories scientifiques aux dogmes métaphysiques ou surnaturels, les procédés de gouvernement seraient les mêmes. Aussi Huxley a-t-il appelé le système politique d'Auguste Comte « un catholicisme sans le dogme [1] ». N'en pourrait-on dire autant de la doctrine si brillamment

1. Auguste Comte a dit en effet : « Ce qui devait nécessairement périr dans le catholicisme, c'était la doctrine et non l'organisation... Une telle constitution, convenablement reconstruite sur des bases intellectuelles à la fois plus étendues et plus stables, devra finalement présider à l'indispensable réorganisation spirituelle des sociétés modernes... Cette explication générale... sera de plus en plus confirmée par tout le reste de notre opération historique, dont elle constituera spontanément la principale conclusion politique. » (*Philosophie positive*, t. V, p. 344.) — « Tout l'art de la législation, dit-il encore, est d'assurer l'uniforme assujettissement de toutes les classes quelconques aux devoirs moraux attachés à leurs positions respectives, sous l'impulsion continue d'une autorité spirituelle assez énergique et assez indépendante pour assurer le maintien usuel d'une telle discipline universelle. »

exposée par M. Renan dans ses *Dialogues philoso-phiques*, et qui peut ici nous servir de type?

Déjà, pour réagir contre les tendances égalitaires, M. Renan avait exposé dans sa *Réforme intellectuelle et morale* une théorie politique dont le dernier mot est l'inégalité. Tous les individus sont nobles et sa-crés, disait-il, tous les êtres (même les animaux) ont des droits; mais tous les êtres ne sont pas égaux, tous sont les membres d'un vaste corps, les parties d'un immense organisme qui accomplit un travail divin. « La négation de ce travail divin est l'erreur où verse facilement la démocratie française. Con-sidérant les *jouissances de l'individu* comme l'objet unique de la société, elle est amenée à méconnaître les *droits de l'idée*, la primauté de l'esprit. Ne com-prenant pas d'ailleurs l'*inégalité des races*, la France est amenée à concevoir comme la perfection sociale une sorte de médiocrité universelle... » Au début d'une plus récente publication, les *Mélanges d'his-toire*, dans une de ces préfaces où il aime à mêler des prédications toujours utiles et des prédictions toujours hasardeuses, M. Renan constatait avec quel-que regret que la France, que l'Europe même n'a pas suivi et ne suivra pas la voie par lui indiquée : « Il est probable que tous les pays viendront, chacun à leur tour, à l'état où nous sommes. Le monde est entraîné par un penchant irrésistible vers l'américa-nisme, vers le règne de ce que tous comprennent et apprécient. » Dans *Caliban*, M. Renan remarque la même tendance. Entre l'inégalité reposant sur des privilèges et une égalité d'affaissement, de « mol-lesse », d'« égoïsme », M. Renan semble ne voir aucun milieu. C'est surtout dans ses *Dialogues philosophiques*, ce livre aux fuyantes perspectives, parfois profond et toujours suggestif, que M. Renan a développé sa thèse favorite. Là, il l'appuie sur tout un système de métaphysique et de théologie, qui a pour conclusion le gouvernement du monde par la raison, c'est-à-dire par les savants. « L'élite des êtres intelligents, dit-il, maîtresse des plus importants secrets de la réalité, dominerait le monde par les plus puissants moyens d'action qui seraient en son pouvoir. » — Quel est le peuple qui semble prédestiné à l'accomplissement de ce grand œuvre? La France ou l'Allemagne? — « La France, répond M. Renan, incline toujours aux solutions libérales et démocratiques, c'est là sa gloire; le bonheur des hommes et la liberté, voilà son idéal. Si le dernier mot des choses est que *les individus jouissent* paisiblement de leur *petite destinée finie*, ce qui est possible après tout, c'est la France libérale qui aura eu raison, mais ce n'est pas ce pays qui atteindra jamais la grande harmonie ou, si l'on veut, le grand asservissement de conscience dont nous parlons. Au contraire, le gouvernement du monde par la raison, s'il doit avoir lieu, paraît mieux approprié au génie de l'Allemagne, qui montre peu de souci de l'*égalité* et même de la *dignité* des individus, et qui a pour but avant tout l'augmentation des *forces intellectuelles* de l'espèce. » Quoique ces mots à l'adresse de l'Allemagne ne soient pas sans quelque ironie, c'est en définitive à l'Allemagne et à ses idées aristocratiques que M. Renan donne gain de cause, s'il en faut juger par l'ensemble de son système. La démocratie, en effet,

lui semble en contradiction avec l'ordre de l'univers,
avec la Providence : « elle est l'antipode des voies de
Dieu, Dieu n'ayant pas voulu que tous vécussent au
même degré la vraie vie de l'esprit. » Les théologiens
se représentent une providence supérieure au monde
et agissant par le dehors; M. Renan y substitue une
providence intérieure, immanente, qui, par des voies
cachées et un machiavélisme divin, assigne à chaque
être sa place et à tous des rangs inégaux. Cette providence, sous un autre nom, est la « souveraineté de
la raison », et sa justice est la « hiérarchie de fer de
la nature ». — « Dieu est la vaste conscience où tout
se réfléchit et se répercute, chaque classe de la
société est un rouage, un bras de levier dans cette
immense machine. Voilà pourquoi chacune a ses
vertus. Nous sommes tous des fonctions de l'univers;
le devoir consiste à ce que chacun remplisse bien sa
fonction. Les vertus de la bourgeoisie ne doivent pas
être celles de la noblesse; ce qui fait un parfait *gentilhomme* serait un défaut chez un *bourgeois*. Les vertus de chacun sont déterminées par les besoins de la
nature; l'État où il n'y a pas de *classes sociales* est
antiprovidentiel. » L'immoralité même et le vice ont
leur utilité : ils sont dans l'ordre de la nature et de la
Providence. « L'immoralité transcendante de l'artiste est à sa façon moralité suprême, si elle sert à
l'accomplissement de la particulière mission divine
dont chacun est chargé ici-bas [1]. » Cette sorte de
justice distributive qui est la loi de l'univers doit se
retrouver dans la société humaine : le *sacrifice* des

1. *Dialogues philosophiques*, 128, 129, 131.

uns sert à l'élévation des autres et au progrès final
de « l'idée ». — « La nature à tous les degrés a pour
fin unique d'obtenir un résultat supérieur par le
sacrifice d'individualités inférieures. Est-ce qu'un général, un chef d'État tient compte des pauvres gens
qu'il fait tuer?... Le monde n'est qu'une série de
sacrifices humains; on les adoucirait par la joie et la
résignation. Les compagnons d'Alexandre... vécu-
rent d'Alexandre, jouirent d'Alexandre. Les animaux
qui servent à la nourriture de l'homme de génie ou
de l'homme de bien devraient être contents s'ils
savaient à quoi ils servent. *Tout dépend du but*, et si,
un jour, la vivisection sur une grande échelle était
nécessaire pour découvrir les grands secrets de la
nature vivante, j'imagine les êtres, dans l'extase du
martyre volontaire, venant s'y offrir couronnés de
fleurs. Le meurtre inutile d'une mouche est un acte
blâmable; celui qui est sacrifié aux fins idéales n'a
pas droit de se plaindre, et son sort, au regard de
l'infini (τῷ Θεῷ), est digne d'envie... C'est chose
monstrueuse que le sacrifice d'un être vivant à
l'égoïsme d'un autre; mais le sacrifice d'un être vivant à une *fin voulue par la nature* est légitime... Le
grand nombre doit penser et jouir par procuration...
Quelques-uns vivent pour tous. Si l'on veut changer
cet ordre, personne ne vivra. » On retrouverait une
théorie analogue dans Joseph de Maistre, qui en fit le
fond de sa doctrine du sacrifice. — La conséquence
finale du système est, sous toutes les formes, la con-
damnation de l'égalité. « Les hommes ne sont pas
égaux, les races ne son, pas égales. Le nègre, par
exemple, est fait pour servir aux grandes choses

voulues et conçues par le blanc. » Ce n'est pas à dire
que le nègre n'ait point de droits; mais les droits
sont inégalement distribués selon l'inégalité même
des êtres. « Le principe le plus nié par l'école démocratique est l'inégalité des races et la *légitimité* des
droits que confère la *supériorité* de la *race*. » Le
droit, au contraire, varie selon les êtres et se mesure
à leur valeur réelle. « Il ne suit pas de là que cet
abominable esclavage, américain fût légitime. Non
seulement tout homme a des droits, mais tout être a
des droits. Les dernières races humaines sont bien
supérieures aux animaux; or nous avons des devoirs
même envers ceux-ci. » On voit que pour M. Renan
le droit est le corrélatif de tout devoir, et le devoir
se confond finalement pour lui, comme pour le
christianisme, avec la bonté : « bonté universelle,
amabilité envers tous les êtres, voilà la loi sûre et
qui ne trompe pas... Ce n'est pas assez de ne pas
aire du mal aux êtres; il faut leur faire du bien,
faut les gâter, il faut les consoler des rudesses
obligées de la nature. » C'est par bonté qu'il faut
se dispenser de maltraiter le nègre, c'est par pitié
pure qu'il faut le « gâter » et le « consoler », non
sans cette arrière-pensée qu'après tout la nature a
raison dans ses rudesses et que tout est pour le mieux
dans l'ordre divin des choses [1]. — C'est encore cette
sorte de bonté un peu dédaigneuse que, dans une
même race, les classes supérieures doivent aux clas-

---

1. « La société, a dit aussi M. Renan, est un édifice à plusieurs étages, où doit régner la douceur, la bonté (l'homme
y est tenu même envers les animaux), non l'égalité. (*La Réforme intellectuelle*, p. 197.)

ses inférieures. Le vrai droit du peuple, c'est le droit d'être aimé, gâté, consolé, parce que d'autres penseront et jouiront à sa place. « On peut aimer le peuple avec une philosophie aristocrate et ne pas l'aimer en affichant des principes démocratiques. Au fond, ce n'est pas la grande préoccupation de l'égalité qui crée la douceur et l'affabilité des mœurs. l'égalité jalouse produit au contraire quelque chose de rogue et de dur. La meilleure base de la bonté, c'est l'admission d'un ordre providentiel où tout a sa place et son rang, son utilité, sa nécessité même. » La notion de l'inégalité semble à M. Renan si fondamentale qu'il la maintient jusque dans sa Jérusalem céleste, je veux dire dans la « conscience divine », formée du retentissement de toutes les consciences, où chaque être aura sa place proportionnée à sa valeur. « Alors l'éternelle inégalité des êtres sera scellée pour jamais. » Avec la personnalité en moins chez Dieu et chez les âmes, il est facile de reconnaître la cité divine des chrétiens.

Tel est le système à la fois théologique et social de M. Renan. Entre ce système et le christianisme il n'y a point de différence essentielle; ce sont les mêmes idées de justice *distributive* et de *prédestination*, de *hiérarchie* providentielle, d'*inégalité* providentielle entre les individus et entre les classes, de *résignation* chez les uns, de *bonté* chez les autres, de *sacrifice* et de *compensation*, la même substitution du principe d'amour au principe du droit. M. Renan finit par dire lui-même : « C'est bien à peu près ainsi que parlent les prêtres, mais les mots sont diffé-

rents[1]. » Il n'est point de hardiesse, point de paradoxe
même devant lequel M. Renan ait reculé pour soutenir sa thèse favorite de l'inégalité : il a peut-être par
là rendu service à la thèse opposée. Quand s'endort le
sens commun, le paradoxe, comme la torpille à
laquelle se comparait Socrate, le réveille d'une se-
cousse; ainsi fait M. Renan.

Nous ne suivrons pas le brillant auteur des *Dialogues* dans les considérations métaphysiques et théologiques sur lesquelles repose sa foi à l'inégalité. Les
sciences sociales comme les sciences physiques doivent, selon nous, se garder des idées de causes finales et de Providence, au nom desquelles on peut
tout affirmer ou tout nier, tout admettre ou tout
rejeter. Est-il une erreur scientifique que le moyen
âge n'ait essayé de prouver par les causes finales?
Est-il une injustice sociale qu'il n'ait justifiée au nom
de la Providence? Les causes finales voulaient que le
ciel fût fait pour la terre et la terre pour l'homme,
par conséquent que le ciel tournât autour de la terre.
Quant à la Providence, elle est encore de nos jours,
en politique, l'avocat officiel de toutes les causes
bonnes ou mauvaises : les Napoléon, les Guillaume,
les Alexandre et le Sultan l'invoquent tour à tour.
Remplacer les intentions de la Providence par celles
de la nature, c'est seulement changer le mot. La *na-*

1. Même doctrine ou à peu près chez M. Ravaisson, qui, lui
aussi, fait consister la revendication démocratique des droits
dans une simple revendication de *jouissances* égoïstes, et la
vraie morale dans une morale de sacrifice, d'inégalité, de hiérarchie. Voir, dans notre *Critique des systèmes de morale contemporains*, le livre consacré à la *morale esthétique et mystique*.

ture a-t-elle eu un *but*, par exemple; en faisant le
nègre? s'est-elle proposé une fin en faisant quoi que ce
soit? C'est ce que rendent de plus en plus douteux les
découvertes de la science moderne sur le mécanisme
universel : les buts existent dans l'intelligence, ils ne
semblent pas préexister dans les choses; l'homme
se propose un but, la nature ne paraît pas en avoir,
tant que l'homme ou tout autre être intelligent, dans
sa sphère, ne lui en donne pas un. En tout cas, c'est
aux hommes eux-mêmes qu'il appartient de se donner un but : prétendre que les nègres sont *faits pour
nous servir*, c'est poser le principe de l'esclavage et
en assurer la justification. M. Renan a beau ensuite
déclarer « abominable » l'esclavage américain, il ne
peut, à l'exemple des théologiens, le condamner que
comme excessif et cruel, non comme injuste en soi,
que comme contraire à la bonté, non comme contraire au droit [1]. La notion moderne du droit, en ce
qu'elle a de vraiment scientifique, repose précisément
sur le rejet de toutes ces vues finalistes et providen-
tielles, de tous ces systèmes artificiels où l'on subordonne les individus à une fin qu'on affirme dogmati-
quement la meilleure. Avoir un droit, c'est avoir la
garantie qu'on ne fera pas de vous un *moyen*, c'est
avoir un abri contre les « cause-finaliers » en politique, en métaphysique et en théologie. Bannies du
reste de la science, les causes finales ne doivent pas
trouver un refuge dans la science sociale et politique.

---

1. D'ailleurs, dans sa *Réforme intellectuelle*, M. Renan in-
sinue qu'on devrait conquérir les Chinois, « race d'ouvriers, »
et les nègres, « race de travailleurs de la terre. » — « Soyez
pour eux bons et humains, et tout sera dans l'ordre. » (Page 94.)

Revenons donc des causes finales aux considérations physiques et psychologiques, méthode plus
sûre. A ce point de vue, on peut certainement montrer entre les hommes une foule d'inégalités actuelles ;
mais, y en eût-il de fait encore davantage, l'égalité
de droit ne serait pas atteinte en son principe théorique. Nous l'avons vu en effet, le droit repose moins
sur l'*état actuel* que sur le *développement possible* des
êtres, le droit a les yeux tournés vers l'avenir ; ce
qu'il réserve, ce qu'il sauvegarde, c'est précisément
la virtualité, la puissance de progrès. La loi ne pu-
nit-elle pas le meurtre d'un enfant de deux ans comme
celui d'un homme ? Cependant il aurait pu être incapable, infirme, plus nuisible qu'utile ; — oui, mais il
aurait pu être un honnête citoyen ou même un génie.
Le droit a pour but d'assurer le développement libre
de toutes les intelligences et de toutes les volontés.
— Après avoir rappelé ce principe général, suivons la
doctrine aristocratique en ses applications : elle invoque tour à tour l'inégalité des races, celle des classes, celle des individus ; examinons si ces inégalités,
en supposant qu'elles existent, suffisent à conférer
des droits inégaux.

La théorie des *races*, mise en vogue par l'Allemagne, fournit aux écoles aristocratiques leur principal
argument. L'exemple qu'on choisit toujours à l'appui, comme le moins discutable, est celui des nègres :
a-t-il cependant toute la portée qu'on lui attribue ?
Que le cerveau des nègres ne soit pas virtuellement
égal à celui des blancs, que tout accès leur soit
fermé dans l'avenir aux grandes notions scientifiques
ou morales, que tout au moins ils ne puissent se diri-

ger eux-mêmes dans l'ordre civil et politique, c'est ce qui n'est point encore démontré. Quand il s'agit des animaux, le doute sur ce point est impossible : nous savons la *limite* qu'ils ne peuvent dépasser, comme nous pouvons calculer la hauteur maximum que peut atteindre une pierre lancée par une fronde. Les animaux ne parlent pas; s'ils arrivaient un jour à parler, nous commencerions, malgré leur visage, à nous demander s'ils n'ont pas le droit de se conduire eux-mêmes [1]. Les nègres parlent, il en est même qui parlent latin et grec; il est dans les écoles d'Amérique de jeunes négresses qui traduisent Thucydide et Platon. Un même idéal moral peut être conçu par la pensée des noirs et par celle des blancs. On sait ce que Montesquieu, avec cette généreuse ironie qui émut son siècle, disait des nègres : « Ils sont noirs depuis les pieds jusqu'à la tête, et ils ont le nez si écrasé qu'il est presque impossible de les plaindre; » aujourd'hui on se demande s'il est certain que la peau noire et le nez écrasé soient incompatibles non seulement avec l'intelligence, maïs même avec le génie. Déjà les nègres occupent en Amérique de hautes positions dans les affaires, dans la magistrature, dans la politique; que dirions-nous s'il naissait demain parmi eux quelque grand poète, quelque grand artiste, quelque grand savant? Sous ce rapport, et surtout en fait d'art, les Américains de race blanche

---

1. « Il n'y a d'esclave *naturel*, disait Épictète, que celui qui ne participe pas à la raison ; or cela n'est vrai que des bêtes et non des hommes. Si l'âne avait en partage la raison et la volonté, il se refuserait légitimement à notre empire; il serait un être semblable à nous. »

ne sont pas eux-mêmes beaucoup plus avancés qu'eux.
Attendons les noirs à l'œuvre, et ne leur fermons
point l'espérance. Au reste, dussent-ils à la fin demeurer en arrière sous le rapport du génie, ce qui
est fort possible, il n'est pas besoin de génie pour
participer aux droits communs. Chacun trouve toujours un plus savant ou un plus sage que soi, et surtout des gens qui se croient plus savants ou plus
sages : théoriquement, l'égalité des droits civils et
politiques est en dehors de ces appréciations; pratiquement, elle n'exclut pas certaines conditions de
capacité et de *majorité* intellectuelle ou morale, que
les législateurs ne devraient jamais négliger, que les
Américains ont peut-être trop négligées envers les
noirs; mais en aucun cas le droit à l'égalité civile
n'exige que tous les membres de la société soient des
Newton ou des Leibniz.

L'inégalité du droit des races, qui conserve encore
une apparence plausible quand il s'agit des noirs et
des blancs, devient absolument insoutenable quand
on la transporte aux variétés d'une même race : Gaulois, Latins, Germains. Qui prétendra que, de par la
Providence ou la nature, le cerveau d'un Français
soit virtuellement inégal à celui d'un Allemand, et
que l'un soit aussi incapable de concevoir les hautes
idées de l'autre que le quadrupède de voler comme
l'oiseau? Et quand ce serait vrai, le *droit* des races
germaniques à nous conquérir serait-il établi? C'est
M. Renan lui-même qui, trouvant dans Strauss la
théorie des races mise au service de la politique allemande, lui objecta que, si la France compte parmi
elle des Germains, l'Allemagne compte aussi des Gau-

lois et des Huns, l'Angleterre des Bretons, des Irlandais, des Calédoniens, des Anglo-Saxons, des Danois, des Normands purs, des Normands français. Sous couleur de science, la théorie des races est une des moins scientifiques dans ses applications à l'ordre politique et social. Chaque peuple a ses traditions, ses instincts héréditaires, son caractère propre, ses aptitudes, soit : y a-t-il là un prétexte plus sérieux à l'inégalité des droits que dans la différence de caractères entre deux individus d'une même nation [1]?

Des remarques analogues s'appliquent à la prétendue inégalité entre les *classes* : « Des générations laborieuses d'hommes du peuple et de paysans font, dit M. Renan, l'existence du bourgeois honnête et économe, lequel fait à son tour le noble, l'homme dispensé du travail matériel, voué tout entier aux choses désintéressées [2]. M. Renan sait bien qu'il n'est pas besoin d'être *noble* pour se vouer aux choses désintéressées. Combien de génies sortis des rangs du peuple! Est-ce le peuple ou la noblesse qui a fait la science moderne, qui a produit les Laplace, les Lagrange, les Lavoisier, les Monge, les Ampère? On pourrait renverser la proposition précédente et dire : Le peuple, en apportant à la nation un sang

1. Depuis que ces pages ont été écrites, M. Renan a abandonné de plus en plus lui-même la théorie des races. Voir ses conférences sur le *Judaïsme* et sur *Qu'est-ce qu'une nation?* Il y montre que c'est la tradition, l'éducation et la communion des volontés, bien plus que le sang, qui font les peuples; il va jusqu'à dire que la nation est l'œuvre d'un suffrage universel de tous les jours ».

2. *La Réforme intellectuelle et morale*, p. 245.

plus jeune et plus riche, travaille à sauver la bourgeoisie et la noblesse de l'abâtardissement; c'est lui
qui renferme, avec la vraie force vive, la vraie et perpétuelle supériorité. Que deviendrait Paris lui-même
sans la province? Il s'éteindrait à la quatrième ou
cinquième génération; si donc les Parisiens récla-
maient pour eux et leurs descendants le privilège
d'habiter seuls la capitale, Paris serait bientôt un
désert. C'est l'image de ce qui arrive aux classes
murées dans leurs privilèges. L'humanité n'avance
que grâce au mélange des races, des classes, des fa-
milles, conséquemment grâce à une certaine égalité
qu'elle rétablit tôt ou tard en dépit de nos barrières
artificielles. La science, l'art, la morale sont comme
l'air vital, qui a sans cesse besoin d'être remué,
chassé d'un lieu à l'autre, égalisé entre tous; s'il était
l'objet de privilèges et de monopoles, il deviendrait
bientôt irrespirable : la science viciée des castes et
des races, la morale et la politique viciées des classes
finiraient par donner la mort, sans ces grandes tem-
pêtes historiques qui balayent et renouvellent l'atmosphère des nations [1].

1. Dans son livre sur l'*Hérédité*, M. Ribot a montré la faiblesse du double argument qu'on invoque en faveur de la
supériorité des classes nobles, la *sélection* et la *transmission
héréditaire*. 1° Quant à la sélection, la noblesse, qui prétendait être une élite, ne le fut jamais qu'en un sens très restreint, celui des vertus guerrières. 2° Quant à la transmission
héréditaire des supériorités, elle est en opposition avec une
des lois essentielles que M. Ribot a mises en lumière : l'*affai-
blissement de l'hérédité avec le temps* ou l'abâtardissement de
l'espèce. « Les citoyens des républiques anciennes, dit aussi
Littré, n'ont jamais pu se maintenir par la reproduction. Les
9 000 Spartiates du temps de Lycurgue étaient réduits à 1 900
du temps d'Aristote. » Voir aussi le livre du Dr Jacoby sur la

Après l'inégalité des races et des classes, l'école aristocratique invoque en sa faveur l'inégalité des *individus*, qu'elle déclare nécessaire à la « hiérarchie » sociale : les fonctions, les conditions, les capacités ne peuvent être égales chez tous les hommes, donc les droits ne peuvent être égaux. — Non sans doute, les *fonctions* ne peuvent être égales ; mais la vraie école

Sélection naturelle dans l'humanité. — Pope faisait remarquer que l'air noble que devait avoir la noblesse anglaise était précisément celui qu'elle n'avait pas ; en Espagne, on disait que lorsqu'on annonçait dans un salon un *grand*, on devait s'attendre à voir entrer une espèce d'avorton ; enfin, en France, on imprimait qu'en voyant cette foule d'hommes qui composaient la haute noblesse de l'État on croyait être dans une société de malades ; le marquis de Mirabeau lui-même traite les nobles d'alors de pygmées, de plantes sèches et mal nourries. — Ajoutons que, si la transmission héréditaire des vertus était prouvée, il faudrait admettre par cela même la transmission héréditaire des vices, conséquemment l'*impureté*, l'*indignité* de certaines castes. Ce serait revenir au brahmanisme. — Voir, sur les effets de l'inégalité, le livre du Dr Jacoby sur la *Sélection naturelle dans l'humanité* et notre étude sur la *Philanthropie scientifique* (*Revue des Deux Mondes* du 15 sept. 1882). Selon le Dr Jacoby, « l'inégalité politique et économique » produit, en vertu même des lois de la sélection, « l'ignorance et la misère en bas, la folie, le crime et la stérilité en haut... Les hommes paraissent avoir été organisés en vue de l'égalité. Toute distinction trop tranchée en classes politiques, économiques ou intellectuelles, et toute sélection, qui est la conséquence logique et naturelle de cette distinction, sont également funestes à l'humanité, aux élus comme au reste des humains, produisant *manque* chez ces derniers, *excès* chez les premiers de l'élément qui est le principe de la distinction des classes... Mais la nature paraît vouloir se venger de cette violation de ses lois, et frappe cruellement les élus... chaque privilège que l'homme s'accorde est un pas vers la dégénérescence, les phrénopathies, la mort de sa race. — On sait combien M. de Laveleye a insisté sur les conséquences fâcheuses d'une très grande inégalité sociale et sur la décadence des nations, qui, selon lui, en est l'inévitable résultat.

démocratique ne prétend point supprimer leur diversité : loin de là, l'égalité des citoyens dans l'État assure la répartition des fonctions mêmes selon les goûts et les aptitudes. La distribution aristocratique par voie de privilèges est artificielle et fausse, la distribution démocratique par voie de liberté est naturelle et vraie ; nos modernes aristocrates s'appuient sur un principe mystique et sacerdotal, celui de la « hiérarchie » ; l'école démocratique y substitue le seul principe scientifique et vraiment humain, celui que les économistes appellent la division du travail. Les frères sont égaux dans la maison, en partagent-ils moins entre eux les travaux nécessaires ? — Quant à la variété des *conditions*, elle n'a rien non plus d'incompatible avec l'identité des droits. Autre en effet est le droit, autre est l'usage ; de ce que nous avons les mêmes droits sur ce qui nous appartient, il ne résulte pas que nous saurons en user de la même manière, ni que nous serons également servis par les circonstances. M. Renan pousse gratuitement la thèse démocratique à l'extrême en la faisant consister dans le nivellement de toutes les conditions sociales. « La bourgeoisie française, dit-il, s'est fait illusion en croyant, par son système de concours, d'écoles spéciales et d'avancement régulier, fonder une société juste : le peuple lui démontrera facilement que l'enfant pauvre est exclu de ces concours, et lui soutiendra que la justice ne sera complète que quand tous les Français seront placés en naissant dans des conditions identiques. » Le peuple n'a pas tout à fait tort de concevoir cet idéal de conditions *sociales* identiques, auquel tend effectivement le progrès de la société ;

son seul tort serait de croire que la loi puisse le réaliser tout d'un coup et par voie d'autorité. Il ne dépend pas des lois que tous les hommes aient les
mêmes ressources matérielles ou morales; mais il
dépend d'elles qu'ils aient tous, dans la société, le droit
de mettre leurs ressources en usage; l'État ne peut
« placer tous les Français dans des conditions identiques de fortune, d'intelligence, de moralité »; mais
il peut et doit les placer dans des conditions identi-
tiques d'*admissibilité* aux fonctions, de *droits* communs et de *lois* communes; en un mot, il ne doit
que l'égalité de justice, mais il la doit tout entière.
La société serait-elle donc plus juste, si aux inégalités qui sont le fait de la nature elle ajoutait encore
d'autres inégalités artificielles, comme quelqu'un qui,
dans une balance où se comparent des objets inégaux,
ajouterait par avance des poids d'un côté et non de
l'autre pour fausser la mesure?

M. Renan reconnaît qu'entre les hommes la « seule
distinction juste serait celle du mérite et de la
vertu »; mais il affirme, sans le prouver d'ailleurs,
que cette distinction s'établit mieux sous le régime
aristocratique que sous le régime démocratique,
« dans une société où les rangs sont réglés par la
naissance que dans une société où la richesse seule
fait l'inégalité ». Nous ne pouvons admettre que les
sociétés démocratiques soient celles où la richesse
seule fait l'inégalité; en droit, rien de plus contraire
au principe de la démocratie, et en fait rien de moins
nécessaire qu'une telle conséquence. Est-ce toujours
aux plus riches que la France confie les fonctions
civiles ou politiques? est-ce le plus riche qui est ma-

gislrat, juge, ingénieur, professeur, officier? est-ce
toujours le plus riche qui est représentant de la nation? Lorsque en effet les riches sont élus, le sont-ils
par un privilège de fortune ou par une volontaire
confiance des citoyens? La noblesse est une caste
fermée par la loi, la richesse est ouverte à tous de
par la loi : l'État me permet d'arriver à la fortune,
il ne se charge pas de faire lui-même ma fortune.
Qu'y a-t-il d'injuste en cette égalité de liberté, qui
n'exclut d'ailleurs aucun progrès? M. Renan répond :
« Il n'est pas plus juste que tel individu naisse riche
qu'il n'est juste que tel individu naisse avec une distinction sociale; l'un n'a pas plus que l'autre gagné
son privilège par son travail personnel. » Mais au
moins la richesse héréditaire, quand elle ne dépasse
point certaines limites, n'est pas un *privilège* légal
comme les distinctions et les charges héréditaires;
le père, en transmettant à son fils une fortune qu'il
aurait eu le droit de dépenser de son vivant, ne lui
transmet que ce qui lui appartient en propre, que ce
qu'il aurait pu consommer lui-même pendant sa vie;
quand, au contraire, un magistrat d'autrefois trans-
mettait à son fils une charge judiciaire, il lui trans-
mettait un pouvoir *sur les autres* non consenti par
les autres et non accessible aux autres; est-il permis
d'assimiler deux choses aussi opposées et d'identifier
la libre disposition de ce qui nous appartient avec la
disposition de ce qui appartient à autrui?

Pour justifier les privilèges de l'homme sur l'homme,
M. Renan invoque le privilège de l'homme sur les
animaux, qui est lui aussi un privilège de naissance
et de condition. « La vie humaine deviendrait im-

possible, dit-il, si l'homme ne se donnait le droit de
subordonner l'animal à ses besoins ; elle ne serait
guère plus possible si l'on s'en tenait.à cette conception abstraite qui fait envisager tous les hommes
comme apportant en naissant un même droit à la
fortune et aux rangs sociaux... L'utopiste le plus
exalté trouve juste que, après avoir supprimé en imagination toute inégalité entre les hommes, on admette
le droit qu'a l'homme d'employer l'animal selon ses
besoins. » Nous répondrons que cette induction de
l'animal à l'homme est peu scientifique ; on aurait
beau décréter par un article de loi que les chevaux
ou les chiens « sont admissibles aux emplois pu-
blics », cette loi ne leur donnerait ni la raison ni la
parole, *ratio et oratio*, et aucun animal ne se présen-
terait pour en requérir l'application à son bénéfice.
Au reste, l'animal même a des droits, malgré le préjugé vulgaire, et ne peut être sacrifié sans nécessité,
sans mesure de défense et de conservation. Mais
l'animal n'a pas, comme nous. la *raison*, c'est-à-dire
la conception du *Tout*, de l'*Universel*, de l'*irréductible*, de la *limite* qui, tout à la fois, borne la *science*
positive, ouvre la spéculation *métaphysique*, et rend
possible la *morale* proprement dite. M. Renan compare
aussi aux animaux les femmes ; mais, puisqu'il reconnaît que « la nature a créé là, au sein de l'espèce
humaine, une différence de *rôles* indéniable », en quoi
l'égalité des libertés et des droits compromet-elle cette
différence de *fonctions* et de rôles entre les sexes, là où
elle est effectivement indéniable? D'excellents esprits,
tels que Stuart Mill, considèrent les femmes comme
destinées à sortir tôt ou tard de tutelle ; pour les

droits civils, la thèse nous paraît démontrée; pour
les droits *politiques*, qui entraînent certaines *conditions* spéciales d'*indépendance* et de *capacité*, elle est
actuellement fort contestable, surtout dans nos sociétés catholiques, où la femme est sous la tutelle du
prêtre. Sans entrer dans cette question, bornons-nous
à rappeler encore que l'égalité des *droits* n'entraîne
nullement comme conséquence, dans l'ordre politique,
la suppression de certaines conditions de *capacité*.
L'égalité des droits *civils* ne fait que conférer à chacun un égal pouvoir sur *soi* et sur ses biens *propres;*
l'égalité des droits *politiques* confère à chacun un
pouvoir égal et réciproque sur autrui et sur tous,
sur les lois et intérêts *généraux*. Il est évident que
certaines *conditions* plus strictes sont ici indispensables : avant de consentir à un pouvoir d'autrui sur
nous et sur tous, nous avons le droit de nous demander si le pouvoir sera exercé *librement*, dans des conditions de *capacité* suffisantes, et si de plus il y aura
une vraie réciprocité. Il n'est pas besoin pour déterminer ces conditions de créer des castes nobiliaires;
la *loi* et l'*éducation* y suffisent.

Après avoir opposé à l'égalité des droits l'inégalité
des fonctions et celle des situations sociales, l'école
aristocratique lui oppose celle des intelligences. —
Les intelligences ne peuvent être égales, dit-on;
l'égalité démocratique tend cependant à les niveler;
par cela même, elle entrave l'essor des esprits supérieurs. — Il est vrai, répondrons-nous, les intelligences ne sont pas égales, mais personne ne peut le
savoir qu'à l'essai, et l'essai doit être libre. L'enfant
ne porte pas écrit sur le front en venant au monde le

degré de capacité qu'il montrera par la suite; on ne peut prévoir le développement de son intelligence, comme on peut prévoir la couleur de ses cheveux ou de ses yeux. Quel jour a-t-on reconnu que M. Renan avait une intelligence supérieure? Quand il a eu publié ses ouvrages, grâce à l'égalité même des libertés dont jouit la société moderne. Si, sous prétexte que les intelligences ne peuvent être égales, vous enchaînez les uns pour laisser la liberté aux autres, vous risquez d'enchaîner précisément les capacités supérieures, et c'est vous qui aurez ainsi entravé leur essor, entravé la sélection naturelle. « La *jalousie, principe* de la *démocratie,* » dit M. Renan, empêche les grands esprits de s'élever, — comme si les jalousies de toute sorte n'étaient pas encore plus nombreuses et plus à craindre sous un régime de faveur, de privilège et de bon plaisir! D'ailleurs le véritable esprit d'égalité démocratique est celui qui provoque la libre émulation, non la jalousie. Ce n'est pas étouffer les supériorités intellectuelles que de leur donner des rivaux : c'est, au contraire, les forcer à dépasser leurs rivaux et à se surpasser elles-mêmes. De plus, quand l'égalité civile et politique existe dans un pays et supprime entre les hommes les distinctions artificielles, l'émulation se reporte sur les distinctions naturelles de l'ordre intellectuel ou moral : elle s'exerce ainsi par le dedans, non plus par le dehors; est-ce là un mal? Si certains peuples démocratiques, comme les Américains, n'ont pas encore vu se produire chez eux l'essor du génie spéculatif, n'en accusons pas l'égalité civile et politique, mais les circonstances spéciales dans lesquelles s'est développée l'Union américaine. Les Américains, qui n'ont pas encore un siècle d'existence, ont eu d'abord à vivre. Plus tard, pour les choses élevées, ils n'ont pas eu parmi eux assez d'initiateurs, tandis que l'ancien monde avait pour initiateurs ses gloires passées. Il faut dans un peuple des génies qui donnent l'exemple et excitent l'émulation. Les génies ouvrent les routes, tout le monde y passe ensuite. Si l'on ne permettait qu'à une aristocratie de suivre la route, croit-on que ce serait le meilleur moyen pour faire découvrir des voies nouvelles et des régions inexplorées?

La vertu singulière de provoquer le mérite et de favoriser la science, M. Renan l'attribue à la noblesse : il ne sépare jamais les nobles des savants dans le respect religieux qu'il demande au peuple pour ses supérieurs [1]. « Les partisans de l'égalité partent toujours, dit-il, de l'idée que la noblesse a pour origine le mérite, et, comme il est clair que le mérite n'est pas héréditaire, on démontre facilement que la noblesse héréditaire est chose absurde; » mais, ajoute-t-il, « la raison sociale de la noblesse, envisagée comme institution d'utilité publique, était non pas de récompenser le mérite, mais de le provoquer, de rendre possibles, faciles même certains genres de mérite [2]. » Que la noblesse ait eu jadis son utilité, surtout au point de vue militaire, personne ne le conteste; les castes des Indiens ont eu aussi leur utilité; mais de nos jours la noblesse,

---

1. « Essentiellement borné, le suffrage universel ne comprend pas la nécessité de la science, la supériorité du noble et du savant. » (*Réforme intellectuelle*, p. 45.)
2. *Réforme intellectuelle*, p. 245.

— puisque le mérite n'y est pas héréditaire, — peut-elle favoriser l'apparition du mérite? Quand le fils n'a pas hérité réellement des capacités de son père, suffit-il qu'il hérite de son titre pour acquérir ses capacités? Puisque la noblesse a cette puissance merveilleuse, que ne l'applique-t-on à la science, à l'art? pourquoi ne crée-t-on pas des académiciens héréditaires [1]?

De plus, il y a une question qu'il faudrait examiner et que M. Renan n'examine pas. Si la création artificielle de certaines classes peut, pendant un certain temps, par l'effet de l'*éducation* et de l'*exercice*, développer quelques capacités spéciales, pourquoi l'*égalité* civile et politique ne provoquerait-elle pas à la longue chez ceux qui en jouissent, par l'exercice et l'éducation, les capacités civiles et politiques qu'elle met en jeu? La démocratie bien comprise, réglée par la justice, vivifiée par la *fraternité*, peut développer chez un peuple les capacités générales dont il a besoin. Assurément, il ne faut pas pour cela

1. Il est d'ailleurs bien difficile de saisir ce que M. Renan entend au juste par la noblesse; il en parle comme s'il s'agissait des classes privilégiées par la loi, mais ailleurs il déclare ridicule, l'opinion qui attache la noblesse à la particule *de*; ailleurs encore, il paraît entendre par noblesse de naissance toute qualité qu'on apporte en naissant : « Une société n'est forte qu'à la condition de reconnaître le fait des supériorités *naturelles*, lesquelles au fond se réduisent à une seule, celle de la naissance, puisque la supériorité intellectuelle et morale n'est elle-même que la supériorité d'un germe de vie éclos dans des conditions particulièrement favorisées. » (*Réforme intellectuelle*, p. 49.) A ce compte, la noblesse peut se trouver partout, comme son contraire : il y a de nobles vilains et de vilains nobles; mais est-ce là ce qu'on entend quand on parle des *privilèges* aristocratiques, qui n'ont rien de *naturel?*

un *egalitarisme* jaloux, aveugle, s'étendant à toutes choses, méconnaissant les lois de la nature et celles de la société; mais toute forme d'organisation sociale exige certaines qualités pour durer : une aristocratie oppressive est aussi dangereuse qu'une démocratie oppressive : dans l'égalité des droits, le principe est essentiellement vrai, et les applications seules peuvent être variées accidentellement; dans l'inégalité des droits, le principe est faux et les applications ne peuvent être qu'accidentellement ou provisoirement utiles.

M. Renan, qui attribue à l'aristocratie la vertu de produire les grands hommes, soutient par contre que, « loin de chercher à élever la race, la démocratie tend à l'abaisser : elle ne veut pas de grands hommes, et s'il y avait ici un démocrate, en nous entendant parler de moyens perfectionnés pour produire des maîtres pour les autres hommes, il serait un peu surpris ». Et il y aurait de quoi, assurément, quand il s'agit de produire des « maîtres » pour exercer sur l'humanité, au moyen des engins scientifiques, la tyrannie dont M. Renan nous fait le tableau dans ses *Dialogues* et que, dans *Caliban*, Prospero voudrait réaliser [1]. Mais des grands hommes

---

1. « Il pourra exister, dit M. Renan, des engins qui, en dehors des mains savantes, soient des ustensiles de nulle efficacité. De la sorte, on imagine le temps où un groupe d'hommes régnerait par un droit incontesté sur le reste des hommes. Alors serait reconstitué le pouvoir que l'imagination populaire prêtait autrefois aux sorciers. Alors l'idée d'un pouvoir spirituel, c'est-à-dire ayant pour base la supériorité intellectuelle, serait une réalité. Le brahmanisme a régné des siècles grâce à la croyance que le brahmane foudroyait par son regard celui contre qui s'allumait sa colère... Un jour peut-être

sont-ils nécessairement des « maîtres »? Qu'une démocratie soit en défiance contre les César, les Napoléon, les ambitieux de toute sorte, on le conçoit; mais à quel « démocrate » le génie des Hugo, des George Sand, des Delacroix, des Ary Scheffer, la science de Claude Bernard, de Berthelot, de M. Renan lui-même fait-elle ombrage? Qui se sent atteint par là dans son droit, dans son égalité civile et politique avec les autres hommes? Le vrai génie n'est pas une force qui accable, c'est une force qui relève.

Non seulement l'égalité des droits n'est pas un obstacle à l'apparition des supériorités véritables, mais on peut soutenir qu'elle est le meilleur moyen de l'assurer. Comment s'y prenait-on aux jeux olympiques pour distinguer, entre tous les coureurs, le plus habile? Mettait-on des entraves aux pieds des uns et non aux autres? Opposait-on des barrières à celui-ci et point à celui-là? Non, on ouvrait à tous la carrière et on laissait à chacun sa liberté; ainsi font nos sociétés modernes : elles ne retiennent personne dans des limites factices et elles ouvrent l'horizon à tous. L'aristocratie. au contraire, compte sur l'ignorance et l'asservissement des masses pour susciter la science de quelques-uns; le moyen va contre son but. « La

la science jouira d'un pouvoir analogue... Les dogmes chrétiens, pendant des siècles, ont eu la force de brûler ceux qui les niaient; ce serait directement et *ipso facto* que les dogmes scientifiques anéantiraient ceux qui n'y croiraient pas... Une large application des découvertes de la physiologie et du principe de sélection pourrait amener la création d'une race supérieure, ayant son droit de gouverner non seulement dans sa science, mais dans la supériorité même de son sang, de son cerveau et de ses nerfs. » (*Dialogues*, p. 106 et suiv.)

fin de l'humanité, dit M. Renan, c'est de produire
des grands hommes (proposition qu'il faudrait d'ailleurs démontrer et que nous abandonnons aux
partisans des causes finales); le grand œuvre s'ac-
complira par la science, non par la démocratie...
L'essentiel est moins de produire des masses éclai-
rées que de produire de grands génies et un public
capable de les comprendre. Si l'ignorance des
masses est une condition nécessaire pour cela, tant
pis. La nature ne s'arrête pas devant de tels soucis;
elle sacrifie des espèces entières pour que d'autres
trouvent les conditions de leur vie. » La nature
fait comme elle peut, et ne fait pas toujours bien;
l'intelligence nous a été donnée pour faire mieux,
s'il est possible; or en quoi est-il nécessaire de
sacrifier les masses et de leur retirer leurs droits
civils ou politiques pour avoir des Cuvier, des
Geoffroy Saint-Hilaire, des Ampère, des Cham-
pollion? Laisser une moitié de l'humanité dans
l'abaissement, dans l'infériorité, dans la servitude,
c'est diminuer de moitié les chances qu'a le genre
humain de voir naître des génies. Je suppose qu'il
naisse un génie sur vingt millions d'hommes, moins
vous aurez de millions d'hommes étouffés et esclaves, plus vous aurez de probabilités pour la production des esprits supérieurs. La nature ne réussit
qu'en opérant sur des masses. Une société d'assurances qui n'opérerait pas sur les grands nombres
serait sûre de se ruiner; ainsi fait une société qui
enlève au grand nombre ses droits et ses libertés
afin que quelques privilégiés portent plus haut la
pensée humaine. Pour élever une pyramide, il faut

d'abord une large base; M. Renan a-t-il pour idéal de faire tenir la pyramide sur la pointe[1]?

En somme, la diversité des intelligences et l'essor des génies n'a rien d'incompatible avec l'égalité des droits. Il est vrai pourtant d'ajouter que toutes les égalités se tiennent de près ou de loin : l'égalité des droits civils appelle l'égalité des droits politiques; l'égalité civile et politique, à son tour, *tend* à produire spontanément une égalité *progressive* des intelligences, des connaissances, des éducations, des biens, des conditions sociales. S'il y avait dans les conditions et dans les degrés d'instruction une trop grande inégalité et une disproportion excessive, il en résulterait dans les rapports sociaux d'inévitables servitudes, et les droits eux-mêmes avec les libertés cesseraient d'être égaux en fait. Supposez, par exemple, un savoir immense chez les uns et une ignorance brute chez les autres, de même qu'une fortune énorme d'un côté et une complète misère de l'autre; les premiers seront maîtres même malgré eux, les seconds esclaves malgré eux : toutes les proclamations de droits abstraits n'y changeraient rien[2]. Mais faut-il se plaindre que l'égalité des libertés appelle ainsi en théorie et tende *naturellement* à produire peu à peu dans la pratique toutes les autres égalités?

1. Ici encore on peut renvoyer M. Renan au livre darwiniste du docteur Jacoby, qui précisément montre le danger de toute sélection fondée sur l'inégalité et n'aboutissant pas par une voie nouvelle à une nouvelle égalité. L'inégalité ne doit être que *transitoire*, jamais définitive, surtout jamais artificielle.

2. M. de Laveleye a même fait voir que la décadence d'une nation résulte de ce manque d'équilibre entre ses diverses parties.

— Oui, répondent les partisans de l'aristocratie,
cette égalité envahissante nuit au progrès intellectuel
de l'espèce, car elle rabaisse l'art et étouffe la science
en les vulgarisant. — Examinons cette autre thèse.
Pour montrer que l'art, en se répandant dans la
foule, s'abaisse, on cite d'ordinaire l'éloquence. Mais
l'art oratoire, ce mélange de démonstration et de
passion, n'est pas l'art pur, l'art désintéressé : c'est
un moyen d'action et un instrument pratique, c'est
l'art mis au service d'un but; l'éloquence ne peut
donc servir ici d'exemple décisif. Toutefois, chez les
peuples où existe l'égalité civile, l'éloquence même,
forcée de s'adresser à tous, aux hommes instruits
comme aux ignorants, dans le grand jour de la liberté,
se voit bientôt obligée de se maintenir à un certain
niveau d'élévation : n'est-ce pas à des citoyens égaux
en droits que s'adressaient les Périclès, les Démos-
thène, les Cicéron, les Mirabeau, les Berryer? —
L'art dramatique est parfois, lui aussi, une sorte
d'éloquence qui peut devenir grossière en ses procédés; mais il y a des théâtres pour tous les goûts chez
les peuples libres : ceux des boulevards nuisent-ils
chez nous à la Comédie-Française? les uns ne sont-ils
pas souvent une initiation et une préparation aux autres? ne faut-il pas une certaine éducation préalable
en fait d'art pour s'élever peu à peu aux délicatesses
et aux raffinements d'un art plus exquis? La poésie
de Victor Hugo, pour être la plus populaire en France,
n'en est pas moins la plus haute. En Allemagne, où
tout le monde s'occupe de musique, je ne sache pas
que Mozart, Beethoven et Wagner en aient souffert
ou en aient été amoindris. En tout cas, si l'art par-

fois s'abaisse, ce n'est pas par des règlements qu'on
le relève : ce n'est pas en fermant la porte aux uns
pour l'ouvrir à d'autres ni en défendant à ceux-ci
les jouissances de l'art pour les permettre à ceux-là.

Ces remarques sont bien plus vraies encore pour
la science. On craint que sa vulgarisation n'arrête
son progrès; mais il y a ici deux fonctions bien
distinctes : autres sont les *vulgarisateurs*, autres les
inventeurs. Les premiers n'ont jamais empêché les
seconds; tout au contraire, mettant les éléments de
la science à la portée de tous, ils permettent à un
plus grand nombre de devenir inventeurs, pourvu
qu'ils en aient le génie. Si Laplace n'avait pas d'abord
appris la géométrie de Clairaut, qui fut lui-même tout
ensemble vulgarisateur et inventeur, Laplace n'aurait
pas écrit plus tard la *Mécanique céleste*. Faraday, ap-
prenti relieur, comprit sa vocation en lisant un petit
traité de physique. Certains esprits craignent que
l'instruction, en devenant pour tous également obligatoire, ne devienne également grossière et superficielle; mais dans l'instruction encore il y a deux buts
distincts qu'on peut et qu'on doit poursuivre: étendre
l'enseignement, l'élever. Ces deux buts ne se nuisent
pas l'un à l'autre; la Prusse, pays d'instruction pri-
maire, n'est-elle pas aussi un pays d'instruction supérieure? Souvent même, le meilleur moyen de répandre
l'instruction, c'est de l'élever. S'il y a des pays, comme
l'Amérique et la Belgique, auxquels on a pu reprocher
parfois de vulgariser la science en la faisant ramper
à terre, c'est là un faux calcul qu'on ne saurait ériger
en règle. On a dit avec raison que, pour distribuer
au loin les eaux, il faut d'abord élever la source.

Les supériorités véritables, loin d'être oppressives,
sont libératrices pour tous. La vérité découverte par
le génie devient le patrimoine commun des intelligences et sert à répandre plus également la vérité.
Les grands exemples de supériorité morale, de vertu
et de dévouement servent aussi à répandre la moralité et à diminuer les inégalités morales entre les
hommes. La vraie supériorité et la vraie égalité, qui
paraissaient d'abord ennemies, ne font donc que se
rendre de mutuels services, à la condition qu'elles se
produisent l'une et l'autre dans la liberté [1].

1. M. de Hartmann partage en une certaine mesure, lui
aussi, les préjugés de Strauss et de M. Renan sur l'inégalité.
Voir notre *Critique des systèmes de morale*, p. 268 : — « M. de
Hartmann pose d'abord en principe que la morale du bonheur
et de l'utilité cherche le bonheur de l'universalité des hommes, et que la morale de l'évolution, au contraire, cherche
le progrès social dans la sélection naturelle au profit d'une
minorité. Il ajoute que l'eudémonisme et l'évolutionnisme
ont cependant besoin d'être fondus dans une seule et même
doctrine morale. Nous aussi, nous admettons volontiers la
nécessité de cette conciliation ; mais M. de Hartmann se
fait, à notre avis, une fausse idée des deux termes à concilier, ce qui va le mettre dans l'impossibilité finale d'en trouver
le rapport et la synthèse.
« Considérons d'abord la morale de l'utilité et du bonheur,
ou l'eudémonisme universel, dont la formule est la suivante:
— Faire le plus de bien possible au plus grand nombre de
personnes possible. — A en croire M. de Hartmann, cette
morale aurait pour conséquence logique le socialisme égalitaire, le nivellement des fortunes et des intelligences, par cela
même l'abaissement général et la décadence de la science, de
l'art, de la moralité, de la prospérité sociale. En un mot,
l'utilitarisme universel est en contradiction avec le progrès
que cherche l'évolutionnisme. M. de Hartmann essaye d'établir cette prétendue nécessité du nivellement pour le bonheur
universel par une de ces équations algébriques, la plupart
fausses, dont se montre prodigue chez certains philosophes
allemands le charlatanisme mathématique. Il croit prouver

Aussi ne saurions-nous prendre que comme un jeu d'imagination l'hypothèse paradoxale de M. Renan

par le calcul que la somme générale des jouissances atteint son maximum quand toutes les fortunes deviennent égales. Par malheur, ou par bonheur, ce calcul est inexact. En effet, M. de Hartmann suppose que la jouissance est exclusivement proportionnelle à la fortune, et à la fortune considérée en son état brut, indépendamment des lois de la répartition économique. Or rien ne prouve que le nivellement absolu et brutal des fortunes, — qui entraînerait une foule de maux, — serait apte à produire le maximum de bonheur dans l'humanité. Les maux qu'il engendrerait, énumérés par M. de Hartmann lui-même, démontrent au contraire que l'utilitarisme véritable, loin de se faire niveleur, doit laisser les fortunes s'égaliser peu à peu spontanément par le fait d'une égalité progressive entre les droits, les libertés, les intelligences, etc. Si, du jour au lendemain, on prétendait égaliser tout sous prétexte d'accroître le bonheur général, on tarirait précisément des sources supérieures de progrès et de bonheur : science, industrie, arts, etc. M. de Hartmann le reconnaît ; il combat donc ici contre lui-même et s'enveloppe dans une foule de contradictions, *inconscientes* pour lui, manifestes pour les autres. Après avoir développé toutes ces fausses conséquences, il finit par s'en prendre aux principes d'égalité et de liberté proclamés par la Révolution française, les plus creuses abstractions, selon lui, qu'ait fait germer dans les cerveaux le « plat rationalisme » de notre philosophie du xviiie siècle. Quand Schopenhauer et M. de Hartmann ont parlé du *plat* rationalisme, du *plat* optimisme, du *plat* libéralisme, etc., ils croient avoir triomphé de leurs adversaires. Ceux-ci pourraient répondre en signalant leur *lourde* scolastique, leur *lourde* sophistique et, en politique, leurs *lourdes* prétentions à l'aristocratie intellectuelle ; mais des épithètes ne sont pas des arguments. — Parmi les arguments de M. de Hartmann, il y en a d'étranges ; par exemple, l'égalité stricte devant la loi est à ses yeux le comble de l'absurdité et de l'iniquité, parce que les effets d'une même peine sont bien différents suivant le sujet auquel on l'applique. Comme si le code pénal pouvait se régler sur autre chose que sur des moyennes et prendre pour but, non la simple compensation ou justice commutative, mais l'exacte proportionnalité de l'expiation à l'immoralité intérieure ! M. de Hartmann

sur l'avenir de l'aristocratie, qu'il oppose à celui de
la démocratie. Dans les « rêves » auxquels s'aban-

veut-il donc nous ramener aux peines et aux supplices variés
du moyen âge, où l'on prétendait calculer exactement le démérite moral, la sensibilité du sujet et le degré de tortures
propre à satisfaire l'absolue justice distributive ? — La fin
qu'on doit poursuivre dans la société, conclut M. de Hartmann, n'est ni l'entière liberté ni l'entière égalité ; c'est le
remplacement des formes surannées d'inégalité et de servitude par des inégalités et des servitudes légitimes, c'est-à-
dire réclamées par l'état actuel de la société. — Il ne reste
plus qu'à savoir qui déterminera le degré et la forme de ces
servitudes. Le gouvernement, sans doute, ce qui conduit au
despotisme.

« Comme on le voit, M. de Hartmann s'est fait de l'utilitarisme
universel une conception chimérique et exclusive du progrès.
Non moins chimérique est l'idée qu'il va se faire maintenant
de la morale évolutionniste, c'est-à-dire de cette doctrine qui
demande le progrès social aux lois naturelles de l'évolution
et de la sélection. A l'en croire, une foule d'iniquités seraient
justifiées par la morale de l'évolution et du progrès : la
guerre, la concurrence économique, la tyrannie du capital, le
prolétariat, parce que ce sont là des facteurs puissants de la
sélection naturelle au sein de l'humanité, et par suite du progrès, sont toutes les formes. La doctrine de l'évolution, ajoute-
t-il, est donc aristocratique; elle sacrifie l'intérêt des individus
à celui d'une fin supérieure vers laquelle l'humanité s'ache-
mine sans en connaître la nature. Tandis que la morale du
bonheur poursuit le bien des individus inférieurs, celle du
progrès poursuit le bien de l'individu supérieur. — Telle est
l'opposition établie par M. de Hartmann entre les deux doctrines morales aujourd'hui dominantes. Selon nous, cette
opposition n'est qu'apparente ; elle n'existe qu'entre l'utilitarisme mal entendu et l'évolutionnisme mal entendu. En effet,
nous venons de le voir, c'est mal comprendre l'utilité sociale
et le bonheur universel que de tout niveler et de tout abaisser :
le *progrès* même fait partie de l'*utilité sociale* et a pour conséquence le bonheur social. C'est cette conséquence que nie
le pessimisme de M. de Hartmann, obligé par système de
voir tout en noir ; mais son argumentation repose sur une
fausse idée de l'évolution et du progrès social. Si ce progrès
avait pour condition nécessaire, dans l'avenir comme dans le

donne l'auteur des *Dialogues*, il imagine une petite
élite concentrant en elle toute la science et conséquemment toute la puissance. Cette « solution oligar-
chique » d'un problème qui intéresse non seulement
les destinées de la société humaine, mais celles du
monde entier, est, selon lui, « bien plus facile à concevoir que la solution démocratique. Elle rentre tout à
fait dans les plans apparents de la nature... On arrive
à de pareilles idées de tous les côtés. Par l'application de plus en plus étendue de la science à l'armement, une domination universelle deviendra possible,

passé, l'écrasement des faibles par les forts, des éléments inférieurs par les supériorités ou, inversement, des supériorités
par les éléments inférieurs, conséquemment la tyrannie du
capital et de l'intelligence sur le travail ou la tyrannie du
travail sur le capital et l'intelligence, en un mot le despotisme aristocratique ou le despotisme démagogique, on aurait
sans doute le droit de conclure que la société est vouée à des
maux qui croîtront avec le progrès même de ses institutions. Mais ce sombre tableau est fantastique. La sélection ne
s'exercera pas toujours dans l'humanité par voie d'écrasement, comme chez les animaux. Une fois transportée dans le
domaine intellectuel et moral, nous voyons la sélection se
produire par voie de liberté et profiter finalement à l'égalité ;
les découvertes de la science, par exemple, quoique dues à la
supériorité intellectuelle de quelques-uns, sont profitables à
tous, et encore bien mieux les découvertes morales, les inventions de la vertu, de la charité, de la philanthropie. La
morale de l'évolution et de la sélection naturelle n'a donc nullement pour conséquence nécessaire le despotisme et l'inégalité croissante ; tout au contraire, les inégalités qui servent
d'instruments au progrès sont de moins en moins oppressives pour la masse et de plus en plus promptes à se changer
en égalité. »
Ajoutons que, si l'antinomie dont parle M. de Hartmann
n'existe pas entre la morale utilitaire et la morale évolutionniste, à plus forte raison n'existe-t-elle pas entre celle-ci et la
morale du *droit idéal*, qui subordonne les notions d'utilité
et d'évolution à un idéal supérieur.

et cette domination sera assurée en la main de ceux
qui disposeront de cet armement. Le perfectionnement des armes, en effet, mène à l'inverse de la
démocratie; il tend à fortifier non la foule, mais le
pouvoir, puisque les armes scientifiques peuvent servir aux gouvernements, non aux peuples [1]. » On doit
répondre d'abord qu'en fait le perfectionnement des
armes, jusqu'à nos jours, loin de rejeter au second
plan la force démocratique et égalitaire du nombre,
ne fait que la servir et en assurer le triomphe :
n'est-ce pas par le nombre autant que par la science
qu'on a vu triompher les armées allemandes? On
peut se figurer, il est vrai, « des engins qui, en
dehors des mains savantes, soient des ustensiles de
nulle efficacité. » Mais la science ne produira ces
engins que comme application de théories déjà contenues dans des livres, déjà répandues dans l'enseignement; on ne saurait donc imaginer un génie dé-
couvrant tout d'un coup, à lui seul, une machine
scientifique qui le rendrait « capable de disposer
même de l'existence de notre planète et de terroriser
par cette menace le monde tout entier ». « Le jour
où quelques privilégiés de la raison, dit M. Renan,
posséderaient le moyen de détruire la planète, leur
souveraineté serait créée; ces privilégiés régneraient
par la terreur absolue, puisqu'ils auraient en leur
main l'existence de tous; on peut presque dire qu'ils
seraient dieux. » Sans doute, mais les dieux ne sor-

---

1. « Nos moyens de domination, dit Prospero dans *Caliban*,
sont brisés dans nos mains; il faut attendre qu'on en ait
inventé d'autres, d'autres que le Peuple ne puisse appliquer.
— J'inventerai des engins dont ils ne pourront se servir. »

tent pas ainsi soudain tout armés de la tête de
l'humanité, et puisque M. Renan invoque à l'appui
de l'oligarchie les lois de la nature, nous lui oppo-
serons ici une des principales lois de l'univers, celle
de la *continuité*, qui régit les découvertes scientifiques autant et plus que tout le reste. Lorsque les cent
premiers théorèmes de la géométrie sont découverts,
le cent-unième arrive nécessairement, et, quand ce
n'est pas un savant qui le découvre, c'en est un autre.
Si Stephenson n'avait pas inventé la locomotive, un
autre l'aurait inventée; à plus forte raison pour les
fusils et les mitrailleuses, dont l'invention, après
tout, n'exige pas le génie d'un Newton ou d'un
Laplace et ne dépasse point l'intelligence d'un Napoléon III. On ne peut donc admettre un « sorcier »
assez habile pour inventer tout à coup cette pierre
philosophale d'un nouveau genre : une machine
capable de pulvériser notre planète. Aussi tout engin
nouveau trouvé par les uns provoque des découvertes semblables ou supérieures par les autres. N'en
voyons-nous pas encore un exemple de nos jours?
N'est-on pas obligé de changer sans cesse les armements pour se mettre au niveau des nouvelles inventions? N'est-ce pas même une des causes qui tendent
à rendre un jour la guerre de plus en plus difficile
en la rendant de plus en plus ruineuse? Les triomphes fondés sur la force actuelle ou sur la science
actuelle, choses toujours mobiles, toujours en progrès, seront de plus en plus provisoires. On ne voit
donc pas comment les gouvernements pourraient
disposer contre les peuples de secrets scientifiques
propres à « terroriser » le monde. Au contraire, les

vrais progrès des sciences militaires tendent à armer les nations et les masses.

M. Renan finit du reste par s'adresser à lui-même une objection fort juste : « Ne pensez-vous pas que le peuple, qui sentira venir son maître, devinera le danger et se mettra en garde? » Assurément, répond M. Renan, il y aura peut-être un jour, contre la physiologie et la chimie, des persécutions auprès desquelles celles de l'Inquisition auront été modérées; la science se réfugiera de nouveau dans les cachettes. « Il pourra venir un temps où un livre de chimie compromettra autant son propriétaire que le faisait un livre d'alchimie au moyen âge [1]. » Mais M. Renan réfute lui-même plus loin cette étrange supposition en remarquant que l'homme un jour ne pourra plus se passer de science. Aujourd'hui, la guerre, la mécanique, l'industrie exigent la science, si bien que même les personnes les plus hostiles à l'esprit scientifique sont obligées d'apprendre les mathématiques, la physique, la chimie. « De toutes les manières, la souveraineté de la science s'impose même à ses ennemis. » De toutes les manières aussi, ajouterons-nous, et en vertu des mêmes causes, la nécessité de la science s'impose à tous, et la science même pénètre chez tous. La science a donc une puissance invincible d'expansion et de diffusion. La vérité, comme la lumière, est essentiellement démocratique : elle jette ses rayons en tout sens, va droit aux obstacles, et, si

1. Cf. *Caliban*, p. 48 : « Guerre aux livres! ce sont les pires ennemis du peuple. Ceux qui les possèdent ont des pouvoirs sur leurs semblables... Cassez-lui aussi ses cornues de verre et tout son outillage. Sans ses livres, il sera comme nous. »

elle ne peut les atteindre directement, elle les atteint par réflexion; si elle ne peut les pénétrer d'outre en outre, du moins elle les éclaire au dehors et les échauffe au dedans. Quand tout s'illumine ainsi autour de vous, on cherche en vain à se cacher dans l'obscurité, il est impossible de ne pas recevoir quelque lueur détournée de l'universelle clarté. Plus la science s'accroît, plus s'accroît aussi le nombre d'hommes qui y participent; on ne peut donc supposer une oligarchie l'accaparant pour elle seule et soufflant à l'improviste sur l'esprit de l'humanité comme sur un flambeau. L'égalité n'a rien à craindre de la science, ni la science de l'égalité.

Les inconvénients relevés par la théorie aristocratique sont ceux de la fausse et factice égalité, non ceux de la vraie et naturelle. La fausse égalité est fondée sur un principe *égoïste* de jouissance et d'intérêt : elle veut des *parts* égales de jouissance et de biens matériels : elle considère les *choses*, non les *personnes*, et, dans les personnes mêmes, elle veut niveler des facultés naturellement différentes, au lieu de placer l'égalité dans une commune *idée* et dans une commune *virtualité* pour la réalisation de l'idée. Nous sommes égaux parce que nous concevons le même idéal métaphysique et moral, parce que nous concevons tous la même *limitation* rationnelle de notre *savoir* et de notre *activité*. Nous sommes pour ainsi dire égaux par notre commune *ignorance* du fond des choses, qui impose une commune restriction à nos dogmatismes théoriques et pratiques. Nous portons en nous une idée d'*universel*, une idée du *tout* et de la réalité fondamentale, qui tout à la fois

24

nous élève et nous abaisse à un niveau commun.
Voilà le vrai principe de l'égalité humaine. Nous
avons sur un certain point une même et invincible
ignorance, et, pour le reste, une même virtualité de
science. Mais, quelque développée que soit la science
réelle d'un homme, il est toujours, comme Socrate,
l'égal de tous les autres par son ignorance du dernier
mot de l'univers et par l'idée de ce dernier mot. Il y
a de plus un fond commun de *conscience* chez tous
les hommes, qui est en même temps le fond de la
conscience psychologique et celui de la conscience
morale ou juridique. Le sentiment de cette égalité
mentale et morale n'a rien de commun avec l'atomisme égoïste qui pose chaque individu comme un
tout prétendant à toutes choses, et qui ne considère
l'égalité que comme un moyen de substituer le nombre à la force dans la jouissance des biens sensibles.
Cette fausse égalité est celle qui abaisse; l'égalité
morale et juridique est celle qui relève.

IV

L'IDÉAL ARISTOCRATIQUE ET L'IDÉAL DÉMOCRATIQUE

Toutes les oppositions que nous avons remarquées entre l'école démocratique et l'école aristocratique proviennent, selon nous, d'une opposition fondamentale, celle de leurs points de vue sur l'univers et sur la société ; ces deux écoles se représentent d'une façon toute contraire et l'idéal et la nature et l'action de l'idéal sur la nature.

On voudrait réserver l'honneur de l'idéalisme pour les doctrines aristocratiques, et l'on qualifie la doctrine démocratique sur l'égalité de « matérialisme en politique ». D'après les démocrates en effet, dit M. Renan, la société n'a qu'un seul but : « c'est que les individus qui la composent jouissent de la plus grande somme possible de bien-être, sans souci de la destinée idéale de l'humanité. Que parle-t-on d'élever, d'ennoblir la conscience humaine ? Il s'agit seulement de contenter le grand nombre, d'assurer à tous une sorte de bonheur vulgaire [1]. » A ces traits,

---

1. *La Réforme intellectuelle*, p. 241. — *Caliban*, p. 70 : « La révolution, c'est le réalisme... Tout ce qui est idéal, non sub-

qui seraient tout au plus fidèles pour caractériser
l'utilitarisme de certains Américains, nous ne pouvons reconnaître la doctrine française sur le droit et
l'égalité des droits. Est ce sur le *bien-être* matériel
ou sur le respect de la liberté et de l'intelligence
que la notion du droit repose? Croire que la *valeur*
de l'homme est *sans commune mesure* avec les *intérêts* matériels ou les *forces* matérielles, parce qu'il
est capable de développer indéfiniment son intelligence et sa volonté, de s'élever et de se transfigurer
par son propre effort, est-ce n'avoir « nul souci de
la destinée idéale de l'humanité »? est-ce refuser
« d'ennoblir la conscience humaine »? — « Aux
yeux d'une philosophie éclairée, ajoute M. Renan
(et il entend par là la philosophie de l'inégalité), la
société est un grand fait providentiel; elle est établie non par l'homme, mais par la nature elle-
même, afin qu'à la surface de notre planète se produise la vie intellectuelle et morale... La société
humaine, mère de tout idéal, est le produit direct
de la volonté suprême qui veut que le bien, le vrai,
le beau, aient dans l'univers des contemplateurs.
Cette fonction transcendante de l'humanité ne s'accomplit pas au moyen de la simple coexistence des
individus. » Sans prétendre ainsi parler au nom de
la Providence, la philosophie démocratique du droit,
qui ne se contente pas d'une simple « coexistence
d'individus », assigne à l'humanité un but plus élevé
encore, ou plutôt elle invite l'humanité à se l'assigner

stantiel, n'existe pas pour le peuple... Le peuple est positiviste. » Nous lui ferions plutôt en France le reproche contraire,
de s'être trop sacrifié à des idées, parfois à des chimères.

elle-même et à le poursuivre de ses efforts; elle ne veut pas seulement que le bien, le vrai, le beau, aient des « contemplateurs », petite élite brûlant d'un amour platonique pour la vérité abstraite au-dessus d'elle, et au-dessous d'elle pour le reste de l'humanité plongé dans les ténèbres; elle substitue à la contemplation l'action, à l'amour platonique l'amour effectif et fécond; elle veut que le vrai, le bien, le beau se réalisent tout entiers chez l'homme et pour cela se réalisent dans toutes les volontés, dans toutes les intelligences, selon la mesure de leur capacité et avec la perpétuelle espérance du progrès; elle veut, en un mot, que l'idéal descende réellement dans l'humanité entière et, selon la conception du poète, que le ciel sur la terre marche et respire dans un peuple d'hommes libres et égaux en droits. L'idéal de la religion aristocratique n'est, sous un nom vague, que le Dieu de la grâce : il a ses prédestinés; non seulement tous les hommes ne sont pas élus devant lui, mais tous ne sont pas appelés. Ce n'est pas seulement la jouissance qui est réservée à quelques privilégiés, c'est la vérité, c'est la vertu même, et le catholicisme sans surnaturel a les bras encore plus étroits que le catholicisme orthodoxe [1]. On pourrait lui dire ce que

1. « Il n'est pas possible que tous jouissent, que tous soient bien élevés, délicats, vertueux même dans le sens raffiné; mais il faut qu'il y ait des gens de loisir, savants, bien élevés, délicats, vertueux, en qui et par qui les autres jouissent et goûtent l'idéal... C'est la grossièreté de plusieurs qui fait l'éducation d'un seul, c'est la sueur de plusieurs qui permet la vie noble d'un petit nombre. » (La Réforme intellectuelle, p. 216.) « Que l'Église admette deux catégories de croyants, » ceux qui croiront au surnaturel et ceux qui n'y croiront pas; « ne vous mêlez pas de ce que nous enseignons, de ce

Diderot disait aux théologiens : Élargissez votre Dieu, élargissez votre idéal ! Le véritable idéalisme n'est pas celui qui veut son objet borné, mais celui qui le veut infini.

Au fond, l'idéalisme dédaigneux de l'école aristo-cratique, tout en protestant de son adoration pour l'idéal, n'a foi ni dans la puissance de cet idéal même ni dans la puissance de la nature, deux choses fina-lement identiques. Quelle est la supposition fonda-mentale, le « postulat » de toute cette doctrine? C'est que « la vie intellectuelle et morale » ne peut éclore qu'en un « petit nombre », que l'idéal est impuissant à pénétrer la nature entière, que la nature, de son côté, est impuissante à le recevoir. Jusqu'à présent, dans le cours de l'histoire, le sacrifice des uns a paru nécessaire au progrès des autres; de cette loi du passé on fait à tout jamais la loi de l'avenir, comme Aristote faisait de l'esclavage une nécessité éternelle. Selon l'école aristocratique, pour qu'une élite de « contemplateurs » parvienne à élever la tête au-des-sus des hautes murailles où nous sommes emprison-nés, il faut qu'elle se dresse sur l'écrasement de masses entières; l'école démocratique, au contraire, veut que tous, en se prêtant un mutuel appui, aient l'espoir de monter jusque-là, et que ceux qui sont arrivés les premiers fassent tomber pierre par pierre les murs mêmes de la prison, jusqu'à ce que l'ho-rizon s'ouvre librement devant tous. — Idéal irréali-

que nous écrivons, et nous ne vous disputerons pas le peuple; ne nous contestez pas notre place à l'université, à l'académie, et nous vous abandonnerons sans partage l'école de cam-pagne. » (*Ibid.*, p. 98.)

sable, dira-t-on. — Qu'en savez-vous? avez-vous
mesuré les ressources de la nature, et surtout celles
de la nature humaine? S'il n'y a pas incompatibilité
entre votre cerveau et la vérité ou la vertu, pourquoi dans l'avenir la vérité et la vertu seraient-
elles inaccessibles aux autres cerveaux, faits comme
le vôtre d'une masse nerveuse où le sang circule?
Qu'est-ce après tout que la pensée? Une transformation de la force, de la vie. La morale et la politique
modernes, pénétrées de l'esprit vraiment scientifique,
ne poursuivent pas un autre problème que celui du
savant qui cherche à transformer la chaleur et la
lumière en mouvement, ou le mouvement en lumière
et en chaleur. Le vrai idéalisme ne diffère pas du
vrai naturalisme, parce que c'est la nature même
qui arrive à penser l'idéal et à le réaliser en le pensant. Aussi rien n'est-il plus contraire à l'esprit scientifique que ce dédain exagéré de la « matière »,
affecté par l'école aristocratique, ce dédain de la
« jouissance », du « bien-être », de la « richesse ».
— « La base toute négative, dit M. Renan, que les
hommes secs et durs de la Révolution donnèrent à
la société française, ne peut produire qu'un peuple
rogue et mal élevé; leur code, œuvre de défiance,
admet pour premier principe que tout s'apprécie en
argent, c'est-à-dire en *plaisir*. » Outre que ces paroles
sont injustes pour une législation fondée tout entière
sur l'idée du droit et de la liberté humaine, elles ne
tiennent pas compte de ce fait, que les biens matériels
(les seuls dont un *code* ait directement à s'occuper)
sont des conditions et des moyens pour les biens
intellectuels ou moraux. Il y a là des « équivalents »

de force, comme on dit en physique, et il ne s'agit
au fond que de transformer une force dans l'autre.
Donnez-moi une grande quantité de mouvement, et
je vous donnerai une grande quantité de chaleur et
de lumière ; mettez à ma disposition des milliards,
pourrait dire un politique éclairé, et je vous donnerai
tôt ou tard des hommes instruits, savants, des « contemplateurs du beau et du bien », ou, mieux encore,
des créateurs du beau et du bien, des génies. Il
s'agit seulement de trouver le meilleur ensemble de
moyens pour transformer les avantages matériels en
avantages intellectuels et « l'argent » même en idées.
Les sociétés modernes n'ont besoin pour cela ni de
brahmanes ni de parias. Le problème n'est point
aussi mystique qu'on l'imagine : accroître le plus
possible la somme de bien-être matériel et d'instruction intellectuelle ou morale, laisser cette somme se
répartir le plus également possible chez tous, de manière à provoquer l'apparition des supériorités là où
elles existent, voilà la question, qui est tout économique et sociale.

L'instruction, à son tour, se transformera en puissance : *savoir* c'est *pouvoir*, selon la profonde parole
d'Aristote et de Bacon. Avec la science même, le pouvoir s'étendra donc à tous et s'égalisera de plus en
plus dans la société. Il arrivera un jour où la statis-
tique pourra calculer approximativement le degré
probable de force intellectuelle inhérent à une masse
d'hommes par la simple application de la loi des
grands nombres, dans laquelle rentrera l'exception
même du génie, comme y rentrent dès aujourd'hui
les anomalies apparentes dues à la liberté humaine.

En résultera-t-il, comme on le craint, un abaissement général? Est-il vrai que « la France soit amenée à concevoir la perfection sociale comme une sorte de *médiocrité* universelle »? Nullement, mais comme une universelle *élévation* [1]. Pourquoi M. Renan n'applique-t-il pas à la société ce qu'il espère pour l'univers? Il suppose que la science le transformera en mieux; pourquoi ne transformerait-elle pas aussi en mieux la société humaine? Il suppose que la science créera la conscience universelle et divine, créera Dieu; pourquoi ne pourrait-elle pas, à plus forte raison, créer une conscience sociale supérieure, répartie de plus en plus également dans tous les membres du corps social? En fait d'inventions scientifiques, il n'est rien que M. Renan ne soit disposé à admettre; en fait d'améliorations politiques, surtout dans les démocraties, il n'admet presque rien. Pourtant, si l'on suppose un pays dont les savants seront

1. La démocratie, à l'heure présente, traverse une véritable crise en Amérique et en France, parce qu'elle est encore de formation récente dans ces deux pays. En France, elle a été établie avant que le peuple eût l'instruction nécessaire pour exercer ses droits et pour se proposer un idéal élevé. L'instruction obligatoire, ce complément nécessaire du suffrage universel, n'a été établie que récemment : elle n'a pu produire encore son effet normal sur les générations qui arriveront un jour à la vie politique. Nous sommes donc entre une génération de complète ignorance et une génération qui n'est pas encore complètement instruite : de là le malaise des heures présentes. Si nous voulons la fin de ce malaise, il faut élever de plus en plus le niveau *moral* et *patriotique* de l'éducation devenue obligatoire; il faut insister sur les idées désintéressées et vraiment *civiques*. Plus l'instruction se répand, plus elle doit faire de part aux idées générales et généreuses. On croit que l'instruction populaire doit être terre à terre; c'est le contraire qui est la vérité.

un jour assez instruits pour inventer les moyens
d'anéantir la planète, on peut supposer dans ce
même pays le peuple assez instruit pour ne pas être
ennemi de la science et envieux de toute supériorité.

Dans le livre de M. Renan [1], l'artifice de l'argumentation consiste à raisonner de l'avenir comme si tous
les abus du présent devaient coexister avec les découvertes futures les plus merveilleuses, comme si, par
exemple, tous les maux politiques du temps actuel
devaient subsister à côté des miracles scientifiques
de l'avenir. Supposez qu'un penseur d'autrefois eût
prévu la découverte des locomotives et, ne sachant
comment on parviendrait à les diriger, se fût désolé
d'avance sur les accidents journaliers qu'elles pourraient produire, sur les hommes qu'elles écrase-
raient, sur les champs qu'elles ravageraient; on
aurait pu lui répondre que, si les ingénieurs de l'avenir étaient assez habiles pour découvrir une machine
aussi puissante, ils auraient sans doute assez d'habi-
leté pour trouver le moyen de la diriger. Il en est de
même de la liberté et de l'égalité démocratiques :
quelques rails de plus à établir sur les larges voies
de la civilisation ne sont pas une invention qui surpasse la capacité de l'intelligence humaine. En tout
cas, quelque difficile que soit la question sociale, il est
permis de penser qu'elle sera résolue avant le problème
de la pulvérisation facultative de notre planète.

Dans le drame philosophique de M. Renan, après
le triomphe de Caliban, qui personnifie le peuple,
Ariel, ce génie de l'idéalisme jusqu'alors au service

1. Et aussi dans ceux de Hartmann,

de Prospero et de l'aristocratie, ne veut plus participer à la vie des hommes. « Cette vie est forte, dit-il, mais impure. » Désolé, découragé, il préfère rentrer dans le sein de la nature, s'y dissoudre, s'y perdre : « Je serai l'azur de la mer, la vie de la plante, le parfum de la fleur, la neige bleue des glaciers. » Mais pourquoi, au lieu de s'abîmer dans la nature aveugle, Ariel ne se répandrait-il pas dans l'humanité entière, se faisant chez les uns simple germe d'intelligence, fleurissant et s'épanouissant dans le génie des autres, mais partout présent et animant tout de sa pure flamme? Au lieu d'être le serviteur d'un seul homme, Prospero, — ou d'une seule classe, les nobles et les savants, — il serait ainsi au service de tous à des degrés divers, dans la mesure où chacun vit d'idéal. Pourquoi enfin, avec le temps, ne transfigurerait-il pas le peuple lui-même, si bien qu'au bout d'un certain nombre de siècles Caliban, prenant conscience de l'esprit qui habite en lui, qui est lui-même, serait devenu Ariel?

En résumé, dans la question de l'égalité comme dans celle de la liberté, nous unissons le point de vue naturaliste et le point de vue idéaliste. Si l'école aristocratique a raison de soutenir que l'inégalité *primitive* des hommes est un fait de nature, l'école démocratique a raison de répondre que l'égalité *finale* est l'idéal de la pensée. Sous l'influence de cette pure idée, type d'action que nous élevons dans notre intelligence au-dessus des forces et des intérêts matériels, les libertés qui allaient entrer en conflit s'arrêtent, et chacune s'impose volontairement les

limites nécessaires à l'égale liberté d'autrui : ainsi se
réalise le droit. Par là, l'humanité ne va pas réellement contre la nature même, car, si au premier
abord celle-ci nous a semblé ennemie de l'égalité, à
un point de vue supérieur l'égalité nous apparaît
comme sa loi fondamentale et sa tendance essentielle. En le niant, l'école aristocratique a rétréci la
nature comme elle a rétréci l'idéal. *Équivalence et
transformation des forces*, voilà le dernier mot de la
science contemporaine : c'est une formule d'équilibre et d'égalité, qui n'exclut pas le progrès. La
nature tient toujours son budget en équilibre : elle
aussi, comme la justice, a sa balance dont les plateaux n'oscillent que pour revenir à l'égalité. L'exception même rentre dans la règle, l'extraordinaire
rentre dans l'ordre; les supériorités qui semblaient
d'abord un miracle dans la nature s'effacent dans
l'égalité des moyennes. Prenez les faits par grands
nombres et les êtres par masses, vous verrez tout
se fondre et s'équilibrer : variable est la tempéra-
ture de chaque jour, uniforme est celle des années;
les saisons changent, mais les saisons reviennent ;
ce que la vie a pris, la mort le lui prend et la vie le
reprend à la mort. Est-ce à dire que la nature
n'avance pas? Non, mais elle maintient l'équivalence
de l'être jusque dans le progrès de ses formes. Et
comment avance-t-elle? En brisant toutes les formes
étroites et fixes, tous les cadres artificiels, toutes
les castes immobiles, toutes les noblesses, toutes les
royautés, toutes les prétendues éternités de ce monde.
Quand on entrave son évolution, elle a recours à des
révolutions et à des cataclysmes. Elle se sert au besoin

des grands hommes, mais elle se sert aussi et surtout
des grandes masses : c'est avec des animalcules qu'elle
a fait des continents, c'est avec des infiniment petits
qu'elle a fait des infiniment grands. L'humanité, à
son tour, qui n'est que la *nature* devenue *consciente*
de son essentielle identité avec l'*idéal* et la pensée,
s'avance volontairement dans la même direction.
L'égale diffusion des résultats du travail humain
au profit de tous, loin de nuire au mouvement de
l'humanité, le favorise; loin d'entraver l'essor des
supériorités intellectuelles et morales, elle le provoque. La grande loi du monde, la sélection naturelle,
continue de s'exercer au sein des sociétés humaines;
seulement elle s'y exerce de plus en plus par voie de
liberté, puisque les hommes supérieurs font accepter
librement leur supériorité même; de plus, au lieu
d'aboutir, comme dans la nature, au règne de la violence, elle assure le règne du droit et le progrès final
de l'égalité même. Ainsi peu à peu se substitue au
bien de quelques-uns le bien de tous, à la force qui
écrase les uns sous les autres l'intelligence qui fait
participer chacun à l'élévation de tous [1].

1. M. Sidgwick nous objecte ici qu'il faut distinguer la cause
de l'égalité, particulièrement chère à la France, et celle de la
liberté, particulièrement chère à l'Angleterre. Tout en trouvant
« concluante » notre « critique des paradoxes aristocratiques
de M. Renan * », le savant philosophe anglais croit cependant
« qu'un abîme sans cesse plus large se creuse entre les deux
idéaux (liberté, égalité), abîme qu'a rendu si visible récemment la controverse entre les socialistes ou quasi-socialistes et
les partisans du laissez-faire ». Nous croyons cependant avoir
montré plus haut que l'opposition de la liberté et de l'égalité,

* Cette critique a rencontré aussi, dans les *Monatshefte*, l'assentiment de
M. Jodle, qui ajoute que M. Renan « a peut-être trop sacrifié ici aux
influences allemandes », *vielleicht zu sehr deutschen Einflüssen huldigend.*

si familière aux publicistes anglais, renferme une illusion, provenant de ce que l'on ne compare pas les deux termes sous le même rapport ni relativement aux mêmes objets ; qu'en Angleterre, par exemple, partout où il y a inégalité, il y a *sur le même point* privilège et monopole pour un petit nombre, par conséquent manque de liberté et sujétion pour le grand nombre ; que, même dans des sphères différentes, la vraie liberté et l'inégalité finissent encore par se montrer incompatibles ; que par exemple la parfaite liberté civile est inconciliable avec l'inégalité politique, la parfaite liberté économique avec l'inégalité civile ; car d'une sphère à l'autre il y a toujours une inévitable contagion de la servitude. Le manque d'équilibre sur un point particulier d'un organisme finit toujours par nuire à l'équilibre et à la santé de l'ensemble. Quant à l'antithèse entre la liberté économique réclamée par les partisans du *laissez-faire* et l'égalité économique réclamée par les socialistes, elle provient de ce que les premiers soutiennent une liberté mal entendue et les seconds une égalité mal entendue. En effet, la liberté *absolue* et illimitée du laissez-faire, laissez-passer, *laissez-mourir*, qui aboutirait à l'atomisme politique et économique, n'a que l'apparence de la liberté et est la réelle consécration du monopole des forts en face des faibles. La vraie liberté économique est au fond celle des contrats ; or la liberté des contrats suppose, pour être sincère, qu'entre les deux termes de l'offre et de la demande il y a un équilibre possible ; conséquemment, leur inégalité ne doit pas en moyenne dépasser certaines limites, au point de se traduire pour l'un par : *cède ou perds ton superflu*, pour l'autre par : *cède ou perds le nécessaire et la vie même*. D'autre part, l'égalité économique absolue de certains socialistes, c'est-à-dire le nivellement factice des conditions sociales, des intelligences, des fortunes et des jouissances, est une chimère qui ne doit pas se confondre avec l'égalité juridique, déduite de la liberté même. On peut et on doit, au nom de la liberté, supprimer toutes les inégalités venant de la loi ; c'est le principe reconnu par la législation française et en partie méconnu par la législation anglaise ; mais on ne peut pas supprimer par la loi toutes les inégalités venant de la nature ni même de la société. Le problème social consiste donc à unir dès à présent la liberté et l'égalité dans le domaine de la *loi* et à corriger *progressivement* par des moyens qui n'aient rien d'injuste (principalement par la diffusion de l'instruction), l'inégalité extrême provenant de la *nature* ou de l'organisation sociale, là où elle est tellement forte que tout équilibre est rompu. Nous ne prétendons pas résoudre ici ce grand problème ; nous voulons seulement montrer qu'il implique l'antithèse non pas de la liberté et de l'égalité, mais, ce qui est bien différent, de l'égalité *juridique* et des inégalités *naturelles* ou *sociales*. M. Sidgwick dit que nous n'avons pas montré « pourquoi la *vraie liberté* réclamerait *une égale distribution de la propriété* comme *garantie extérieure*, car on peut faire preuve envers autrui d'une bienveillance rationnelle rien qu'avec le denier de la veuve, ni pourquoi elle réclamerait les *conditions identiques d'admissibilité aux fonctions*, ou tout autre point du *credo* républicain ». Il y a dans ce passage une singulière confusion, et M. Sidgwick mêle dans le *credo* républicain l'orthodoxie et l'hérésie. Remarquons à ce sujet les idées inexactes que les esprits les plus distingués des nations voisines se font souvent des principes républicains. Les « conditions identiques d'admissibilité aux fonctions » constituent sans doute une égalité que tous les républicains reconnaissent nécessaire, parce qu'elle dépend de la loi et qu'elle consiste simplement dans la liberté que la loi laisse à chacun d'avoir accès aux fonctions, sous des conditions de capacité égales pour tous. La loi n'a donc ici qu'à *s'abstenir* d'entraver la liberté. Au contraire, la *distribution égale de la propriété* (en la supposant *juste*, ce qui n'est pas) ne pourrait jamais dépendre de la loi que pour une faible partie, puisque les inégalités de propriété viennent principalement de causes *naturelles* ou des lois naturelles de l'organisation sociale ; le rétablissement de l'égalité supposerait ici non une simple abstention, mais une action de la loi, action qui serait toujours tenue en échec par l'action de la nature. Aussi n'est-ce nullement un article de foi du *credo* républicain que la distribution égale et artificielle de la propriété. Les républicains socialistes demandent l'intervention de l'État en tout, — ce qui est une utopie et une injustice, — les républicains économistes demandent l'abstention absolue de l'État, ce qui suppose une conception *atomiste* et non *organique* de la société ; d'autres, plus près de la vérité, cherchent à distinguer la part de la loi et la part de la nature, la part de l'organe central et celle des individus, de manière à déterminer avec exactitude les points où l'État a le droit d'intervenir et ceux où il a le devoir de s'abstenir *.

* Pour ce qui est du *denier de la veuve*, nous ne saisissons pas bien le rapport de cette remarque avec la question présente. Autre est la charité privée, autre est la justice publique.

On le voit, en séparant les deux éléments inséparables du droit, liberté et égalité, on compromet à la fois l'un et l'autre. Les deux termes sont donc liés logiquement dans la doctrine du droit idéal telle que nous la comprenons.

CONCLUSION

LES IDÉES DIRECTRICES ET LEUR LUTTE
POUR L'EXISTENCE — AVENIR DE L'IDÉE DU DROIT

Nous l'avons vu, le droit, tel surtout que l'a représenté la philosophie démocratique en France, n'est
au point de vue scientifique qu'un idéal. Le tort
de cette philosophie, en le posant immédiatement
comme une réalité actuelle, a été de ne pas avoir
une conscience assez nette de son propre idéalisme.
Elle a parlé sans cesse de droit *naturel*, tandis qu'il
eût fallu parler de droit *idéal*, car la nature ne connaît pas le droit, et le droit n'apparaît que dans la
pensée de l'homme. — Ce premier tort tient à un
second : notre philosophie traditionnelle n'a pas vu
que la *liberté morale* est elle-même une pure idée,
une idée-force et un *devenir*, non une réalité présente et toute faite ; elle a de plus confondu la liberté
avec le libre arbitre, dont on se fait vulgairement
une notion antiscientifique et qui se résout pour la
psychologie dans un déterminisme en partie inconscient, mais flexible et perfectible. Enfin elle ne s'est

25

pas toujours rendu assez compte du rang supérieur qui appartient à la liberté idéale et qui en fait pour nous une *fin*, non un simple moyen ; elle n'a pas rejeté assez franchement la vieille doctrine qui subordonne la liberté à un *bien en soi*, à la vertu, à la vérité ou à tout autre principe absolu dont on se présuppose en possession. — Ces imperfections de la théorie ont entraîné des défauts pratiques : oubli de la réalité, de la nature, de l'histoire, tendance à projeter l'avenir dans le présent ou dans le passé même et à confondre ce qui sera avec ce qui fut, amour trop exclusif des déclarations de principes et négligence des applications, dédain exagéré de l'intérêt et de la force, ces organes nécessaires du droit, bref les excès de l'enthousiasme joints au manque d'esprit positif.

Le temps est venu de distinguer plus nettement ce qui doit être de ce qui est, l'idée du fait matériel. Quand on a soin de ne pas confondre le domaine de l'idéal et celui du réel, on ne risque pas de perdre le sentiment de la réalité même, et d'autre part on est plus capable de plier celle-ci peu à peu, par des moyens termes savamment combinés, à cet idéal dont on veut hâter la réalisation

Pour nous, nous avons accepté à la fois en leurs principes positifs les trois doctrines de la puissance, de l'intérêt, du droit, et nous les avons superposées dans leur ordre hiérarchique, de manière à former une sorte de construction dont les assises multiples se supportent l'une l'autre depuis la base jusqu'au sommet. Les fondements les plus matériels de l'édifice nous ont été fournis par la théorie de la puis-

sance supérieure, soit physique, soit intellectuelle :
sans la force, rien n'est possible, et tout ce qui a la
réalité a aussi la force. A ce point de vue, le droit est
le maximum de pouvoir individuel compatible avec
le maximum de force sociale. Mais l'organisation des
forces ne se comprend pas sans celle des intérêts, et
là se place la philosophie utilitaire, pour laquelle le
droit est le maximum de pouvoir individuel compatible avec le maximum d'intérêt social. La philosophie utilitaire elle-même a deux formes, l'une trop
individualiste et atomiste, qui considère la société
comme un agrégat d'individus dont chacun cherche
son intérêt, l'autre plus biologique et évolutionniste,
qui considère la société comme un organisme vivant
soumis aux lois universelles de l'évolution. Le point
de vue biologique et évolutionniste nous a paru beaucoup plus élevé que celui de Hobbes et même de Bentham. La conciliation des forces et des intérêts était
d'ailleurs facile : ce sont choses qui se complètent, ou
plutôt c'est la même chose sous deux aspects, l'un
extérieur, l'autre intérieur [1]. Plus difficile est la conciliation de l'idée pure du droit avec les deux autres
principes : elle nous aurait même semblé impossible,
comme elle le paraît aux écoles historique, dialectique
et positiviste, si nous n'avions pas assigné à ces principes divers des domaines divers. Selon nous, comme
on l'a vu, le domaine du droit proprement dit est
l'idéal, le domaine des forces et de l'intérêt est la
réalité : c'est par de pures idées, les plus hautes

1. L'un est relatif à ce que les métaphysiciens appellent la
« catégorie de la causalité et du mécanisme, » l'autre à celle
de la « finalité immanente et de l'organisme ».

qu'on puisse concevoir, celles de liberté individuelle
et de société universelle, que l'édifice entier s'achève.
La force et l'intérêt sans le droit, ce serait la vie
sans idéal; le droit sans la force et sans l'intérêt, ce
serait l'idéal sans vie. Mais en fait l'*idéal* est lui-
même une *force*, puisqu'il meut l'humanité et, en
une certaine mesure, peut mouvoir le monde même;
il est un *intérêt*, puisqu'il est le besoin incessant de
la pensée et le perpétuel objet du désir. Par cela
même il est un des *facteurs* de l'évolution humaine,
un des moteurs de l'organisme social, un des ressorts les plus importants de la vie consciente. Ainsi
la théorie que nous proposons rapproche les autres :
dans sa partie positive, elle est à la fois un naturalisme et un idéalisme, elle conserve sans exception
tous les faits, elle conserve même toutes les idées en
tant que telles, mais elle s'efforce de rapprocher peu
à peu les faits et les idées, jusqu'à ce terme idéal de
l'évolution universelle où leur séparation serait réduite à néant, où la force suprême et l'intérêt suprême
coïncideraient avec la liberté.

Ce terme est l'objet de la spéculation métaphysique
ou, si l'on préfère, cosmologique et psychologique,
qu'il importe de laisser ouverte. Le fait que nous
avons *conscience* du moi et que nous concevons les
autres consciences, mais sans pouvoir nous expliquer
la conscience même, *limite* le dogmatisme intellectuel, et par cela même, nous l'avons vu, limite aussi
le dogmatisme moral et social, dont l'injustice est une
forme. Cette limitation ou restriction est donc le principe de la justice : *abstine et sustine*.

Les divers systèmes sur le droit, pour faire réaliser

par l'individu leur conception de la société, s'adressent à un motif ou mobile particulier; chacun de ces motifs, à lui seul, nous a paru insuffisant. La force seule ne peut réaliser la conception sociale qu'elle poursuit, et de même pour l'intérêt, et de même pour le droit abstrait. Aussi avons-nous réuni et complété l'un par l'autre tous les motifs ou mobiles qui peuvent agir sur la volonté, qui peuvent pour ainsi dire rendre *pratique* l'idéal du droit. — Sois juste, disons-nous d'abord à l'individu, en vue de ta puissance propre et en vue de la puissance sociale, qui, *en général*, sont d'accord; sois juste en vue de ton intérêt propre et de l'intérêt social, qui, *en général*, sont d'accord ; mais, s'il y a désaccord, sois juste d'abord en vertu de la logique et de la science, pour un motif général, rationnel et scientifique, puisque logiquement, rationnellement, scientifiquement, la puissance et l'intérêt de tous sont plus désirables que la puissance et l'intérêt d'un seul ; tu es un animal raisonnable, c'est-à-dire ici logique et scientifique ; tu as donc en toi un instinct de généralisation qui te fait comprendre l'identité du bien d'un autre individu avec ton bien dans le bien *général*, et la supériorité scientifique de ce bien général sur ton bien particulier. A = A, un homme = un homme, et le bien de tous les hommes est plus que le bien d'un seul. De là deux nouveaux mobiles qui tendent à te faire sortir de ton égoïsme : 1° la sympathie pour d'autres *individus*, qui est l'*altruisme* proprement dit; 2° le dévouement pour la *société* entière ou dévouement social, que Clifford appelait *piété sociale*. Ces différents ressorts à la fois passionnels et intellectuels, sensibles et logiques, dont aucun n'est incompatible avec les doctrines naturalistes, positivistes, évolutionnistes, sont-ils encore insuffisants pour te faire oublier ce *moi*, dont l'égoïsme est si difficile à réfuter pour toute théorie exclusivement fondée sur des *faits* observables et des *lois* scientifiquement démontrables ? Il reste alors un autre point auquel, étant homme, tu ne peux pas ne pas t'élever et où la science même te conduit, car il est le prolongement de la science ; c'est le point de vue métaphysique ou cosmologique, qui ne fait qu'un avec le point de vue moral proprement dit. Tu conçois la *limite* même de la *science* positive, la *relativité* de cette science mécanique et physique qui est fonction de ton cerveau, son impuissance à saisir sur le fait la réalité objective que devine ta pensée, bien plus, l'impuissance de la science physique à expliquer ta *pensée* même, ta simple sensation, ta *conscience*, ton moi réel ou apparent. La science de la nature est inadéquate à la pensée et à la sensation même. Au delà du connu est l'inconnu, au delà des relations sont ou peuvent être les termes, au delà des apparences est peut-être la réalité, *x*. En tout cas, au delà de tous les rapports saisis par la conscience, il y a la conscience même : cela suffit. Sans parler de la « réalité absolue », de l'absolu *problématique*, dont nous ne savons ni s'il est, ni ce qu'il est, il y a une réalité en dehors de toi que tu affirmes perpétuellement et qui te fait en une certaine façon sortir de toi-même, te dépasser toi-même : c'est la réalité des autres *consciences*, des autres *moi*, des autres êtres pensants ou sentants. Tu passes donc ainsi non seulement du *moi* au *non-moi*, mais encore du *moi* aux autres *moi*. Or c'est là un passage métaphysique, devant l'explication duquel échoue ce système de philosophie que les Anglais ont appelé le *solipsisme*, c'est-à-dire l'idéalisme renfermé dans l'exclusive affirmation de *soi*, et qui est une sorte d'égoïsme théorique. Il y a dès lors au plus profond de ta pensée comme un désintéressement métaphysique qui te permet de penser les autres consciences, et même l'universalité des consciences ou des sensations possibles. Tu as à la fois, en quelque sorte, au fond de ta conscience générale et spontanée, une conscience individuelle et une conscience sociale, un point où, semble-t-il, tu es toi, et un point par où tu pénètres en autrui. Tu es individu et société, tu es ou parais être personnalité et impersonnalité, tu es toi et tu es l'univers. Tel est le problème métaphysique devant lequel échoue la science physique : c'est un point d'interrogation qui vient se poser au bout de toutes nos formules sur le mécanisme de la nature. Le motif et le mobile métaphysiques qui peuvent agir sur l'être moral ont leur origine dans ce problème, et l'homme, par cela seul qu'il est capable de le poser, non de le résoudre, a une constitution *métaphysique*. Dans la spéculation, ta pensée pose nécessairement ce problème ; dans la pratique, toute question de justice et de droit implique la reconnaissance de ce même problème, la reconnaissance à la fois théorique et pratique de la *limitation* de l'égoïsme. Si tu es injuste, tu agis comme si ton *moi* seul était le tout, comme si le *moi* d'autrui était absolument séparé du *tien*, en dehors du tien, étranger ennemi. La

violation d'autrui est une *affirmation* pratique de
ce que réellement tu ne sais pas et n'as pas le droit
d'affirmer : l'atomisme égoïste comme dernier mot
de l'univers. L'injustice est tout ensemble antiscientifique, antimétaphysique, antisociale et antimo-
rale. L'égoïsme a donc rationnellement, scientifiquement, métaphysiquement, socialement et moralement une limite légitime. Cette limite étant la même
pour tous, il en résulte une égale limitation des volontés individuelles qui s'exprime pratiquement dans
la liberté égale pour tous. C'est cette limitation qui
constitue le fondement suprême du droit au point de
vue métaphysique et moral [1] En deçà ou au delà, tu
peux être égoïste ou désintéressé selon ton choix,
sans violer la justice et le droit proprement dit. Tu
passes alors de l'abstention à l'action, du point de
vue d'une philosophie purement *critique*, qui pose
simplement la borne de la pensée, à une métaphysique *constructive* qui affirme ou conjecture une solution sur le fond des choses. Cette métaphysique
prend parti, selon les systèmes, tantôt pour l'*égoïsme*
comme principe radical et essentiel, tantôt pour
la *fraternité* comme principe radical et essentiel.
Mais le dom .ine de l'égoïsme, comme celui du dévouement et de la fraternité, trouve sa borne dans
la règle de justice qui doit être également reconnue,
également acceptée de tous. Ainsi s'écroule tout absolutisme et tout dogmatisme, soit en pensée, soit
en action. Il faut commencer par pratiquer le *Sup-
porte et abstiens-toi*, qui est la loi de *limitation*, avant

1. Voir plus haut, p. 262 et suivantes.

de pratiquer le précepte : *Aime et agis*, qui est la loi d'*expansion*. Le dogmatisme charitable est aussi contraire au droit que le dogmatisme égoïste [1].

En somme, tout se lie dans la doctrine du *droit idéal* telle que nous la comprenons; tout se déduit logiquement et peut se résumer en termes plus abstraits dans les formules suivantes, dont nous avons donné plus haut le développement.

1° Notre point de départ expérimental est la *conscience* même, qui se pense, pense les autres consciences, pense le monde entier, conséquemment a tout ensemble un caractère *individuel* et une portée *universelle*. 2° La conscience comprend sa propre *relativité* en tant que moyen de connaissance, car elle ne peut s'expliquer d'une manière adéquate ni sa propre nature comme *sujet* pensant, ni la nature de l'objet qu'elle pense, ni le passage du subjectif à l'objectif. De là le principe de la *relativité des connaissances*. 3° Ce principe est rationnellement *restrictif* de l'égoïsme théorique et pratique. 4° La conscience arrive, par la projection de soi autour de soi, à concevoir problématiquement un *idéal* positif de liberté individuelle et de société universelle; cet idéal, à la fois cosmologique, social et moral, est rationnellement *persuasif*. 5° Alors intervient un nouveau *fait* d'expérience : la tendance de l'idéal et, plus généralement, des idées-directrices, des *idées-forces*, à se réaliser elles-mêmes. 6° Le *droit* pur apparaît alors comme la valeur rationnellement supérieure qui appartient à l'idéal universel d'une libre union des con-

1. Voir plus haut, p. 262 et suivantes.

sciences; en tant qu'idéal restrictif de l'absolutisme égoïste, cette conception fonde la justice ou droit proprement dit; en tant qu'idéal persuasif, elle fonde la fraternité. 7° La liberté extérieure se déduit de la nécessité d'assurer à chacun la spontanéité intérieure, l'évolution automotrice de sa conscience, — évolution avec laquelle l'emploi de la force et l'absolutisme seraient contradictoires. 8° La *limitation* de cette liberté extérieure en face d'autrui est nécessaire comme conséquence de la *limitation* et de la relativité des intelligences, qui exclut l'absolutisme individuel. 9° L'*égalité* des libertés extérieures et leur limitation mutuelle par la loi, d'où dérive l'égalité des droits civils et politiques, se déduit à son tour de la liberté même; car toute inégalité est nécessairement une diminution de la liberté au profit de quelques privilégiés; de plus, l'égalité est aussi une déduction de la limite également imposée à toutes les consciences par le fond irréductible de la conscience même et de la réalité. 10° L'*égalisation progressive* des conditions économiques et naturelles dans la société humaine est une conséquence ultérieure, amenée par la nature même et par le progrès social. 11° Notre théorie réconcilie l'idée de liberté avec celles de *puissance* supérieure et d'*intérêt* supérieur : le droit concret et complet, à la fois idéal et réel, devient le *maximum de liberté, égale pour tous les individus, qui soit compatible avec le maximum de liberté, de force et d'intérêt pour l'organisme social.* — Tels sont les principaux anneaux d'une série rigoureuse de déductions où nous croyons qu'il n'y a aucune solution de continuité. L'accord s'établit ainsi entre le naturalisme et l'idéalisme, entre le point de vue scientifique de l'évolution et le point de vue métaphysique de la conscience inexplicable à soi-même. Spencer a négligé de tirer les conséquences morales de ce dernier point de vue ; après avoir suspendu notre science de l'explicable à un principe inexplicable dont il ne donne qu'une formule trop transcendante, il ne fait plus aucun usage de ce principe dans sa théorie morale et juridique. C'est là, selon nous, une étonnante inconséquence dans son propre système. Sans prétendre appuyer la philosophie du droit sur ce qui serait ainsi par définition inconnaissable et transcendant, il faut, comme nous l'avons montré, que l'idée même de l'énigme immanente à la conscience restreigne et réfrène les motifs ou mobiles purement matériels. D'autre part, Kant a tiré de son *inconnaissable* transcendant un dogmatisme pratique, une sorte d'absolutisme moral qui nous semble contredire les vrais résultats de sa critique spéculative. Nous croyons avoir ramené le principe *limitatif* à sa vraie valeur, en évitant tout ensemble le dogmatisme moral de Kant et l'espèce d'indifférentisme de Spencer, qui ne se demande point quelles conséquences morales on peut tirer de ce fait que nous sommes des êtres conscients [1]. Le vrai principe limitatif, selon nous, est *immanent* et se réduit à la conscience même, dont les autres consciences et la réalité objective sont une projection, et dont la transcendance n'est qu'un mirage. Notre théorie est un *monisme immanent.*

Ajoutons en terminant que l'accord établi par la

1. Voir, dans la *Revue des Deux Mondes*, notre étude sur les *postulats et les symboles de la morale naturaliste*, mars 1883.

théorie ne peut manquer de s'établir aussi dans la
pratique et de se manifester dans l'histoire. Aussi
peut-on prévoir un rapprochement de plus en plus
grand entre les divers peuples sur la conception du
droit humain, du droit universel. Les oppositions
d'aujourd'hui sont passagères; elles tiennent surtout
à ce que les peuples européens, tantôt entravés par
des privilèges héréditaires, tantôt asservis par des
césars d'aventure, n'ont pu encore voir s'établir dans
leur sein ni la liberté complète ni la vraie égalité,
sans lesquelles il n'y a point de paix durable ni de
fraternité sincère avec les autres peuples.

Notre philosophie sociale et politique, en France,
doit avouer franchement qu'elle s'appuie, au point
de vue scientifique, sur une idée pure, qui d'ailleurs
peut être, au point de vue métaphysique et cosmologique un symbole lointain de la réalité. Est-ce là
avouer une faiblesse? Non, mais une puissance. Les
idées directrices sont des moteurs plus ou moins forts
et plus ou moins sûrs, mais toujours nécessaires. Elles
sont pour les êtres raisonnables ce que sont les instincts pour les êtres irraisonnables. L'oiseau porte dans
sa tête l'image du nid, qui l'obsède comme un rêve,
tout ensemble souvenir du passé et pressentiment de
l'avenir : il travaille sous l'empire de cette vision
intérieure, jusqu'à ce qu'il lui ait donné un corps et
ait posé sur la branche le nid réel où sa famille doit
éclore. Et cet instinct, le plus souvent, est infaillible :
le visionnaire est un prophète. Les hommes agissent
sous des idées comme les animaux sous des instincts;
de même les peuples, chez qui l'idée reprend toujours

la forme instinctive. Les vieux Germains, absorbés par l'idée de la bataille, rêvaient un ciel où les combattants renaîtraient de leurs blessures pour pouvoir recommencer le combat. D'autres peuples furent enivrés par l'idée de volupté et rêvèrent un paradis de houris. Il en est dont la pensée et l'instinct ont pris pour objet la puissance, soit habituellement, soit exceptionnellement; il en est qui ont été sous l'obsession de l'utile; d'autres ont vécu pour l'idée du beau; ceux-là ne songent qu'à travailler; ceux-ci songent à contempler et à admirer. Parmi toutes les notions directrices des peuples, des époques, des individus, a régné et règne encore la lutte pour l'existence : il se fait une sélection des idées, comme il se fait une sélection des espèces; toute idée n'est, selon nous, qu'une forme et un type spécifique, une *espèce idéale*, dirait Platon. L'idée de liberté, par exemple, symbolise une espèce d'êtres ayant en eux-mêmes le principe de leur action et de leur développement à l'infini. Nous rangeons tous les hommes sous cette idée d'indépendance, même ceux qui sont encore dans le plus manifeste esclavage moral, comme nous rangeons sous la notion du cercle idéal toutes les courbes réelles qui *tendent* à être circulaires, quel que soit encore leur écart de la ligne directrice. L'homme aspire à être libre comme une goutte d'eau qui tombe de la nue aspire à être une sphère, comme l'arc-en-ciel du nuage aspire à être un cercle. Le droit idéal de l'homme, c'est donc d'être libre, comme le droit idéal d'un rayon de lumière serait de se propager en ligne droite. Telle est du moins la notion que certains hommes et certains

peuples, à diverses époques, se sont formée de la
direction essentielle à l'humanité : le peuple français,
par exemple, ne semble aujourd'hui pouvoir se la
figurer autrement. Que d'autres peuples y parviennent et conçoivent une autre idée directrice, cela
est possible ; mais, comme les individus et les peuples ne peuvent se dispenser d'agir et que des êtres
raisonnables ne peuvent agir sans une idée, il faut
bien que chaque individu et chaque peuple cherche
sa force dans son idée morale et sociale, durable ou
transitoire, destinée à survivre ou à périr avec les
siècles.

Il y a parmi les instincts des animaux certaines
aberrations qui tiennent à ce que des actes autrefois
utiles à l'espèce et devenus aujourd'hui inutiles se
sont perpétués par une sorte de tradition héréditaire : on en trouverait plus d'un exemple chez les
abeilles ou les fourmis. Il y a de même, parmi les
idées directrices des individus et des peuples, des
formes surannées d'existence et de conduite, des types
d'action dont l'utilité a péri et qui survivent à leur
propre utilité : telles sont certaines conceptions religieuses bonnes autrefois, maintenant inutiles ou même
nuisibles ; telles sont encore certaines conceptions
morales qui ne sont plus que des préjugés, certaines
idées sociales ou politiques qui ne sont plus que des
antiquités, comme celles de la noblesse, des castes,
de la royauté absolue, du droit divin des rois. Ce
sont, pour ainsi dire, des idées parvenues à l'état
crépusculaire. Au contraire, il y a d'autres idées qui
sont comme une aurore. Seulement on dispute pour
savoir quelles sont celles qui vont redevenir nuit

et celles qui vont devenir lumière ; le jour termine
ce débat en se montrant. L'histoire donnera tort aux
uns et raison aux autres. En ce moment, il s'agit de
savoir si l'avenir appartiendra à la liberté égale
pour tous, à la fraternité humaine, ou si c'est le jeu
des forces mécaniques, le jeu des intérêts ou des
fonctions biologiques qui se substitueront à tout idéal
de droit pur. Entre les idées adverses qui luttent
pour la vie au sein de l'humanité, c'est à chaque
individu et à chaque peuple de prendre parti.

Mais la science peut devancer l'histoire, et, avant
même que le soleil ait paru, elle peut nous dire si les
lueurs de l'horizon sont celles du soir ou celles du
matin. La valeur d'une idée se prouve par son développement théorique et pratique, comme le mouvement se prouve en se calculant par la mécanique pure
et en se réalisant par la mécanique appliquée. De
même pour l'idée du droit : nous en apprécierons
mieux la valeur quand nous l'aurons suivie en son
développement spéculatif et dans ses applications
sociales. Nous espérons montrer, dans la suite de
ces études, qu'on peut construire la société entière
conformément à cette idée directrice du droit, qui
complète, sans les détruire, les idées de *puissance* ou
d'*intérêt*. Déjà nous en avons déduit l'égalité progressive des hommes ; on en peut déduire encore,
croyons-nous, la fraternité progressive, la formule
de la justice, la loi des contrats, la règle des législations modernes, le caractère particulier de l'évolution
dans l'*organisme social* soumis à des *idées* [1]. De plus,

1. Voir, sur ces points, notre *Science sociale contemporaine.*

l'histoire nous montre toutes les conséquences de
cette notion du droit tendant à se réaliser sous nos
yeux et se réalisant même chaque jour de plus en
plus. Ne sommes-nous pas dès lors fondés à conclure que la société finira par organiser réellement
ses forces et ses intérêts selon l'idéal du droit, et qu'il
y a dans cette idée l'anticipation de l'humanité à
venir? Que l'astronome dans la voûte constellée découvre une nébuleuse en voie de condensation, et
qu'il puisse à l'aide du télescope étudier la forme, la
direction, la vitesse des astres qui la composent, ces
données lui permettront peut-être, si elles sont assez
nombreuses, de déterminer à l'avance la forme que
prendra un jour cette matière sidérale, et le centre
unique auquel viendront se réunir, après des milliers
d'années, ces soleils en mouvement depuis des siècles.
La psychologie des peuples et l'histoire font un travail analogue, où le passé et le présent révèlent
l'avenir; elles nous montrent dans les lois du mouvement et de la vie, conséquemment dans les lois des
forces et des désirs, un déterminisme, avec lequel il
faut toujours compter; mais elles nous montrent aussi
dans l'aspiration à la liberté universelle le principe et
la fin de tous les mouvements ou désirs de l'humanité.
L'idée de liberté, d'indépendance, de droit, a dès à
présent ceci pour elle, qu'elle est le plus haut idéal
que nous puissions concevoir; or, en fait de progrès,
l'avantage finit par rester nécessairement aux idées
les plus hautes. D'après les symboles antiques, l'univers visible serait né tout entier de cette éternelle
aspiration ou, si l'on veut, de cette parole éternelle
retentissant dans l'immensité : — Que la lumière

soit! — ne pourrait-on dire que l'univers moral et social naît tout entier d'un désir ou espoir incessant, d'une idée indestructible, d'une parole intérieure qui retentit à l'infini dans la conscience du genre humain et se traduit en actes dans l'histoire : — Que la liberté soit!

Il faut appliquer à ces hautes notions, telles que la liberté et le droit, ce que Schelling et Hegel disaient de Dieu : si elles ne *sont* pas, elles *deviennent*. L'évolution de la nature, son *devenir* peut, au point de vue scientifique, n'avoir pas de but proprement dit et préconçu; mais l'évolution de l'humanité en a un, par la raison que c'est l'humanité qui se propose à elle-même un but et s'impose un idéal à réaliser. Les plus grands parmi les individus et les peuples sont ceux qui ont placé ce but le plus haut et qui ont fait effort pour y atteindre.

Par là se révèle à nous la loi de développement à laquelle aucun pays ne saurait se soustraire sans se rabaisser et sans mettre en péril sa grandeur, son existence même. Un peuple se développe selon l'idée directrice dont son caractère national et sa philosophie nationale sont l'expression aux grands moments de son histoire; or la principale idée directrice de la démocratie française, nous l'avons vu, a été celle de la liberté produisant l'égalité et la fraternité. Ne pourrait-on tirer de là, relativement à l'avenir de notre démocratie, des conséquences toutes pratiques? Nous nous bornerons à les indiquer ici comme par anticipation.

D'une part, toute nation a besoin, pour résister aux causes dissolvantes, d'une cohésion morale. d'une unité psychologique, de ce qu'on a appelé l'âme du « peuple »; un peuple qui aurait pour ainsi dire en soi cent âmes diverses porterait la division dans son sein et tôt ou tard se fractionnerait, comme ces organismes inférieurs où la vie, encore diffuse et dispersée, tend à se dissoudre : les lois de l'histoire naturelle valent pour les nations, car, en même temps qu'une nation est une œuvre de consentement volontaire, elle est aussi un organisme naturel [1]. D'autre part, toute unité imposée à un peuple de l'extérieur, par exemple un pouvoir central despotique, ne saurait que retarder la dissolution sans l'empêcher; dans l'histoire des espèces vivantes, c'est par le dedans que la nature travaille, et il en est de même pour l'humanité. Il faut donc à chaque peuple une unité intérieure qui rayonne du fond à la surface et se donne à elle-même sa forme, comme fait la vie. Or cette unité naturelle, pour la France contemporaine et démocratique, c'est l'idée du droit; c'est donc, si nous voulons retrouver notre puissance nationale, dans cette idée mieux comprise et scientifiquement appliquée qu'il faut chercher notre point d'appui, notre commun centre d'inspiration. De nos codes civil et pénal il faut peu à peu, méthodiquement, éliminer les lois, d'ailleurs peu nombreuses, où subsiste encore, aux dépens du droit rationnel, l'influence des vieilles coutumes, des anciens privilèges, de la religion d'État. Quant à notre constitution politique, la seule réalisation complète et adéquate de l'idée du droit est le gouvernement de tous par tous : les autres

1. Voir notre *Science morale contemporaine.*

régimes en effet sont des institutions de privilège, celui-là seul est de droit commun. Une monarchie, une aristocratie factices choqueront toujours l'esprit logique du peuple français, ennemi de toute fiction, constitutionnelle ou autre, peu habitué à s'incliner devant des symboles et des idoles. Les notions de pouvoir héréditaire, d'inamovibilité, de prérogative royale ou nobiliaire, de droit traditionnel ou de droit divin, répugnent à notre sentiment de liberté et de responsabilité individuelle, comme d'égalité juridique. De plus, la France est le seul pays où les classes actives et laborieuses se préoccupent de la légitimité morale d'un gouvernement, où elles réclament des institutions rationnelles et conformes au droit, non pas seulement des expédients ou des compromis d'intérêts et de forces. Cette préoccupation est l'inévitable résultat de toutes les tendances nationales que nous avons signalées; à quelque excès qu'aient pu aboutir cet amour du logique et ce souci du droit pur, il faut en tenir compte et, qui plus est, en tirer parti. Il n'y a plus chez nous ni tradition monarchique ni tradition aristocratique; depuis un siècle, la vraie tradition nationale est la tendance à la démocratie, comme notre véritable idée directrice est l'idée du droit. Tradition et idée, encore séparées chez la plupart des peuples, ne font plus qu'un dans le génie de la France actuelle, dont on peut résumer toutes les tendances et aptitudes psychologiques en disant qu'il est libéral d'aspiration, égalitaire et démocratique. Aussi une loi d'irrésistible évolution a-t-elle fait surgir sur les ruines des autres formes de gouvernement la seule qui soit théoriquement en harmonie avec l'esprit nouveau et puisse lui servir d'organe. On a vu à trois reprises notre pays faire l'essai de cette forme, perpétuel objet des espérances et des revendications populaires. Presque tout le monde en France s'est d'abord accordé à reconnaître que ce genre de gouvernement serait le plus juste en soi et le plus parfait, *s'il était possible*. Aujourd'hui, les plus sages eux-mêmes ont supprimé cette restriction en disant : « Il est devenu en France *le seul possible*. »

Dès lors, ne peut-on supposer que le développement libéral et pacifique du régime nouveau, qui deviendra tôt ou tard le régime universel des peuples, est seul capable, s'il est bien compris et bien réglé, de relever notre pays en le ramenant dans sa vraie voie? Mainte fois on a vu le peuple français se redresser quand on le croyait pour jamais à terre, faire éclater une richesse imprévue quand on espérait l'avoir ruiné, une plus énergique volonté de vivre quand il semblait près de périr, un esprit nouveau et fécond quand sa pensée semblait isolée et stérile. C'est que, habitué à vivre dans une région qui n'est point exclusivement nationale et égoïste, il ne se sent pas atteint par ses désastres dans la meilleure partie de lui-même, dans celle par où il s'efforce de s'identifier avec le cœur même des autres peuples. Il sait qu'il ne périra pas tant qu'il vivra de la vie commune à tous. Ces idées seules, en effet, peuvent soutenir une nation à travers les siècles qui, au lieu d'être purement nationales, sont humaines; la France ne doit attendre son salut et sa force que des pensées nourries par la pensée même de l'humanité, toujours vraies, toujours jeunes, immortelles commé l'humanité même : ainsi nos ancêtres, sur le tronc du chêne antique que les saisons couvrent ou dépouillent de feuilles changeantes, cueillaient le gui toujours vert, nourri de sa sève impérissable, symbole et gage d'éternité. La France, fidèle à son esprit, a répondu aux échecs matériels en proclamant une idée nouvelle et plus haute où ses vainqueurs mêmes seront un jour forcés de chercher un appui; au triomphe d'une monarchie conquérante qui lui avait enlevé des forteresses elle a opposé l'idée républicaine, qui, de l'aveu même des philosophes allemands, des Schopenhauer, des Strauss, des Hartmann, comme des philosophes anglais, tels que Stuart Mill et Spencer, sera un jour appliquée et réalisée dans toute l'Europe et sur toute la terre. Que la France développe cette idée dans un sens plus scientifique et sans méconnaître, comme elle y est trop disposée, la part légitime des forces ou des intérêts dans l'organisme social; qu'elle s'approprie les qualités des autres nations; qu'elle leur donne elle-même l'exemple des vues les plus élevées, les plus désintéressées, par conséquent les plus universelles et les plus pacifiques; alors, quoique matériellement amoindrie, la France se sera élargie moralement; abattue dans le présent, elle se sera faite avenir : en face des gouvernements de privilège destinés à tomber tôt ou tard, elle aura, par son initiative, inauguré le seul gouvernement digne de ce nom et contagieux pour toute la terre, qui doit subordonner la puissance et l'intérêt, sans en méconnaître les lois réelles, à l'idéal du droit et de la fraternité.

TABLE DES MATIÈRES

Pages.

Préface   1

LIVRE PREMIER. — La psychologie des peuples et la philosophie du droit , ...   1

   I. — L'esprit germanique et l'idée du droit   9
  II. — Développement historique des systèmes influents de l'Allemagne sur le droit   27
 III. — L'esprit anglais et l'idée du droit.   51
 IV. — Philosophie du droit en Angleterre.   61
  V. — L'esprit français et l'idée du droit.   71
 VI. — Antécédents de la philosophie du droit en France. L'idée chrétienne du droit. La philosophie du xviiie siècle   115
VII. — L'idée du droit dans la philosophie française au xixe siècle   127

LIVRE II. — Le droit et la puissance supérieure   135

  I. — Rectification de la doctrine mécaniste et fataliste.   135
 II. — La puissance majeure peut-elle réaliser son idéal.   145
III. — Le droit du génie; les grands hommes et les hommes providentiels   155

LIVRE III. — Le droit et l'intérêt majeur.   160

  I. — Idéal de la théorie utilitaire.   160
 II. — L'idéal de l'utilitarisme est-il réalisable par le seul jeu des intérêts. — Les droits des individus seront-ils garantis contre l'Etat   171

Pages.

III. — Les droits de l'individu seront-ils garantis contre
        les autres individus dans l'utilitarisme. . .   187

LIVRE IV. — LE DROIT ET L'IDÉE DE LIBERTÉ; THÉORIE DU
DROIT IDÉAL.   213

   I. — Critique de l'idée traditionnelle du droit fondé
        sur le libre arbitre.   215
  II. — Le côté vrai du naturalisme ; critique du droit
        conçu comme naturel   229
 III. — Le côté vrai de l'idéalisme ; le droit comme idéal   235
  IV. — Conciliation scientifique du naturalisme et de
        l'idéalisme par l'idée-force du droit   247
   V. — Les hypothèses métaphysiques sur le fondement
        dernier du droit.   263
  VI. — Accord de la théorie du droit idéal avec celles
        de la force et de l'intérêt.   279

LIVRE V. — L'ÉGALITÉ D'APRÈS LES ÉCOLES DÉMOCRATIQUES ET
ARISTOCRATIQUES   293

   I. — L'égalité selon l'école démocratique. — Théories
        de Littré, de Proudhon, etc. — Fondement
        moral de l'égalité, considérée comme pure
        idé :.   297
  II. — Objections de l'école théologique et des écoles
        ontologiques qui subordonnent la liberté au
        bien objectif. Égale limitation des volontés.
        Critique du dogmatisme moral.   315
 III. — Objections de l'école aristocratique ; la théorie de
        M. Renan.   333
  IV. — L'idéal aristocratique et l'idéal démocratique. .   371

CONCLUSION. — LES IDÉES DIRECTRICES ET LEUR LUTTE POUR
L'EXISTENCE. — AVENIR DE L'IDÉE DU DROIT.   385

www.ingramcontent.com/pod-product-compliance
Lightning Source LLC
Chambersburg PA
CBHW061000220326
41599CB00023B/3776